Hansjörg Küster
Wo der Pfeffer wächst

Hansjörg Küster

Wo der Pfeffer wächst

Ein Lexikon
zur Kulturgeschichte
der Gewürze

Verlag C. H. Beck München

Mit 28 Holzschnitten aus dem
«New Kreüterbuch» des Leonhart Fuchs
(Basel 1543)

CIP-Kurztitelaufnahme der Deutschen Bibliothek

Küster, Hansjörg:
Wo der Pfeffer wächst : e. Lexikon zur Kulturgeschichte d. Gewürze / Hansjörg Küster. [Mit
28 Holzschn. aus d. «New Kreüterbuch» d. Leonhart Fuchs (Basel 1543)]. – München : Beck, 1987.
ISBN 3 406 32313 8
NE: HST

ISBN 3 406 32313 8

Einbandentwurf von Andreas Brylka, Hamburg
Die Abbildung zeigt eine Pfefferpflanze
© C. H. Beck'sche Verlagsbuchhandlung (Oscar Beck), München 1987
Gesamtherstellung Passavia, Passau
Printed in Germany

Inhalt

VORWORT 7

LEXIKON 13–301

Ajowan 13 Alant 14 Ammei 16 Andorn 17 Anis 18 Anispfeffer 20
Asant 20

Bärlauch 23 Bärwurz 24 Balsamkraut 26 Basilikum 27 Beifuß 30
Beinwell 35 Berberitze 37 Bergkümmel 38 Bertram 39 Bibernelle 40
Bockshornklee 40 Bohnenkraut 42 Borretsch 44 Brennessel 48
Brunnenkresse 50

Cashew-Baum 53 Cayenne-Pfeffer 54

Dill 55 Dreizack 58

Eberraute 59 Eibisch 61 Engelwurz 62 Enzian 64 Erdnuß 67
Estragon 68

Fenchel 70

Gänseblümchen 75 Gänsefuß 76 Gagelstrauch 77 Galbanum 78
Galgant 79 Gewürzstrauch 80 Granatapfelbaum 81 Gundermann 83
Guter Heinrich 84

Haselnuß 86 Hopfen 88

Ingwer 92 Ingwergras 93

Kakao 94 Kalmus 95 Kamminze 97 Kapern 98 Kapuzinerkresse 100
Kardamom 101 Kerbel 102 Knoblauch 104 Knoblauchsrauke 108
Koriander 109 Kornelkirsche 113 Kostwurz 114 Kresse 115
Kreuzkümmel 116 Kubebenpfeffer 118 Kümmel 119 Kurkuma 123

Lavendel 125 Lemongras 128 Liebstöckel 129 Löffelkraut 132
Löwenzahn 133 Lorbeerbaum 135

Majoran 138 Mandel 140 Mastix-Strauch 144
Meer- oder Seefenchel 145 Meerrettich 145 Minze 150 Mohn 153
Murraya 158 Muskatnuß 158 Muskatsalbei 162 Myrrhenkraut 163
Myrte 164

Narde 165 Nelken 166 Nelkenwurz 170 Nelkenzimt 171

INHALT

Olive 171 Orange 174 Oregano 176

Pandanus-Baum 178 Paprika 179 Paradieskörner 182 Pastinak 182
Pelargonien 185 Petersilie 186 Pfeffer 190 Pfeffer, Langer 194
Pfeilkresse 195 Pferdeminze 195 Piment 196 Pimpinelle 197 Pinie 199
Pistazie 200 Portulak 202 Preiselbeere 204 Primel 205

Quendel 206

Rainfarn 209 Rauke 211 Ringelblume 212 Rose 214
Rosella-Eibisch 215 Rosmarin 216

Saflor 219 Safran 220 Salbei 224 Sanddorn 227 Sauerampfer 228
Sauerklee 230 Schabziegerklee 231 Schafgarbe 231 Schnittlauch 232
Schwarzkümmel 235 Sellerie 236 Senf 240 Sesam 243 Silphion 245
Soja 246 Sonnenblume 247 Spitzwegerich 249 Steinklee 250
Sternanis 250 Süßdolde 251 Süßholz 252 Sumach 255

Tamarinde 257 Thymian 258 Tripmadam 260

Vanille 262 Veilchen 264 Vogelbeerbaum 266

Wacholder 267 Waldmeister 272 Walnuß 273 Weinraute 275
Wermut 277 Wiesenknopf 281 Wiesenschaumkraut 282

Ysop 283

Zimt 285 Zimt, Weißer 288 Zitrone 288 Zitronengras 291
Zitronenmelisse 292 Zitronenstrauch 293 Zitronenthymian 294
Zucker 294 Zuckerwurz 297 Zwiebel 298 Zypergras 301

AUSWAHLBIBLIOGRAPHIE 303

SYNONYMENSCHLÜSSEL 311

VERZEICHNIS LATEINISCHER PFLANZENNAMEN 315

Vorwort

Wenn Weißwürste, Schweinebraten mit Knödel, Pizza oder Glühwein auf der Speisekarte stehen, ist von Gewürzen keine Rede. Kein Mensch würde aber diese und andere Speisen oder Getränke haben wollen, wenn sie ohne würzende Zutaten zubereitet wären. Fleisch, Gemüse, Brot, Kartoffeln, Salate, Obstspeisen scheinen fade zu schmecken, wenn man sie ungewürzt ißt. Jahrtausendealte Ernährungsgewohnheiten führten dazu, daß man üblicherweise den Eigengeschmack von Speisen durch Gewürze zu verändern, zu veredeln sucht. Die Qualitäten eines Kochs beurteilen wir heute danach, wie er es versteht, scharfe und schwache Würzregister zu ziehen, Gewürze zu mischen, neue zu erfinden, den Eigengeschmack der Speise zu fördern oder zu überformen, zu verändern, zu variieren. Befaßt man sich aber mit der Geschichte der Gewürze, so stellt sich heraus, daß das «Schmackhaftermachen» von Lebensmitteln ursprünglich nicht der einzige und wichtigste Sinn des Würzens ist. Die Gründe dafür sind oft prosaischer: Viele Gewürze machen Speisen haltbarer, weil ihre Wirkstoffe die Ausbreitung von Schädlingen verhindern. Andere wurden den Gerichten nur deswegen beigegeben, weil ihr penetranter Geschmack den von verdorbenen Lebensmitteln übertrumpfte. Bevor der Kühlschrank erfunden wurde, mußten Köche sehr oft aus peinlicher Not zu Pfeffer und Knoblauch greifen. Andere Würzen sind der menschlichen Gesundheit förderlich, sie wirken appetitanregend oder erleichtern die Verdauung schwerer Kost, wieder andere beugen Skorbut vor oder steigern die Geschlechtstriebe. Schließlich wurden viele Pflanzen zu Gewürzen, weil sie in der Mythologie oder im Aberglauben eine Rolle spielten; es bleiben am Ende nur ganz wenige Würzkräuter übrig, die allein zur Geschmacksveredelung an Speisen gegeben wurden. Traditionen des Würzens lassen sich bis weit in die Urgeschichte zurückverfolgen. Man hat den Eindruck, als sei das Würzen von Speisen ein Grundbedürfnis menschlicher Zivilisation, und in der Tat: Eine Mahlzeit von Niveau, ein geselliges Essen ist ohne Gewürze nicht denkbar. Erst recht galt das in Zeiten, in denen sich Wasser, Fleisch und Fett – ohne Kühlschrank – nur kurze Zeit frisch halten ließen.

An jedem Flecken der Erde gibt es in der Wildflora Pflanzen, deren würzige Kraft geeignet ist, in den Küchen verwendet zu werden. Die Tropen und Subtropen der Alten und Neuen Welt sind besonders reich an würzigen Gewächsen, einfach deswegen, weil dort die Zahl der vorkommenden Pflanzenarten auch allgemein am höchsten ist. Die ältesten Hochkulturen, alle in diesen Breiten ansässig, treten zu einem Zeitpunkt aus dem Dunkel der Urgeschichte, als der Gewürzhandel zwischen den Kulturräumen bereits im Gange war. Überall galt es doch als Luxus, die Gewürze ferner Länder zu besitzen und damit andere, als vornehm angesehene Ernährungsgewohnheiten zu übernehmen. So gehören Gewürze – neben Edelmetallen und -steinen, Seide und Bernstein – zu den ältesten Handelsobjekten der Menschheit. Gewürzhandelswege überwanden schon in sehr früher Zeit die Grenzen zwischen den Kontinenten, nicht nur zwischen Asien und Europa, sondern auch zwischen Asien und Afrika. Die Gewürzstraßen des Orients sind seit Jahrtausenden die Wege der Karawanen aus dem (wegen seiner «Wohlgerüche») glücklichen Arabien. Im Altertum, als es Massengut-Transporte zu Wasser und zu Lande nur in bescheidenem Umfang gab, hatte der Gewürzhandel einen viel bedeutenderen Platz innerhalb der Gesamtwirtschaft als heute. Der Gewürzhandel machte im Mittelalter die Araber, Venezianer und Genuesen reich, ebenso die Augsburger Fugger, die Nürnberger Kaufleute, die Hanse, später die Portugiesen, Spanier, Holländer und Engländer. Am Ausgang des Mittelalters strebte man an, die jahrtausendealten Gewürzhandelswege aufzubrechen und neue zu finden: Dies war ein entscheidender Antrieb für die Entdeckungsreisen um Afrika herum nach Ostindien und über den Atlantik nach Westindien. «Indien» war immer das Ziel, zur damaligen Zeit ein Inbegriff des übermäßigen Reichtums an Gold und Gewürzen. Die Schiffe der heimkehrenden Indienentdecker waren mit Paprika, Pfeffer, Muskatnüssen und Vanille beladen, und es reichten wenige Jahre, um Zuckerrohr in der Neuen, Paprika in der Alten Welt bekannt zu machen. Eines der Motive des Imperialismus war es, Kolonien als Anbau- und Lieferländer für exotische Gewürze, die «Kolonialwaren», zu besitzen.

Die bei uns heute gebräuchlichen Gewürze stammen aus aller Herren Länder – genauso verfügen andere Länder, andere Kulturräume über Würzregister aus aller Welt. Aber dabei ist doch auch zu erkennen, daß in den Kochbüchern selbst eng benachbarter Länder unterschiedliche Gewürze und Würzvorschriften existieren; die Geschmäcker sind verschieden, und jedes Land hat seine charakteristischen Gewürze. Für Deutsche liegt das Ungewohnte an Italiens Küchen vor allem an unterschiedlichen Würzvorschriften, Engländer müssen sich aus dem gleichen Grund an Frankreichs Küchen «gewöhnen». Die französische Küche gilt wegen ihrer Gewürze als besonders fein, die englische als phantasielos – beides stimmt in dieser pauschalen Form keineswegs.

In diesem Buch soll jedes Gewürz kurz porträtiert werden, das bei uns heute Bedeutung hat oder in der Vergangenheit Bedeutung hatte. Dabei ist nur von pflanzlichen Gewürzen, von Gewürzpflanzen, die Rede, nicht vom wichtigsten aller Gewürze, dem aus dem Mineralreich stammenden Salz, nicht von den wenigen tierischen Gewürzen (z. B. Anchovis, Butter) und auch nicht vom «Gewürz der Seligen» angebrannter Speisen. Für ein solches Buch eine Auswahl zu treffen ist nicht einfach. Die Abgrenzungen zu den reinen Heilpflanzen einerseits, zu den Gemüsepflanzen andererseits sind oft nicht klar. Einige wichtige Heilpflanzen haben als Gewürz nur eine untergeordnete Bedeutung (z. B. Schafgarbe), andere – wie Sellerie und Zwiebel – nehmen eine Zwischenstellung zwischen würzender Zutat und würzbarem Gemüse ein. Ferner gibt es die Kategorie sogenannter Wildkräuter, die man zum Teil nur ihrer mythologischen Bedeutung wegen in Salate schneidet. Von ihnen sind nur die wichtigsten berücksichtigt worden.

Die Artikel folgen einander in alphabetischer Reihenfolge. Der bekannteste Name eines Gewächses war maßgeblich für die Einordnung der Pflanze ins Alphabet. In einem Synonymenschlüssel am Schluß des Buches sind weitere Benennungen aufgeführt mit Verweisen auf den Namen, unter dem das Gewächs abgehandelt ist.

Die Anfänge der Artikel sind nach einem festen Muster aufgebaut: Auf Angaben der deutschen und wissenschaftlichen lateinischen Pflanzennamen sowie der Pflanzenfamilie, zu der das Gewächs gehört, folgen eine Pflanzenbeschreibung und Bemerkungen über die Herkunftsländer. Die Nomenklatur richtet sich im wesentlichen nach Rudolf Mansfeld, Verzeichnis landwirtschaftlicher und gärtnerischer Kulturpflanzen, 2. Auflage, 1986.

Den daran anschließenden Abschnitten der Artikel liegt kein so strenges Schema zu Grunde, weil bei jeder Pflanze etwas anderes im Zentrum des Interesses steht. Einmal ist es namentlich die Ausbreitungsgeschichte, ein andermal sind es sich wandelnde Anbauvorschriften, sich ändernde Sitten des Würzens oder die Bedeutung eines Gewächses in Mythologie und Aberglauben. Stets sollen Hinweise auf die Heilwirkung einer Pflanze gegeben werden – und natürlich Beispiele für Speisen, die sich damit würzen lassen.

Ganze Kochrezepte werden nicht aufgeführt; dieses Buch ist kein Kochbuch, sondern ein Lexikon, in dem ein Gesamtbild einer jeden Gewürzpflanze skizziert werden soll. Die zu diesem Zweck zusammengetragenen Indizien müssen allesamt kritisch betrachtet werden. Berücksichtigt wurden einerseits schriftliche Quellen, bei denen sich Übertragungsfehler eingeschlichen haben können: Der Begriff aus der antiken Literatur, der gemeinhin mit Kümmel übersetzt wird, bezeichnet in Wirklichkeit wohl ein anderes Kraut, den Kreuzkümmel. Mittelalterliche Kräuterkundige aus Deutschland schreiben über mitteleuropäische Pflanzen genauso wie über die aus Südeuropa; man weiß nicht, welche Kräuter aus ihrer Umgebung sie tatsächlich kannten. Ähnliche Probleme entstehen bei der Betrachtung von Gemälden: Ist ein Stilleben eine Darstellung des Alltäglichen oder ein exotisches Raritätenkabinett? Eine weitere Quellengattung sind archäologische Funde von Pflanzenresten, namentlich von Früchten und Samen. Allein diese Funde können beweisen, daß eine Pflanzenart an einem bestimmten Ort zu einer bestimmten Zeit existierte, sie zeigen aber in der Regel nicht, ob die Pflanze genutzt oder kultiviert wurde: Senfkörner in archäologischen Schichten können genauso von Wildpflanzen wie von Kulturpflanzen stammen. Man muß auch berücksichtigen, daß sich die Reste vieler Pflanzenarten nicht fossil erhalten, weil sie vergänglich sind oder weil sie so kostbar waren, daß sie niemals in archäologische Ablagerungen gerieten, die ja in der Regel nichts anderes als Abfälle sind. Eine Nutzung oder Kultivierung einer Pflanzenart läßt sich aus archäologischen Funden nur dann ableiten, wenn sie aus Gegenden stammen, in denen die Pflanze nicht wild wächst. Funde von Pfefferkörnern in Mitteleuropa sind daher ein eindeutiges Indiz für eine Nutzung.

In anderen Fällen benötigt man einerseits archäologische Funde, die die Existenz der Pflanzenart bezeugen, andererseits schriftliche Quellen, die die Nutzung oder den Anbau der Pflanze belegen. Schriftliche Berichte über etwas so Alltägliches wie den Anbau oder die Nutzung von Pflanzen gibt es namentlich aus alter Zeit, aber auch aus dem Mittelalter nur in sehr begrenzter Zahl. Was es – theoretisch – gibt, sind Reste von Pflanzen in archäologischen Kulturschichten, doch wird leider immer noch viel zu selten nach ihnen gesucht. In den meisten Fällen erregen bei Ausgrabungen nur Gebäudereste, Gerät aus Stein, Ton, Knochen, Metallen und Holz sowie natürlich die Kunstwerke alter Kulturen das Interesse der Archäologen, wogegen zum Beispiel kulturhistorisch bedeutende Pflanzenreste, die so gut wie in jeder Ablagerung zu finden sind, unerkannt und für immer unentdeckt auf die Abfallhalde einer Ausgrabung wandern. So kommt es, daß unser Wissen über die frühe Geschichte von Kulturpflanzen große Lücken aufweist. Versucht man dennoch, sie darzustellen, die sich oftmals widersprechenden Angaben aus der Literatur gegeneinander abzuwägen und zu bewerten, so ist es selbstverständlich, daß sich

Fehler einschleichen. Viele Behauptungen können bei dem heutigen mangelhaften Wissensstand nur einen vorläufigen Charakter haben. Wunsch des Verfassers ist es, daß es trotzdem gelungen sein möge, wesentliche Informationen zusammenzutragen und ein anschauliches Bild jeder Pflanze zu geben. Dies soll auch als Anregung dazu verstanden werden, den Detailfragen um Herkunft und Geschichte der Gewürze in Zukunft intensiver nachzugehen. Es handelt sich dabei nicht nur um ein botanisches, kulinarisches oder archäologisches Spezialproblem, sondern um einen wesentlichen Aspekt menschlicher Kulturgeschichte.

Ajowan

Der Ajowan oder Adjowan gab den Botanikern in den letzten Jahrhunderten Rätsel auf. Man war sich nicht einig, ob die Pflanze ein naher Verwandter des Kümmels, der Möhre, des Sesels oder des Selleries ist, gab ihr daher viele wissenschaftliche Namen, von denen Trachyspermum ammi derzeit bevorzugt wird. Soviel ist sicher: Der Ajowan, eine einjährige Pflanze, ist ein Mitglied der Doldenblütlerfamilie (Apiaceae oder Umbelliferae). Fünf bis fünfzehn kleine weiße Blüten bilden eine Dolde. Die Blätter, filigran in feinste Abschnitte und Zipfelchen unterteilt, sind – ebenso wie die Stengel und Stiele – völlig kahl. Rauhhaarig sind dagegen die Früchte, worauf sich der Gattungsname Trachyspermum bezieht. Wörtlich aus dem Griechischen übersetzt heißt das nämlich: rauher Same. Wegen der Früchte wird die Pflanze angebaut. Sie enthalten reichlich ätherische Öle, vor allem Thymol, und riechen stark nach Thymian. Ihre Schärfe entwickelt sich beim Trocknen. Ajowan wächst wild in Nordostafrika, vor allem in Äthiopien, und in Südasien. Die Asiaten entdeckten seine Eigenschaft als Speisegewürz. Ajowan gelangte im frühen Mittelalter nach Europa, wo man auch versuchte, ihn anzubauen. Daß dies aber wegen des ungünstigen Klimas mit Schwierigkeiten verbunden war, erwähnte bereits der Kräuterbuch-Autor Tabernaemontanus im späten Mittelalter. Um die Mitte des 17. Jahrhunderts gab man in Mitteleuropa die Kultivierung des Ajowans auf. Falls man in späterer Zeit auf dieses exotische Gewürz Wert legte, importierte man es aus Vorderasien, doch ist der Handel damit nie so recht in Gang gekommen.

Im Orient hat Ajowan in der Küche einen festen Platz, in Indien wird er heute vor allem zu Hülsenfrüchten verwendet. Indische Restaurants in Europa gebrauchen das Gewürz natürlich genauso und beziehen es aus seinen Ursprungsländern. Dorther holt man «Semina Adjowan» aber auch, um daraus

Adjowanöl zu pressen, das zur Herstellung von Thymol industriell weiterverarbeitet wird.

Alant

Der Echte Alant (Inula helenium), auch Helenenkraut genannt, gehört in die Familie der Korbblütler (Asteraceae oder Compositae). In manchen Landschaften heißt er Odinskopf. Dieser würdevolle, heidnisch klingende Name beschreibt die großen Blütenköpfe, die einen Durchmesser von bis zu acht Zentimetern haben. Leuchtend gelb oder orangefarben stehen sie im Spätsommer allein oder zu mehreren an der Spitze bis zu zwei Meter hoher Stengel, an denen kurz behaarte, am Rande unregelmäßig gezähnte Blätter sitzen. Der Alant ist eine den Winter überdauernde Staude. Verwelkt im Herbst ihre oberirdische Pracht, wird ein Teil der in Blättern, Stengeln und Blüten enthaltenen Zellulose in Zuckermoleküle zerlegt und in der kalten Jahreszeit in den ästig verzweigten Wurzelknollen gespeichert. Das ist bei vielen Stauden so, doch ist der Reservestoff bei den meisten Pflanzen die Stärke. In den Alantwurzeln dagegen wird Inulin eingelagert. Diese Substanz, die auch in den Wurzeln einiger anderer Korbblütler enthalten ist, wurde beim Alant zuerst entdeckt und nach dessen wissenschaftlichem Namen benannt. Auch beim anderen Namen dieses Zuckers, Helenin, stand die Pflanze Pate. In der Wurzel sind auch noch andere wohlriechende Substanzen, ätherische Öle, Alantol und Alantolsäure, enthalten. Der zuckerreichen und angenehm duftenden Radix Helenii galt in alter Zeit das Sammeln und schon in der Antike der Anbau der Pflanze. Der Geschmack der Wurzeln wurde früher mit dem von Schwarzen Johannisbeeren verglichen; diese hießen im Mittelalter auch Alantbeeren.

Der Alant wächst wild auf der Balkanhalbinsel und in angrenzenden Landschaften. Dort ist er heute noch als Zauberkraut mit vielerlei Wirkungen bekannt: Kinder werden durch Alantwurzeln, die man in ihre Kleider einnäht, vor dem Bösen geschützt, und junge Mädchen lesen bei besonderen Festen aus ihren Alantsträußen ab, wer ihr Zukünftiger ist.

Nach alter mythologischer Vorstellung entstammt der Alant den Tränen der Helena und hat daher den Namen Helenenkraut. Diese etymologische Deutung des Pflanzennamens ist mit Sicherheit nicht richtig, die Herkunft des Wortes ist völlig ungewiß. Die alten Griechen erkannten die medizinische Wirkung der Pflanze und hielten sie für ein Kraut des Chiron, des heilkundigen Kentauren, der im Kampf mit Herakles starb. Auch die Römer schätzten die Heilwirkung der Alantwurzel, besonders bei Erkrankungen der Atemwege und bei Verdauungsstörungen. Von römischen Autoren sind zahlreiche Details über den Anbau und die Verwendung des Alants überliefert. Nach Columella pflanzte man im Februar oder im Herbst geteilte Wurzelstöcke. Man legte sie in gut gegrabene Hochbeete. Zwischen zwei Pflanzen ließ man einen Abstand von mindestens drei Fuß. Die Römer gruben die Wurzeln im Sommer aus, um sie auch in der Küche zu verwenden. Julia Augusta, die Tochter des Kaisers Augustus, schätzte sie besonders. In römischen Kochrezepten werden sie als Würze süßsaurer Speisen genannt. Im Mittelalter verwendete man sie ähnlich. Auch bereitete man aus ihnen den heilkräftigen Alantwein. Bei der Herstellung von Alantbier wurde das Inulin der Wurzeln vergoren; Jörg Wickram berichtet in seinem «Rollwagenbüchlein» von 1555 über ein solches Getränk. Im Banat und in der Lausitz rauchte man ein Gemisch aus Tabak und Alantwurzel. Heute noch kann man in manchen Gegenden kandierte Alantwurzel bekommen, außerdem braut man aus ihr Liköre und Magenbitter. Ihre Heilwirkung, zum Beispiel gegen Bronchitis, ist der modernen Medizin bekannt. Inulin wird auch als Rohrzucker-Ersatz für Diabetiker verwendet.

Ein traditionelles Anbaugebiet der Pflanze war das süditalienische Campanien, weswegen die Italiener sie auch «enula campana» nennen. Auch in Deutschland betrieb man ihren Anbau, zu Beginn des Jahrhunderts vor allem noch in Thüringen. Echten Alant gibt es heute in vielen Bauerngärten als Zierpflanze, wo er an sonnigen, nicht zu trockenen Plätzen noch genauso gezogen wird wie vor 2000 Jahren.

Ammei

Ammei oder Knorpelmöhre (Ammi majus) ist ein selten gebrauchtes Gewürz aus der Familie der Doldenblütler (Apiaceae oder Umbelliferae). Die einjährige Pflanze keimt im Frühjahr, gelegentlich – wie es den Anschein hat – mit drei Keimblättern. In Wirklichkeit sind es zwei Keimblätter (wie bei allen Doldengewächsen), doch entsteht dieser Eindruck, weil eines der Keimblätter manchmal in zwei Zipfel gespalten ist. Während des Sommers wächst ein zart geriefter Stengel bis zu einen Meter in die Höhe. Er trägt zweigestaltige Blätter: am Grunde der Pflanze breite, weiter oben fein zerteilte. Nochmals anders geartete Blätter hüllen die Dolden ein; sie setzen sich aus haardünnen Zipfeln zusammen. Die Blütendolden haben sehr zahlreiche Strahlen, auf denen den ganzen Sommer und Herbst über die weißen Blütchen zu sehen sind. Die dem Kümmel stark ähnelnden Früchte (schon vor einigen Jahrhunderten griff man bei Beschreibungen der Früchte auf diesen Vergleich zurück) werden im allgemeinen im mitteleuropäischen Klima nicht reif. Deswegen ist die Pflanze bei uns nicht heimisch. Sie keimt nur gelegentlich aus eingeführten Kleesaaten hervor oder taucht in der Nähe von Bahnhöfen und Handelsplätzen als Unkraut auf.

Die langsam reifenden Früchte haben im Mittelmeergebiet, auf den Kanarischen Inseln und in Vorderasien genügend Zeit zu ihrer Entwicklung. Dort sammelte man die Früchte als Gewürz, vor allem, um sie als Ersatz für Ajowan-Samen zu gebrauchen. Während des Mittelalters tauchte das Gewürz auch hin und wieder in den Küchen nördlich der Alpen auf. Zu einem Anbau größeren Ausmaßes scheint es nie gekommen zu sein.

Andorn

Der Andorn (Marrubium vulgare) gehört zur Familie der Lippenblütler (Lamiaceae oder Labiatae). Der ungefähr einen halben Meter hohe, vierkantige Stengel und die sich gegenüber stehenden Blätter sind von Filzhaaren überzogen. Den Blattachseln entspringen die Blüten büschelweise; ihre Kelche sind lang behaart. Die Blüten, deren Oberlippe zweigespalten ist und die daher wie gehörnte Wesen aussehen, sind weiß und etwa einen halben Zentimeter lang. Sie stehen den ganzen Sommer über offen, manchmal auch bis weit in den Herbst hinein.

Der Andorn wächst wild im Gebiet zwischen Zentralasien und den mediterranen Ländern. In Mitteleuropa wurde er vom Menschen eingebürgert. Hippokrates, einer der ältesten uns namentlich bekannten Ärzte, wußte von der heilsamen Wirkung der Andorn-Blätter, die einen Bitterstoff, das Marrubiin, enthalten. In der Natur hält es Schädlinge von der Pflanze fern, und Schädlinge kann die bittere Substanz auch im menschlichen Körper vertreiben. So trank und trinkt man Andorn-Tee, wenn man Krankheiten der Atemwege, des Darmes, der Leber und anderer Organe bekämpfen will. Im Mittelalter wurde Andorn angebaut, allerdings nicht überall. Nachricht über die älteste Kultivierung gibt uns der Reichenauer Mönch Walahfried Strabo. Auf der vom Klima besonders begünstigten Bodensee-Insel wurde die Pflanze während des frühen Mittelalters im Klostergarten gezogen. Von den Klöstern aus gelangte sie später in die Bauerngärten. Dort konnte man noch zu Beginn des 20. Jahrhunderts größere Kulturen sehen. Die weithin bekannte Heilpflanze wurde nur gelegentlich auch als bitteres Gewürz verwendet, und zwar tunkte man die Blätter in Biere und Liköre.

Um die Pflanze ranken sich Mythen: Alle Schädlinge meiden sie, daher sollen auch Zwerge und Nymphen von ihr abgewehrt werden – oder meinen die Fabelwesen, in den «gehörnten» Blüten den Bösen zu erkennen?

Anis

Der Anis (Pimpinella anisum) ist ein relativ kleines Doldenblütengewächs (Apiaceae oder Umbelliferae). Seiner zarten Wurzel entsprießt ein runder, gerillter Stengel, der maximal einen Meter hoch wird. Die Blätter des Krautes sind vielgestaltig. Nahe am Boden sind sie am größten, fast rund oder eiförmig, am Rande gezähnt. Weiter oben am Stengel sind sie in mehrere Abschnitte zerteilt, in ihrer randlichen Zähnelung ähneln sie den Grundblättern. Die obersten Blätter dagegen sind so fein gefiedert, daß sie wie das Grün einer anderen Pflanze wirken. Die Blütendolden mit ihren unzähligen weißen, manchmal auch leicht rosafarbenen Blütchen breiten einen Schirm über die Pflanze aus. Reichblütig soll der Anis für den Gewürzbauern sein, denn aus jeder Blüte reift eine Frucht, die beim Trocknen in zwei Teilfrüchte zerfällt: Fructus Anisi, die begehrte Droge, das beliebte Gewürz. Die Pflanze enthält in allen ihren Teilen ein wohlriechendes ätherisches Öl, dessen Hauptbestandteil das Anethol ist. Dieser Stoff ruft den charakteristischen scharf-süßen Anis-Geschmack hervor, der der Pflanze den Beinamen «Süßer Kümmel» eintrug. Ätherisches Öl ist in besonders hoher Konzentration in den halbmondförmigen Teilfrüchten vorhanden, weswegen man meistens sie als Gewürz verwendet (nur gelegentlich behilft man sich mit den Blättern, benützt sie auch, wenn man besonders milde würzen will).

Woher das Gewürz ursprünglich kommt, weiß man nicht genau, denn man kennt keinen wilden Ahn, aus dem die Kulturpflanze hervorgegangen ist. Alle Indizien sprechen dafür, die Heimat des Anis im östlichen Mittelmeergebiet zu suchen. Will man sein Herkunftsgebiet noch näher eingrenzen, so kommen wohl am ehesten Griechenland und/oder die Inseln der Ägäis dafür in Frage, dagegen nicht, wie man heute weiß, Ägypten, das nach Ansicht antiker Autoren das Herkunftsland der Pflanze sein sollte. Das Gewürz mag in Griechenland schon während der Bronzezeit, also während des zweiten vorchristli-

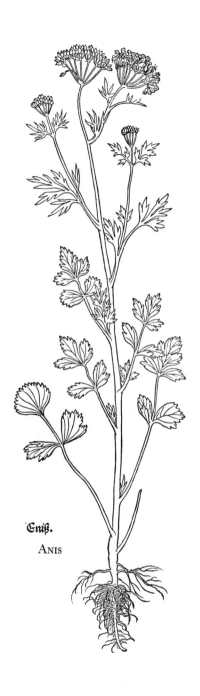

chen Jahrtausends, verwendet worden sein, was archäologische Funde der Früchte nahelegen. Aus schriftlichen Quellen wissen wir, daß die Griechen in klassischer Zeit den Anis genauso verwendeten wie wir heute: Sie backten Anisbrot.

Anis ist seit dieser frühen Zeit immer eine wichtige Heilpflanze gewesen. In der Antike war Anis ein Bestandteil des weit über Griechenlands Grenzen hinaus bekannten Theriak, eines Wundertrankes, der gegen nahezu alle Krankheiten half. Auch im Mittleren und Fernen Osten wurde die Heilpflanze in früher Zeit bekannt.

Bei den Römern hielt der Anis Einzug in die Feinbäckereien; Kuchen, die bei hohen Festlichkeiten gereicht wurden, waren mit Anis-Früchten gewürzt. Vergil berichtet von Aniskeksen, die seine Zeitgenossen gebacken haben. Bei Ausgrabungen im römischen Kolosseum entdeckte man Anis-Früchte, die die Zuschauer der grausigen Gladiatorenkämpfe zwischen den Sitzreihen verloren hatten – vielleicht, als sie mit den Früchten verziertes Knabbergebäck zur Beruhigung ihrer Nerven aßen.

Im Mittelalter erfreute sich das Gewürz, das in Haus- und Klostergärten angebaut wurde, steigender Beliebtheit. Es wurde nicht nur in den Bäckereien verwendet, sondern man würzte damit auch Fleisch, Fisch und Geflügel, später gab man es – ebenso wie heute – zu Gemüse sowie zu süß und süßsauer eingemachten Früchten; in Norddeutschland sind mit Anis gewürzte Bratäpfel beliebt. Anis ist ein typisch weihnachtliches Gewürz. Anis-Plätzchen und Springerle – wer könnte sich süddeutsche Weihnachten ohne diese «Gutsle» vorstellen? In vielen Gegenden Deutschlands, vor allem in Bayern, wird daneben zu jeder Jahreszeit Anisbrot gebacken: nicht als süße Näscherei, sondern für den täglichen Bedarf.

Die Pflanze wird heute nicht mehr – wie im Mittelalter – nördlich der Alpen angebaut. Unser Wetter ist nicht verläßlich genug, um die Früchte in jedem Sommer reif werden zu lassen. Das Gewürz wird aus südlicheren Gefilden, vor allem aus Südrußland, bezogen. In Südeuropa kennt man auch noch andere Verwendungsmöglichkeiten des Anis. Was einem die Russen als Allasch anbieten, die Türken als Raki, die Griechen als

Ouzo, die Franzosen als Anisette oder Pastis, sind allseits beliebte, den Appetit anregende Anis-Schnäpse.

Die Pflanze hat heute – wie vor zweitausend Jahren – ihren festen Platz in den Rezepten der Heilkundigen. Die Früchte helfen bei Verdauungsstörungen wie bei Erkrankungen der Atemwege und wirken krampflösend. Allzu bitterer Arznei wird Anis-Aroma hinzugefügt, damit sie etwas besser schmeckt. Die Droge wird auch in der Veterinärmedizin verwendet.

In vielen Gegenden wurde Anis – von dessen Namen man übrigens nicht weiß, ob man ihn auf der ersten oder zweiten Silbe betonen soll – als Aphrodisiakum geschätzt. Im Herbst, wenn man sich nach der Feldarbeit wieder häuslichen Pflichten zuwandte, bereiteten die Frauen und Mädchen ihren Männern anishaltige Getränke. Ob es deswegen im Sommer besonders reichen Kindersegen gab? Auf jeden Fall ist das Gewürz noch heute fester Bestandteil von Hochzeitskuchen.

Anispfeffer

Anispfeffer (Zanthoxylum piperitum) nennt man einen kleinen Baum aus der Familie der Rautengewächse (Rutaceae), dessen dornige Zweige ein gelbes Holz haben. Die gefiederten Blätter ähneln denen des Vogelbeerbaumes. Aus den weißen oder grünlich gefärbten Blüten werden Früchte, die man trocknet und in der Küche wie Pfeffer verwendet. Anispfeffer wächst in Japan, Korea und im Norden Chinas. In der chinesischen Küche würzt man damit vor allem Fischgerichte. Anispfeffer ist neben Fenchel, Nelken, Sternanis und Zimt Bestandteil der «Fünf Gewürze», einer bekannten fernöstlichen Gewürzmischung.

Asant

Asant, Stinkasant oder Teufelsdreck (Ferula asa-foetida oder Asa foetida) heißt eine Staude aus der Familie der Doldenblütler (Apiaceae oder Umbelliferae) wie das aus ihr und einigen verwandten Pflanzen gewonnene Gummiharz. Der Asant hat schierlingsähnliche Blätter und gelbgrüne Blütendolden, seinen dem Persischen (assa bedeutet Rohr) entlehnten Namen führt er seines mannshoch aufschießenden Stengels wegen. Der Stengel kommt aus einer dicken Wurzelrübe hervor, die den Milchsaft, der überall in der Pflanze vorhanden ist, in besonders großer Menge enthält. Der Milchsaft besteht aus übelriechenden Substanzen, unangenehm knoblauchähnlich stinkenden ätherischen Ölen und schwefelhaltigen chemischen Verbindungen, die Schwefelwasserstoff, den «Faul-Ei-Gestank», freisetzen.

Asant wächst in asiatischen Wüstengebieten, vor allem in Persien und in Afghanistan. Über Geschmack läßt sich streiten: Dort schätzt man den kristallisierten und zerriebenen Milchsaft schon seit Jahrtausenden in der Küche. Man «erntete» dort den Asant, indem man mindestens vierjährigen Pflanzen das Kraut abschnitt; der hervorquellende Milchsaft kristallisiert an der Luft zu kilogrammschweren Klumpen. In manchen Gegenden wurde ein derart starker Raubbau an den Pflanzen getrieben, daß sie nahezu ausgerottet sind. Man versucht nun also, sie auf schonendere Weise zu nutzen, indem man die Wurzeln nur anritzt, das Kraut aber nicht abschneidet, wovon freilich auch eine nachhaltige Schädigung der Pflanze ausgeht. Heute wird Asant in seinen Heimatländern auch angebaut.

Im Zweistromland kannte man das Gewürz schon 2000 Jahre vor Christi Geburt. Zur Römerzeit transportierten Karawanen die Gummiharzklumpen weit über Land. Die Römer liebten das Gewürz: Auf ihren Speisezetteln war es eine der am meisten verwendeten Würzen überhaupt. Der an und für sich deftigen mittelalterlichen Küche war Asant zu scharf. Es kam der Name Teufelsdreck auf. Hans Sachs, Martin Luther und anderen erschien die Pflanze besonders ekelerregend. Aus der Küche und vom Eßtisch verschwand das Gewürz in Europa bald, man stellte nun daraus Stinkbomben her. Im Nahen und Mittleren Osten blieb Asant dagegen Speisewürze. Perser und Afghanen aßen das Gummiharz sogar als Gemüse. Karawanen brachten es nach Indien, wo es als Gewürz geschätzt wurde.

In ihren asiatischen Kolonien lernten die Engländer den Asant neu kennen und schätzen. In der Worcestersauce, der berühmten englischen Würzsoße, sind Spuren von Asant enthalten. Als Bestandteil der Soße gelangte das Gewürz auf dem Umweg über Indien und England wieder in die mitteleuropäische Küche.

Unverändert seit dem Mittelalter ist die Verwendung des Teufelsdrecks in der Medizin. In Heilkundebüchern werden so viele Krankheiten aufgezählt, gegen die das pulverisierte Gummiharz von Nutzen sein soll, daß man annehmen muß, seine Heilwirkung beruhe vor allem darauf, daß die Kranken es nach dem einmaligen Genuß der widerlich schmeckenden Droge vorzogen, «gesund» zu sein, bevor sie die bittere Arznei noch einmal schlucken mußten. Noch heute wird empfohlen, Kindern, die nicht am Daumen lutschen oder Fingernägel kauen sollen, die Finger mit Asa foetida einzureiben. Die Droge hat einen so üblen Geschmack, daß man damit sogar Blutegel vom Blutsaugen abbringen kann – in der mittelalterlichen Heilkunde wurde Teufelsdreck so auch dann eingesetzt, wenn man «dosiert» schröpfen wollte.

Bärlauch

Der Bärlauch (Allium ursinum) stammt aus der Familie der Liliengewächse (Liliaceae). Die länglichen Zwiebeln treiben im Frühjahr zwei etwa zwanzig Zentimeter lange Blätter, die ihre Oberseiten gen Boden gekehrt haben. Den Blättern folgt ein auf steifem Stiel stehender Blütenstand, der sich aus zahlreichen sechsstrahligen, weißen Sternen zusammensetzt. Bärlauch kommt in feuchten, nährstoffreichen Buchenwäldern fast überall in Europa vor. Eine Pflanze steht niemals allein, man findet immer gleich tausende auf einem Haufen. Dem Spaziergänger machen sie sich durch das frische Dunkelgrün der Blätter und vor allem durch den durchdringenden Knoblauchgestank bemerkbar. Auf diesen Geruch nimmt der Pflanzenname Ramsen Bezug (mit dem Verb «ramsen» beschreibt man auch den üblen Geruch von Schafen und Ziegen). Der Name muß sehr alt sein, denn er findet sich – nur leicht abgewandelt – in vielen Sprachen Europas. Daß man Bärlauch in der Küche verwendete und verwendet, ist sicher keine populäre Vorstellung. Seine Nutzung ist aber möglicherweise lange zurückzuverfolgen: In den jungsteinzeitlichen Pfahlbausiedlungen des Alpenvorlandes fand man erstaunlich häufig Überreste vom Bärlauch. Weil die Pflanze als Viehfutter unbrauchbar ist (Tiere, die davon gegessen haben, geben ungenießbare Milch), ist es möglich, daß die Menschen damit vor 5000 Jahren bereits «knofelten» – echter Knoblauch war damals dort noch nicht bekannt. Den Koch- und Heilkundigen der klassischen Antike blieb der Bärlauch unbekannt. Nördlich der Alpen nahm man ihn aber bis auf den heutigen Tag immer wieder als Ersatz für Knoblauch. Bezeichnend für seine Nutzer scheint der süddeutsche Name «Zigeunerlauch» zu sein. Will man die Blätter als Gewürz verwenden, muß man sie jung pflücken, jedenfalls vor der Blüte, denn nur dann ist der Geschmack erträglich. Die Droge Herba Allii ursini wird gelegentlich in der Volksmedizin empfohlen, um Magen und Darm zu reinigen.

Bärwurz

Die Bärwurz (Meum athamanticum), zur Familie der Doldenblütler (Apiaceae oder Umbelliferae) gehörend, hat sehr fein zerteilte, farnähnliche Blätter und weiße Blütendolden, deren Färbung gelegentlich ins Gelbliche oder Rötliche spielt. Über die etymologische Ableitung des Namens sind sich schon mittelalterliche Autoren uneins gewesen. Die einen hielten «Gebärwurz» für die Urform (wegen der Verwendung der Pflanze in der Gynäkologie), die anderen sahen Ähnlichkeiten zwischen einem Bärenfell und den zottig aussehenden Blattresten an den getrockneten Wurzeln. Bärwurz ist ein charakteristisches Gewächs auf mageren Graslandern europäischer Mittelgebirge, vor allem dort, wo das Gestein kalkarm ist. Besonders

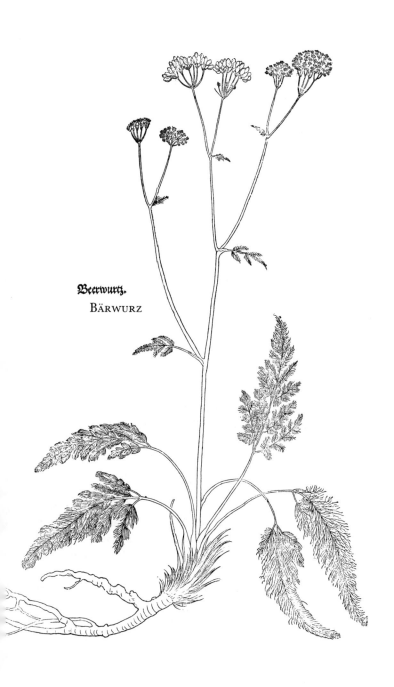

Beerwurtz.
BÄRWURZ

auffällig sind die tiefgrünen, im Herbst sich wie das Laub der Bäume verfärbenden Blattwedel und der intensive, würzige Duft, der der ganzen Pflanze entströmt. Das Weidevieh verschmäht die Pflanze in frischem Zustand, mag sie aber getrocknet im Heu sehr gerne. Die Menschen wurden spätestens im Mittelalter, als sie die höheren Lagen der Mittelgebirge besiedelten, auf das Kraut aufmerksam, das in allen seinen Teilen würzkräftiges Öl enthält: Die Früchte verwendete man anstelle von Selleriefrüchten, die Blätter sind Zutat der erzgebirgischen Köpernikelsuppe. Vor allem genutzt wurden aber vielerorts die Wurzeln, aus denen sich ein beliebter Magenbitter ansetzen läßt. Bärwurz, die heute durch den Einsatz von Mineraldünger in freier Natur immer seltener wird, sammelte man auf den Heidewiesen. Man zog sie auch als Gartenpflanze, wovon bereits mittelalterliche Schriften Kunde geben.

Balsamkraut

Das Balsamkraut (Chrysanthemum balsamita) ist ein Korbblütler (Asteraceae oder Compositae). Die Wurzeln der Staude treiben alljährlich bis über meterhohe Blütensprosse: fein behaarte, sich ästig verzweigende Stengel und ungeteilte, gesägte, etwas lederartige Blätter; die Blütenköpfe sind bei den Pflanzen unserer Bauerngärten meist klein und unscheinbar, in ihrer orientalischen Heimat dagegen haben die Pflanzen – ähnlich wie die nahe verwandte Margerite – auffallende weiße Strahlblüten am Rand der Blütenstände. Im Orient wurde man schon frühzeitig auf das herrlich nach Salbei oder Melisse duftende Kraut aufmerksam. Weil in der antiken Literatur viele wohlriechende Pflanzen Balsamkräuter genannt wurden, können wir nicht entscheiden, ob das im Hohelied Salomonis erwähnte Würzgärtlein, «darin Balsamkräuter wachsen», auch wirklich Chrysanthemum balsamita enthielt. Von Vorderasien aus bürgerte man die Pflanze im gesamten Mittelmeergebiet ein, ob bereits in der Antike, weiß man nicht, sicher aber im Mittelalter. Im frühen Mittelalter wurde ihr Anbau auch in

Gegenden nördlich der Alpen empfohlen, im späteren Mittelalter war sie hier häufig in den Gärten anzutreffen. Sie wurde damals auch Marienblatt genannt, ihres wunderschönen Duftes wegen. Als Gewürz kamen die Blätter an Eier-, Pflaumen- und Pfannenkuchen (die Pflanze heißt daher auch Pfannkuchenkraut). Sie würzten auch geistige Getränke und galten als Ersatz für Opium. Bis in unsere Tage wird die Pflanze in Gärten gezogen, aber nicht in erster Linie als Gewürzkraut, sondern wegen ihres Duftes. Man findet sie auch auf Friedhöfen, weil man meinte, ihr Duft vertreibe dort Dünste; ihr Grün wurde zu Grabkränzen gebunden.

Basilikum ✕

Das Basilikum (Ocimum basilicum), auch Basilien- oder Königskraut genannt, entstammt der Familie der Lippenblütler (Lamiaceae oder Labiatae). Aus den Samen der einjährigen Pflanze wachsen bis zu einem halben Meter hohe Triebe empor, die sich stark verzweigen und dann wie ein kleiner Busch aussehen. Die zarten Stengel sind spröde und zerbrechlich. Blätter und Blüten haben kurze Stiele. Jeweils sechs Blüten stehen in mehreren Etagen rund um den Stengel, sie sind weiß, manchmal leicht rötlich oder gelblich gefärbt. Es gibt sehr zahlreiche Formen der Pflanze, manche sind kahl, andere behaart, die Blätter sind manchmal ganzrandig, manchmal am Rande gekerbt oder sogar in Abschnitte geteilt, bei einigen Formen stehen die «Blütenetagen» so dicht übereinander, daß sie wie eine lange Rispe aussehen.

Basilikum stammt aus Südasien, wahrscheinlich aus Vorderindien. Hier wurde das an ätherischen Ölen reiche Kraut erstmals kultiviert, und damit begann eine Odyssee des teils über alle Maßen beliebten, dann wieder abgrundtief verhaßten Gewürzes. Im alten Indien war das Basilikum ein heiliges Gewächs. Es war das Lieblingskraut des Welterhalters Vishnu, eines der wichtigsten Götter des Hinduismus. Die Kultur der Pflanze breitete sich in Südasien aus. Ob sie in vorchristlicher

Zeit bereits Ägypten erreichte, ist unsicher. Auf den Feldzügen Alexanders des Großen sollen die Griechen das Würzkraut kennengelernt haben. Es erhielt den würdigen Namen Basilikum (Basileus heißt auf griechisch König), doch wurde es in der Zeit der klassischen Antike keineswegs immer als so verehrungswürdig angesehen. Ob man ein von fremden oder gar feindlichen Völkern hochgeschätztes Kraut mit Skepsis betrachtete oder was immer der Grund war: Basilikum geriet zunehmend in Verruf. Die Römer hielten es für die Pflanze des Hasses, und römische Schriftsteller brachten die Mär auf, daß Basilikum, wenn man es «richtig» behandelt, Skorpione hervorbringe (es gibt dafür mehrere, einander teils widersprechende Rezepte). Dieser böse Ruf sollte der Pflanze nun länger als ein Jahrtausend anhaften. Trotz alledem wußten die Römer genau, wie die Pflanze zu ziehen und zu verwenden war. Königskraut wurde im Winterhalbjahr gesät, wobei man, wollte man es richtig machen, fluchen mußte. Weil die Keimlinge Kälte nicht vertragen, erwärmte man sie bei kühler Witterung mit Essig. Im Sommer begoß man die Pflanzen merkwürdigerweise zur Mittagszeit (was der Gärtner sonst niemals tut). Man zog Basilikum als Gewürz und Zierpflanze nicht nur im Garten, sondern auch zu dieser frühen Zeit schon im Blumentopf, der vielleicht zwischen den Säulen des Atriums römischer Villen in der südlichen Sonne stand. Das Kraut mußte von dem Zeitpunkt an, zu dem es die Länge einer Spanne erreicht hatte, immer wieder beschnitten werden. Im Laufe des Sommers wurde dadurch der Geschmack des Gewürzes immer köstlicher. In der Küche wurden mit den Blättern und jungen Sprossen nicht nur Speisen gewürzt: Hippokrates berichtete, daß Basilikum sogar als Gemüse gegessen wurde. Die «abgeklärte» Wissenschaft der damaligen Zeit, die Heilkunde, beharrte aber meist darauf, Basilikum für schädlich zu halten.

Was die alten Ärzte gesagt hatten, wurde im Mittelalter als unumstößliche Weisheit aufgenommen. Noch in der zweiten Hälfte des 17. Jahrhunderts berichteten ein Jesuitenpater und ein Arzt von dem gemeinsam durchgeführten und angeblich geglückten Experiment, Skorpione aus zerriebenen und befeuchteten Basilikumblättern zu ziehen. Boccaccio erwähnt die Pflanze in einem Schauermärchen des Decamerone: Lisabetta, Tochter eines reichen Kaufmannes aus Messina, hatte einen Geliebten, der, weil er Diener war, als ihr nicht ebenbürtig von ihren Brüdern ermordet wurde. Lisabetta fand den Toten, trennte ihm den Kopf ab und bewahrte das geliebte Haupt in einem Blumentopf auf, in dem sie Basilikum zog. Boccaccio erwähnt sogar, daß das Kraut von dem verwesenden Haupt gedüngt wurde. Diese Grusel-Story regte noch im 19. Jahrhundert die Phantasie der Engländer an, die eine besondere Ader für derartige Geschichten haben. John Keats schrieb darüber ein Gedicht, und der Maler Sir John Everett Millais schuf dazu ein Gemälde in präraphaelitischer Manier, ja, er plante sogar einen ganzen Bilderzyklus zu der Erzählung.

Bei so viel Negativem, das sich um die Pflanze rankte, ist es fast ein Wunder, daß Basilikum in mittelalterlichen Gärten dennoch gezogen und als Gewürz verwendet wurde. Die römische Blumentopfkultur hatte sich lebendig erhalten, was man aus der Geschichte von Lisabetta entnehmen kann. Nördlich der Alpen wurde das Königskraut sicher seit dem 12. Jahrhundert angebaut. Doch erst am Ende des Mittelalters wurde die Pflanze populärer, als immer neue Formen aus dem Orient nach Mitteleuropa gebracht wurden: Krausblättriges Basilikum und solches mit Blättern, die wie kleine Schiffchen aussehen («Schiffsbasilikum»), kamen im 16. Jahrhundert aus Indien, für das Königskraut mit den scheinbar zu Rispen zusammengezogenen Blütenständen kennen wir das Jahr des Importes aus Vorderindien genau: 1548. Die sogenannten «Ägyptischen Basilien» mit kahlen, purpurfarbenen Stengeln gediehen vor 1600 zum ersten Mal in Eichstätter Gärten. Wegen ihres Zitronengeruches beliebt wurde die Zitronenbasilie, die spätestens im 17. Jahrhundert bei uns aufkam.

Basilikum wurde und wird vor allem in Suppen (u. a. Hamburger Aalsuppe), Eintopf und Würsten als Gewürz verwendet; der Geschmack intensiviert sich beim Kochen. Basilikum gehört auch traditionell in Kräuteressig. Es wird von neapolitanischen Pizzabäckern und in südfranzösischen Küchen viel benützt. Mit den südeuropäischen Spezialitäten kam Basilikum in noch viel größerer Menge in die Kochbücher des Gebietes nördlich der Alpen. Seit 1582 ist bekannt, wie man aus Basilikum Duftöl gewinnt; es wurde und wird zur Bereitung von Parfüm verwendet. Für die Ölgewinnung wurde Basilikum sogar bei uns gelegentlich auf Feldern angebaut. Weil die Pflanze aber frostempfindlich ist, kultiviert man sie heute im Großen nur in wärmeren Gegenden, zum Beispiel in Südfrankreich. Man kann Basilikum aber durchaus auch wie in römischer Zeit im Blumentopf oder im Hausgarten ziehen. Die Anbauvorschriften der Römer müssen in unserem Klima leicht abgewandelt werden: Man läßt die Pflanzen im Blumentopf oder im Mistbeet ab März keimen, treibt sie also so lange vor, bis es keine Nachtfröste mehr gibt. Dann kann man Basilikum ins Freie verpflanzen, aber nur an warme Plätze. Das Kraut verlangt hervorragenden Boden und gute Pflege. Man kann Blätter und Blütensprosse ernten, solange die Pflanze blüht, nämlich von Juli bis zum ersten Frost, oder, zieht man die Pflanze im Blumentopf am Küchenfenster, auch noch bis tief in den Winter hinein. Basilikum-Blüten sind bei den Imkern als Bienenweide geschätzt. Das die Verdauung fördernde Kraut wird heute noch in Arzneimittelbüchern als offizinell geführt.

Beifuss

Der Beifuß (Artemisia vulgaris) ist ein Korbblütler (Asteraceae oder Compositae). Von der ausdauernden Staude überwintert nur der Wurzelstock; er treibt alljährlich bis über zwei Meter hohe Sprosse. Die Stengel enthalten Anthocyan und sind davon bläulich gefärbt, sie verzweigen sich zu zahlreichen Blatt- und Blütenrispen. Die derben, am Rand etwas eingerollten Fiederblätter sind auf der Oberseite meistens kahl, unterseits dagegen von weißem Filz überzogen. In den zahlreichen winzigen Blütenkörbchen sitzen nur wenige dunkelgelbe Blüten, außen die weiblichen, im Inneren zwittrige; sie blühen im Spätsommer. Beifuß enthält ätherische Öle, bittere Gerbstoffe und andere

Beyfůß.
BEIFUSS

chemische Substanzen, die den Inhaltsstoffen des nahe verwandten Wermutes ähneln, aber nicht in so hoher Konzentration vorhanden sind. Der herb-bittere Geschmack des Krautes und seine appetitanregende, verdauungsfördernde Wirkung ist schon seit Jahrtausenden bekannt, und wahrscheinlich ist Beifuß an mehreren Stellen der Welt unabhängig voneinander als Gewürz oder als Heilpflanze entdeckt worden. Bei seiner weiten Verbreitung ist das vielleicht kein Wunder: Beifuß gedeiht wild fast überall auf der Nordhalbkugel der Erde, in Nordamerika genauso wie in Asien, Europa und im nördlichsten Afrika. Wo genau in diesen Kontinenten die Pflanze wuchs, ehe der Mensch Dörfer anlegte, dazu Schuttplätze, Misthaufen, Straßenböschungen und Bahndämme, ist schwer zu sagen; gerade diese außerordentlich nährstoffreichen Plätze sind die Wahlheimat des Beifußes. Eine Pflanze, die alljährlich derart viel Biomasse erzeugt, braucht Nährstoffe in großer Menge; Wuchsorte mit überreichlichem Nährstoffangebot gibt es bei uns ohne Einwirkung des Menschen kaum. Selbst in den Flußauen, einem weiteren Wuchsort der Pflanze, wurde erst nach der erstmaligen Rodung von Wäldern und der damit einsetzenden Bodenerosion der uns heute bekannte fruchtbare Auelehm abgelagert. Nur in Nordamerika kann man sich vorstellen, wo der Beifuß in der «Urlandschaft» wuchs, denn dort ist er eine Pflanze der Prärie. In Europa kam er zu der Zeit, als erstmals Ackerbauern der Jungsteinzeit auf den Plan traten, sicher in der Landschaft vor (es gibt archäologische Funde der Früchte), doch wo genau, bleibt vorerst ein Rätsel.

Bei der etymologischen Ableitung des Pflanzennamens neigt man zu der Annahme, «Beifuß» sei aus dem mittelhochdeutschen «bîbôz» entstanden und dies bezeichne etwas «Beigestoßenes», also ein Gewürz, das zur Speise gestoßen wurde. Man hat daraus immer wieder gefolgert, Beifuß sei bei den alten Germanen das Gewürz par excellence gewesen. Der römischen Küche war das Kraut anscheinend nicht bekannt.

Interessanterweise spielte der Beifuß in der Mythologie zahlreicher Völker des alten Mitteleuropa eine immer gleiche Rolle, woraus man annehmen muß, daß sich hier außerordentlich alte

Bräuche widerspiegeln, die in das Gedankengut der klassischen Antike – von einer Erwähnung bei Plinius abgesehen – kaum Eingang fanden. Am Mittelmeer wußte man die Pflanze nur in der Frauenheilkunde einzusetzen und benannte sie daher wahrscheinlich nach Artemis, der Göttin der Geburt. Über das, was damals nördlich der Alpen mit der Pflanze angestellt wurde, gibt es einen Bericht des Marcellus aus Bordeaux, eines Galloromers, der im vierten Jahrhundert nach Christus lebte: Artemisia soll bei Nacht und Nebel mit der Hand aus der Erde gerissen und dann um die Lenden gegürtet werden. Der Brauch, sich Beifuß um den Bauch zu binden, hat sich in vielen europäischen Gegenden lebendig erhalten. Besonders zur Zeit der Sommersonnenwende soll davon eine große Heilwirkung gegen Lendenschmerzen ausgehen. Um diese Jahreszeit hängt man auch Beifußkränze in den Stall, um Fruchtbarkeit zu erwirken. Noch eindeutiger wird die Rolle dieses Fruchtbarkeitssymboles in dem bayerischen Brauch, beim ersten Viehaustrieb im Frühsommer den Stier und die schönste Kuh mit Beifuß zu schmücken. Diese Bräuche und die Meinung, daß die Pflanze vor Hexerei schütze, finden wir vor allem in Frankreich, im früheren Siedlungsgebiet der Bajuwaren und bei verschiedenen slawischen Völkern. Auch in einem alten angelsächsischen Zaubersegen, dem im 11. Jahrhundert notierten «song of the nine magic herbs», wird die Kraft des Beifußes beschrieben und außerdem hervorgehoben, er sei das älteste der Kräuter. Wenn man im Mittelalter über den Beifuß schrieb, erwähnte man gewöhnlich die Schriften des Plinius; der hatte behauptet, man müsse die Pflanze «bei Fuß tragen», was als Aberglaube verworfen wurde. Der tatsächlich getriebene Pflanzenzauber ist von der mittelalterlichen Kirche zunächst mißbilligt worden; die Pflanze wurde an mittelalterlichen Kathedralen dort dargestellt, wo das Inventar heidnischer Vorstellungen seinen Platz hatte: an den Außenwänden der Kirchen (so an Notre Dame in Paris, der Kathedrale zu Reims und am Magdeburger Dom). Später wurde die Pflanze mit Johannes dem Täufer (wegen seines Namenstages, der in die Blütezeit fiel) in Verbindung gebracht und so der mit dem Beifuß getriebene Aberglaube in christliche Glaubensvorstellungen inkorporiert.

Bis ins 18. Jahrhundert hinein hatte der Beifuß in der mitteleuropäischen Küche eine bedeutende Rolle gespielt: Man würzte damit alles und jedes, man verwendete seine Blätter so, wie wir es heute mit Petersilie tun. In der modernen Küche blieb Beifuß Bestandteil besonders fetter Speisen, weil er nicht nur den Appetit anregt, sondern auch die Verdauung fördert. Wer heute an Beifuß denkt, dem fällt zugleich der Gänsebraten ein. Auch Fleisch von Enten, Puten, Schweinen, Hammeln und Aalen soll man mit den Blättern und frischen Spitzen der Blütentriebe würzen, damit nach der Mahlzeit das Fett nicht zu schwer im Magen liegt.

Den Beifuß anzubauen ist unnötig, weil er in unserer heutigen Kulturlandschaft überall sehr häufig zu finden ist. Allerdings gibt es Gegenden, in denen so viel fettes Fleisch gegessen wurde, daß die Beifußbestände der Schuttplätze und Bahndämme zur Versorgung der Bevölkerung nicht ausreichten. Von Böhmen aus entwickelte sich so ein Export von Beifuß nach Sachsen.

Es gibt auch noch andere Verwendungsmöglichkeiten der Pflanze: In der Bauernstube und im Stall hängt man sie auf, weil sie Fliegen anlockt. Ist das Kraut von Ungeziefer übersät, wird es ins Feuer geworfen. In der Medizin wird es als appetitanregende Droge verabreicht, volkstümlich auch bei verschiedenen Krankheiten von Mensch (Frauenkrankheiten, Verdauungsstörungen) und Tier (Husten, Geschwulste der Pferde). In Ostfriesland gibt es ein Heilmittel gegen «Auszehrung». Man kommt wieder zu Kräften, wenn man Beifußtee (aus dem «ältesten der Kräuter» bereitet) mit Eigelb, also einem deutlichen Fruchtbarkeitssymbol, vermischt, das ganze in neun Teile teilt und das Mittel an neun Tagen hintereinander einnimmt. Der daraus abzuleitende Fruchtbarkeitsglaube weist eindeutige Parallelen zum Neunkräutersegen aus England auf und wird bemerkenswerterweise gerade dort noch heute befolgt, von wo aus die Angeln und Sachsen im fünften nachchristlichen Jahrhundert zu den Britischen Inseln aufbrachen.

Ob sich in Mitteleuropa die ältesten Hinweise auf eine Verwendung des Krautes zeigen, wissen wir nicht. In China wurde damit schon im zweiten vorchristlichen Jahrtausend gewürzt, und als die Weißen die Kulturen nordamerikanischer Indianer erforschten, lernten sie, daß dort Beifuß schon lange als Heilmittel gegen allerlei Krankheiten, zum Beispiel gegen Erkältungen, galt.

Beinwell

Der Beinwell (Symphytum officinale) gehört in die Pflanzenfamilie der Rauhblattgewächse (Boraginaceae) und heißt auch Wallwurz oder Schwarzwurzel. Die ausdauernde Staude hat eine bis zu dreißig Zentimeter lange, über fingerdicke Pfahlwurzel, aus der im Frühjahr manchmal nur wenige Dezimeter lange, manchmal auch meterhohe Triebe emporschießen. Die unteren Blätter sind gestielt, die oberen entspringen direkt dem Stengel, alle sind sie bis zu zwanzig Zentimeter lang und lassen ihre Spitzen oft gen Boden hängen. Stengel und Blätter fassen sich rauh an; sie sind von kleinen borstigen Haaren bedeckt. Der Blütenstand sieht wie ein Bischofsstab aus, der sich, wenn im Frühjahr und Frühsommer zuerst die unteren, dann die oberen Blüten nacheinander aufbrechen, allmählich ausrollt. Die Blüten, deren Blütenblätter zu einer Glocke verwachsen sind, nicken; während der Blühzeit wachsen die Kelchblätter und weisen, wenn die Glocken verblüht sind, nach oben. Es gibt purpurviolett blühende und gelblich-weiß blühende Pflanzen, die sich auch genetisch leicht voneinander unterscheiden. Im Norden Mitteleuropas gibt es im allgemeinen mehr purpurn blühende Pflanzen, im Süden mehr gelblich weiße. Nach sagenhafter Überlieferung erkennt man an der Blütenfarbe das «Geschlecht» der Pflanze: «Wallwurzmännlein» sollen gelblich weiße, «Wallwurzweiblein» purpurfarbene Blüten haben. Man meinte, in den Wurzeln Gestalten von Männlein und Weiblein zu erkennen, in denjenigen Teilen der Pflanze also, die am meisten genutzt wurden und werden. Weil man die Pflanze vielfältig verwenden konnte, hat der Mensch vielleicht aktiv dazu beigetragen, daß es Beinwell heute fast in ganz Europa gibt (wahrscheinlich stammt er aus dem Osten des Kontinentes), aber auf jeden Fall schuf der Mensch die meisten Standorte, auf denen die Wallwurz gerne wächst: Wegränder, feuchte Wiesen, Ränder von Wassergräben, Plätze, an denen einige Jahre zuvor Unrat oder Heu gelagert worden war, wo es also fruchtbaren Boden gibt und wo eine ursprüngliche Pflanzendecke zerstört worden war.

Die Beinwell-Wurzeln werden angeblich seit keltischer Zeit genutzt, und zwar als Heilmittel. Der Name Beinwell rührt daher, daß man meinte, die Wurzel sei *das* Mittel gegen Knochenbrüche; «Bein» ist hier im Sinne von «Gebein» für alle Knochen gebraucht, «well» kommt vom alten Wort «wallen» (= Heilen von Knochenbrüchen). Die moderne Medizin konnte nicht bestätigen, daß die Droge Radix Symphyti Knochen wieder zusammenwachsen läßt, aber sie fand heraus, daß sie Knocheneiterungen und andere hartnäckig eiternde Wunden vorzüglich reinigt. Diese Wirkung übt die Substanz Allantoin aus, die besonders im Winterhalbjahr in den Wurzeln enthalten ist. Allantoin löst eitrige Ausscheidungen auf und leitet auf diese Weise die Heilung der Wunden und der Knochenbrüche ein. Wenn man das Allantoin gewinnen will, so ist es natürlich zweckmäßig, die Wurzeln im Winter auszugraben. Sie werden der Länge nach gespalten und an der Sonne getrocknet. Der Rohstoff für einen Tee, den man für lauwarme Umschläge verwendet, ist auf diese Art verfügbar. Dieses Hausmittel nützt auch bei Verletzungen von Haustieren, ja, aus dem schweizerischen Aargau wird überliefert, daß man sogar Wunden der Bäume mit Beinwellabsud bestrich.

Von dieser Eigenschaft als Heilpflanze abgesehen: Die Wurzeln werden von Kindern genascht, in der Mittelschweiz bäckt man die Blätter in Teig. Die jungen Blätter kann man wie Spinat als Gemüse essen, und klein geschnitten sind sie ein vorzügliches Salat- und Suppengewürz. Ältere Blätter hat man früher in Teilen Österreichs dem Tabak beigemischt.

Der Bauer sieht die Pflanze nicht gerne auf seinem Land, weil das Vieh die rauhen Blätter nicht fressen mag. Es wird ihm allerdings nicht gelingen, die hartnäckig wuchernde Pflanze auf Dauer fernzuhalten. So ist es kaum notwendig, die Pflanze im Garten oder im Blumentopf aus Stecklingen oder geteilten Wurzeln zu ziehen, was theoretisch leicht möglich ist; Beinwell ist in der Umgebung fast jedes Dorfes häufig anzutreffen.

Berberitze ✕

Die Berberitze (Berberis vulgaris), auch Sauerdorn genannt, ist das einzige bei uns heimische Gewächs aus der Familie der Berberidaceae. Der bis zu drei Meter hohe Strauch hat ein hartes, gelb gefärbtes Holz, das für Intarsien und Drechslerarbeiten Verwendung findet. Der Farbstoff, ein Alkaloid, heißt nach der Pflanze Berberin, man hat mit ihm zum Beispiel Wolle gefärbt. Die außen oft rötlich überlaufenen Hauptzweige der Berberitze haben statt Blättern Dornen, und in den Achseln der Dornen entspringen die Blätter und Blüten tragenden Seitenzweige. Die Blätter sind im Umriß verlängert eiförmig. Die gelben Blüten, die im Frühjahr geöffnet sind, muß man sich genauer ansehen: Sie haben sechs Blütenblätter und nicken etwas, so daß der Regen nicht in sie eindringen kann. Das ist besonders wichtig, weil Regentropfen nicht auf die Basis der Staubblätter fallen sollen. Sie könnten dort nämlich einen Reiz auslösen, der zum sogenannten Bestäubungsmechanismus gehört und normalerweise von Insekten ausgelöst wird: Das kleine Tier, das in die Blüte hineinschlüpft, stößt mit dem Kopf gegen diese Stelle, wodurch die Staubblätter in die Mitte der Blüte klappen. Das Insekt bekommt dabei gewissermaßen gewaltsam eine Portion Blütenstaub auf den pelzigen Leib gepackt. Wer's nicht glaubt, kann das mimosenhafte Wesen der Berberitze zum Beispiel mit einer Bleistiftspitze ergründen.

Aus den befruchteten Blüten wachsen bis zum Spätsommer leuchtend rote längliche Beeren heran. Sie werden, wie alle roten Früchte, von Vögeln, die diese Farbe besonders intensiv wahrnehmen, verzehrt und verbreitet. Berberitzenbeeren wurden – was man heute kaum noch weiß – wegen ihres hohen

Gehaltes an Vitamin C und wegen ihres erfrischend säuerlichen Geschmackes, der durch Apfel-, Wein- und Zitronensäure hervorgerufen wird, als Gewürz verwendet. Es ist bezeichnend, daß die Brüder Grimm im Deutschen Wörterbuch diese Beeren mit den Preiselbeeren verwechselten. Genauso wie Preiselbeeren können sie in der Küche verwendet werden: als Zutat zu Wildbret und anderem Braten. Man kann Saft und Marmelade aus ihnen kochen, sogar einen Berberitzenschnaps bereiten. Allerdings sollte man beim Genuß von Nahrungsmitteln aus Berberitzenbeeren etwas vorsichtig sein: Zu viel davon ist nicht gut für Verdauung und Nieren.

Es ist vielleicht kein Wunder, daß das Gewürz Berberitze heute kaum noch bekannt ist, denn die Pflanze, die ursprünglich fast überall in Europa an sonnigen Plätzen auf Kalkgestein wuchs, ist in den letzten Jahrzehnten selten geworden: Die Berberitze ist der Zwischenwirt des Getreiderostpilzes. Dieser Pilz schmarotzt abwechselnd auf Getreide und auf Berberitzenbüschen, zu bestimmten Entwicklungsstadien braucht er Getreide, zu anderen den Busch. Er kann sich nur dort vermehren, wo Getreide und Berberitze nahe beieinander vorkommen. Der Schwarzrost ist aber eines der am meisten gefürchteten Übel im Getreideacker; er läßt sich besser als mit chemischen Mitteln mit biologischen Methoden bekämpfen, indem man ganz einfach die Berberitzensträucher in der Nähe von Getreidefeldern verschwinden läßt. Glücklicherweise ist die Berberitze bei uns dennoch nicht ausgestorben, weil man sie gerne in städtische Parkanlagen pflanzt, wo Getreideäcker fern sind. In Gärten findet man auch eine rotblättrige Form, die Blutdorn genannt wird.

Bergkümmel

Der Bergkümmel (Laserpitium siler) ist ein Doldengewächs (Apiaceae oder Umbelliferae) mit kräftigem, meterhohem Stengel, sehr großen, fein zerteilten Blättern und reichblütigen weißen Dolden, die einen Durchmesser von einem Viertelmeter erreichen können. Die ausdauernde Staude wächst auf kalkreichen Böden europäischer Mittel- und Hochgebirge. Weil das Weidevieh (vor allem Ziegen) den Bergkümmel besonders gerne frißt, die Pflanze dann aber eingeht, wächst sie nur noch dort, wohin die Tiere nicht gelangen, also vor allem auf Felsen. Bergkümmel war mittelalterlichen Kräuterkundigen im allgemeinen bekannt (auch unter dem Namen «gaizfenichel», also «Geißfenchel»). Eine populäre Gewürzpflanze wurde er nie, doch verwendeten die Gebirgsbewohner immer wieder die Früchte ähnlich wie die von Kümmel und Fenchel. Auch mit der kleingeschnittenen Wurzel veredelten sie ihre kargen Mahlzeiten. Als «Kaugummi» war die Wurzel bei denjenigen begehrt, die Zahnweh hatten.

Bertram

Es gibt zwei Arten des Bertrams, die als Gewürz und Heilmittel verwendet wurden, den Deutschen Bertram (Anacyclus officinarum) und den Römischen Bertram (Anacyclus pyrethrum). Beide Pflanzenarten, Mitglieder der Korbblütlerfamilie (Asteraceae oder Compositae), ähneln der Kamille und können leicht miteinander verwechselt werden. Die Randblüten der Köpfchen sind weiß, an der Unterseite purpurn angehaucht. Deutscher Bertram ist eine einjährige Pflanze und kleiner als der mehrjährige Römische, die Wurzel des Deutschen schmeckt schärfer als die des Römischen Bertrams. So wenig Deutscher Bertram deutsch ist, so wenig ist Römischer römisch. Ersterer stammt aus dem Mittelmeergebiet, letzterer aus Nordafrika und vielleicht auch Vorderasien. Die Römer kannten Bertram als Gewürz. Im Apicius-Kochbuch wird er zum Beispiel zu Gulasch empfohlen, wohl deswegen, weil er den Speichelfluß anregt und so der Verdauung förderlich ist. Ob dieser Bertram der Deutsche oder der Römische war, wissen wir nicht. Der Heilkunde waren die Pflanzen seit antiker Zeit bekannt, seit dem Mittelalter werden sie – ihrer heilsamen ätherischen Öle wegen – gelegentlich angebaut. Arznei aus Bertramwurzeln wird vor allem bei Zahnschmerzen und Rheuma verabreicht.

Recht jung ist die Mode, aus den Wurzeln des Römischen Bertrams einen Likör anzusetzen. Im Kaukasus bereitet man aus den Früchten ein Mittel gegen Insekten. Moderne Kochbücher empfehlen Anacyclus als Gewürz nicht mehr, und sollte man in ihnen die Würze Bertram finden, so ist damit heute etwas anderes gemeint: In manchen Gegenden nennt man den Estragon nämlich so.

Bibernelle

Mit dem Namen Bibernelle werden zwei verschiedene Gewürze bezeichnet, ganz unterschiedliche Pflanzen, die hier nicht unter diesem, sondern unter ihren unzweideutigeren anderen Namen geführt werden. Wer also über die «Bibernellen» etwas erfahren will, der suche unter den Namen Pimpinelle (Pimpinella saxifraga, Doldenblütler) und Wiesenknopf (Sanguisorba, Rosengewächs).

Bockshornklee ✗

Der Bockshornklee (Trigonella foenum-graecum), auch Griechisches Heu genannt, gehört in die Pflanzenfamilie der Schmetterlingsblütler (Fabaceae oder Papilionaceae). Für eine einjährige Pflanze hat er relativ lange Wurzeln und einen kräftigen Stiel, der bis zu einem halben Meter hoch wird. Die Blätter sind dreizählig wie die des nahe verwandten Klees, ihre Fiedern sind an der Basis schmaler als oberhalb der Mitte, also «verkehrt-eiförmig» nach der wissenschaftlichen Terminologie, und am Rande gezähnt. Im Mittsommer entspringen in den Blattachseln die sehr kurz gestielten gelben, oft violett angehauchten Blüten. Manchmal stehen sie allein, manchmal zu zweit. Aus ihnen entwickeln sich die bis zu zehn Zentimeter langen Hülsen, die gerade oder gebogen sind. Besonders wenn die Hülsen zu zweit stehen, sehen sie wie Bockshörner aus (oder wie Stierhörner, wie man in antiker Zeit meinte). Der Name Bockshornklee kann aber auch von den Samen herrühren, die – bis zu zwanzig an der Zahl – in den Hülsen enthalten sind;

sie sind nämlich bucklig geformt, und zwar so, daß man in den Buckeln ebenfalls Tierhörner erkennen kann.

Woher die Pflanze ursprünglich stammt, ist nicht so klar, wie ihr Name «Griechisches Heu» vermuten läßt. Heimat der Pflanze dürften aber die Länder in der Umgebung des östlichen Mittelmeergebietes sein. In Ägypten war der Bockshornklee schon 3000 Jahre vor Christi Geburt als Kulturpflanze bekannt. Er war dem Apis, dem zu Memphis verehrten schwarzen Stier, geweiht – schon damals ordnete man also die «gehörnte» Pflanze einem Hörner tragenden Tier zu. Reste der Pflanze fanden sich im Grab des Tutenchamun. Möglicherweise zu ebenso früher Zeit war die Pflanze auch in Indien bereits bekannt. Daß die Griechen sie anbauten, wissen wir wegen des Namens «foenum graecum», den ihr die Römer gaben. In römischen Schriftquellen liest man allerhand über Kultur und Verwendung des Bockshornklees. Ausgesät wurde er in spärlich bearbeitetes Land; es sollte nicht gepflügt, sondern nur vier Finger tief gefurcht sein. Der Saattermin war davon abhängig, für welchen Zweck man die Pflanze kultivieren wollte. Für den Futterbau säte man zur herbstlichen Tag- und Nachtgleiche (Erntetermin war dann der darauffolgende Juni), wollte man die Samen als Gewürz gewinnen, so wartete man mit dem Säen bis zum Januar oder Februar. Im Gegensatz zu fast allen anderen Gartenpflanzen gedeiht der Bockshornklee am besten in verfestigtem Boden. Schon den Römern fiel auf: Je schlechter der Gärtner oder Bauer, desto besser das foenum graecum. Die Verwendungsmöglichkeiten der Pflanze waren vielfältig: Die Samen brauchte man ihres guten Geruches wegen in der Küche und würzte damit Brühen, Öl und geistige Getränke. Neun Pfund Bockshornklee, fünf Pfund Olivenöl, ein Pfund Kalmus und zwei Pfund Zypergras vermischte man – nach einem Rezept des Dioskurides – gut untereinander, ließ das Gebräu eine Woche lang stehen und preßte es dann aus: Ein Heilmittel war gewonnen, das wohl reichlich und oft (gegen viele Krankheiten) verwendet wurde, nach den Mengen zu urteilen, aus denen es angesetzt wurde. Die ganze Pflanze verfütterte man ans Vieh, vor allem an Schafe. Die

Römer brachten den Bockshornklee über die Alpen, um ihn auch in ihren nördlichen Provinzen anzubauen.

Während des Mittelalters galt die im Capitulare de villis, dem karolingischen Garteninventar, aufgeführte Pflanze als sehr heilkräftig bei einer Unzahl von Zipperlein. Überall in Mitteleuropa wurde der Bockshornklee angebaut, selbst in Norddeutschland, wo man seinen römischen Namen falsch verstand und ihn klangvoll zu «fine Gretje» verballhornte.

Heute weiß man, daß der Wert des Bockshornklees von unseren Vorfahren überschätzt wurde. Anbau und Verwendung in Küche und Medizin sind stark zurückgegangen. Man würzt mit Bockshornklee heute noch Fischgerichte südlicher Provenienz; die Samen sind ferner Bestandteil von Gewürzmischungen, so des weitbekannten Currypulvers und der weniger bekannten bulgarischen Tschubritza. Als Futterpflanze halten manche das Griechische Heu für völlig wertlos, andere Landwirte sind aber der Meinung, es steigere den Milchertrag der Kühe. Eines ist sicher: Der Nährwert der Samen ist sehr groß. Nicht umsonst waren sie früher eine bevorzugte Kost der Haremsdamen, die um ihre Pfunde wetteiferten – und zwar nicht um die, die sie abnahmen. Medizinisch wird heute noch eine Salbe aus Bockshornklee empfohlen, die man zum Beispiel gegen Furunkel anwendet.

Bohnenkraut ✗

Das Bohnenkraut (Satureja hortensis) ist ein Lippenblütler (Lamiaceae oder Labiatae) und wird auch Saturei oder Pfefferkraut genannt. Obwohl die Pflanze einjährig ist, verholzen ihre bis zu dreißig Zentimeter hohen Stiele in den unteren Partien (Holz bilden ansonsten eigentlich nur dauerhafte Pflanzen, Bäume und Sträucher). Die Sprosse sind entweder kahl oder flaumig behaart; viele der vermeintlichen Härchen sind Drüsen, die das stark würzig riechende ätherische Öl ausscheiden, das wir an dieser Gewürzpflanze so schätzen. An den buschig verzweigten, dunkel gefärbten Ästen sitzen schmale Blätter und kurzgestielte zartlilafarbene Blütchen, die aus einer dreilappigen, rund zwei Millimeter langen Unterlippe und einer noch kürzeren Oberlippe bestehen.

Das Bohnenkraut wächst wild an steinigen, heißen Kalkhängen des Mittelmeergebietes. Weil die Pflanze den alten Hochkulturen des östlichen Mittelmeerraumes anscheinend nicht bekannt war, nimmt man an, daß Saturei ursprünglich nur am Südrand der Alpen und in den dalmatisch-kroatischen Kalkgebirgen wuchs und erst später vom Menschen in Griechenland, am Schwarzen Meer und in Kleinasien angesiedelt wurde. Kultiviert wurde das Bohnenkraut erstmals von den Römern. Sie erkannten seinen würzigen Geschmack und seine die Verdauung fördernde Wirkung. Bohnenkraut wurde in römischen Speiserezepten zum Bestandteil von Gerichten, die schwer im Magen oder im Darm liegen, besonders zu fettem Fleisch. Die Römer schätzten die Blähungen verhindernde Wirkung des Gewürzes so sehr, daß sie es mit über die Alpen nahmen und sogar am Rhein anbauten. Weil die Pflanze leicht aus Kulturen verwildert, ist sie bestimmt in Mitteleuropa heimisch geblieben, als die Römer den Limes verlassen hatten und ihre Städte und Kastelle verödeten.

Zur Zeit Karls des Großen gab es im Heiligen Römischen Reich Deutscher Nation vielerorts Bohnenkraut, worüber nicht nur die berühmte Pflanzenliste im «Capitulare de villis», sondern auch andere Inventare karolingischer Gärten und der Sankt Gallener Klosterplan Zeugnis geben. Aus dem frühen Mittelalter gibt es archäologische Funde auch aus dem ehemals nicht römisch besetzten Gebiet, nämlich aus Friesland. Alle Kräuterkundigen der Zeit, die Heilige Hildegard von Bingen ebenso wie Albertus Magnus, schätzten Saturei außerordentlich. Verwendet wurde das Kraut damals ähnlich wie in römischer Zeit, ferner auch als Heilmittel. Daß Bohnenkraut bei Magen- und Darmkrämpfen Linderung verschaffte, war allgemein bekannt. Außerdem kurierte man damit Gicht und Nasenbluten.

Zum eigentlichen Bohnenkraut wurde die Pflanze erst, als zu Beginn der Neuzeit die Grünen Bohnen aus Amerika eingeführt worden waren. Ohne Bohnenkraut sind Bohnen- und andere Hülsenfruchtgerichte heute kaum noch vorstellbar. Dabei ist der wichtigste Grund dafür, Saturei dem Gemüse beizugeben, nicht einmal so sehr die Geschmacksveredelung, sondern vor allem die bessere Bekömmlichkeit der blähenden Speise. In den Bauern- und Hausgärten fehlt Bohnenkraut fast nie. Als die Pilgrim Fathers auf der Mayflower nach Amerika segelten, hatten sie Bohnenkraut-Samen bei sich; diesen Bestandteil der Alten Welt mochten sie nicht missen, und so führten sie die Gewürzpflanze in der Neuen Welt ein.

Im Garten sollte man das Bohnenkraut im Frühjahr an sonnige Stellen säen. Schon im Juni oder Juli, gerade bevor die Blüten sich öffnen, ist die Erntezeit gekommen: Man schneidet das ganze Kraut oder nur die Blätter ab. Intensive grüne Farbe ist ein Qualitätsmerkmal. Man kann das Kraut frisch als Gewürz verwenden oder es rasch bei geringer Hitze trocknen: Der Geschmack ändert sich dadurch nicht. Getrocknetes Bohnenkraut kann man bis zum Winter aufheben, um es in der Küche immer zur Verfügung zu haben. Sollte es dann doch einmal ausgehen, so kann man sich mit den Blättern eines nahen Verwandten der Gewürzpflanze behelfen: Das Winter-Bohnenkraut (Satureja montana) ist ein ausdauernder kleiner Strauch, dessen Sprosse die Winterkälte ertragen. Bei der Verwendung des Winter-Bohnenkrauts muß man jedoch in Kauf nehmen, daß seine Würzkraft geringer als die des «normalen» Bohnenkrautes ist. Dessen Geschmacksstärke ist allerdings durchschlagend, weswegen die Kochkundigen allgemein empfehlen, Saturei nur ganz kurz in den Kochtopf zu legen, wenn das Gericht schon fast fertig ist. Sonst schmeckt man vor lauter Bohnenkraut die Bohnen nicht mehr.

Borretsch

Der Borretsch (Borago officinalis), auch Boretsch geschrieben, gibt der ganzen Pflanzenfamilie der Rauhblattgewächse ihren wissenschaftlichen Namen «Boraginaceae». «Ein feiner, stacheliger und grausilbriger Haarflaum überflimmert den ästigen Stengel, die dunkelgrünen Blätter und die Kelche der nickenden Blütenkrone», schreibt Friedrich Schnack in «Sibylle und die Feldblumen». «Die einsiedlerische Pflanze steckt in einem rauhen Gewand, in härenem Kleid, und diese rauhe Tracht ist in ihrer Familie üblich (...) Der Glanz der Blüte (...) ist kühles Feuer, und es ist ein kühles Blau, die kühle, erfrischende Eigenschaft der Pflanze kündend. Flach ausgebreitet strahlt der fünfzackige Stern. In der Frühblüte schimmert die Blume fein rot, wird aber bald blau.» Der dichterischen Beschreibung sei hinzugefügt, daß Borretsch eine einjährige Pflanze ist, rasch zu einer Höhe von weit über einem halben Meter emporwächst und den ganzen Sommer über blüht. Die Blüten verwelken allerdings rasch. Der Borretsch, eine durchaus attraktive Pflanze, ist immerzu von Bienen, Hummeln und anderen Blütenbesuchern umgeben. Die Blüten haben so viel Honig anzubieten, daß sie eine der besten Bienenweiden sind. So offen die Blüten sich ausbreiten: den blütenbesuchenden Insekten wird es dennoch nicht leicht gemacht, an den Nektar zu gelangen. Dieser ist nämlich in einer Art Kegel versteckt, den die Staubblätter rings um den Fruchtknoten bilden. Friedrich Schnack vergleicht den Kegel mit einer Schatzkammer und beschreibt den Blütenbesuch so: «Die auf dem Stern landende Biene klemmt die Saugzunge am Fuß des Kegels in die feinen Fugen zwischen den einzelnen Staubgefäßen, wobei sie mit ihrer Kralle einen kleinen violetten Zahn unten am Staubträger wie einen Türgriff packt, ihn zur Seite drückt und die Lade öffnet. Beim Trinken wird sie, gleich der Goldmarie des Märchens unter dem Tor, mit Goldstaub überschüttet.» Aus den bestäubten Blüten reifen als Samen vier Nüßchen heran, die jedes ein kleines Anhängsel besitzen. Ameisen und wahrscheinlich auch Mäuse fressen die Anhängsel gerne – zusammen mit den Nüßchen, die auf diese Art und Weise verbreitet werden und anderswo auskeimen können.

Wild wächst der Borretsch am Mittelmeer, vielleicht ursprünglich vor allem auf der Iberischen Halbinsel, und zwar an feuchten Plätzen. Dort erhält er erstens reichlich Wasser, zweitens die Nährstoffe, die das Wasser mit sich bringt; beides braucht er für sein rasches Wachstum in großer Menge.

Auf den Borretsch-Geschmack kamen vielleicht zuerst die Araber, die im frühen Mittelalter Spanien besetzt hielten. Die Spanier übernahmen seinen Anbau, und während des Mittelalters gelangte die Gewürzpflanze über Frankreich in die übrigen europäischen Länder. Zu Beginn der frühen Neuzeit war Borretsch vor allem in der südwesteuropäischen Küche äußerst beliebt. Man kochte seine Blätter wie Spinat. Die blauen Blüten benutzte man zur Färbung von Speisen; im Mittelalter und in der frühen Neuzeit war das Färben von exquisiten Gerichten gang und gäbe. Uns mutet das heute meist merkwürdig an, doch nicht im Falle des Borretsch: Wie hübsch sehen einige zerhackte Borretschblüten im grünen Salat aus!

Im Garten ist der Borretsch sehr leicht zu ziehen. Schon im Vorfrühling sät man ihn das erste Mal aus und kann die Aussaat – je nach Bedarf – mehrmals während des Frühlings und Sommers wiederholen. Wenn man daran denkt, wo der Borretsch wild wächst, wird man sicher darauf achten müssen, für ihn ein sonniges Plätzchen zu finden, den Boden gut zu düngen und ihn bei Trockenheit zu wässern. Man erntet die Blätter, die herrlich frisch nach Gurken schmecken, wenn sie noch klein sind, am besten, wenn die Pflanze etwa vier Blätter hat. Einige Pflanzen sollen auch ungestört groß werden und – als Bienenweide – blühen. Man braucht sich dann um die Aussaat der Pflanze nie mehr zu kümmern. Immer wieder keimen neue Borretsch-Pflanzen im Garten. Alte Blätter sollte man in der Küche nicht verwenden, weil ihre borstigen Haare die Haut reizen, und trocknen sollte man die Blätter nicht, weil sie dabei ihren Geschmack verlieren.

Herba et Flores Borraginis sind seit dem Mittelalter beliebte Volksheilmittel. Die Blüten gehören zu den «quatuor flores cordiales», man nahm sie, um das Herz zu kräftigen. Auch bei anderen Krankheiten soll das Kraut helfen, vor allem bei seelischen Leiden, bei Schwermut und Traurigkeit. Wer Borretsch ißt, soll gute Träume haben. Der Borretsch ist auch eine Zierpflanze, die man traditionell im Südwesten Deutschlands

BORRETSCH
Borragen.

auf Gräber pflanzte. Auf den Friedhöfen fand man außer den blaublütigen Pflanzen auch eine weiß blühende Varietät.

Brennessel ×

Die Große Brennessel (Urtica dioica) entstammt der Familie der Nesselgewächse (Urticaceae). Die Wurzeln der ausdauernden Pflanze sitzen sehr fest im Boden und teilen sich in schier unendlich viele Wurzelhaare. Aus dem runden Wurzelstock wächst ein vierkantiger Stengel empor. Die Höhe der Pflanze richtet sich nach dem Nährstoffangebot im Boden; sie kann beinahe mannshoch werden. Die eiförmigen, am Rande gekerbten, gegenständigen Blätter mit ihren dunkelgrün hervortretenden Nerven scheinen weich behaart zu sein. Doch das ist eine Täuschung: an Stengeln und Blättern finden sich die allbekannten Brennhaare. Sie besitzen einen hohen Gehalt an Kieselsäure, der sie so spröde sein läßt, daß sie bei kleinster Berührung abbrechen. Aus den Haaren quillt dabei ein Giftstoff hervor, von dem ein Zehnmillionstel eines Grammes ausreicht, eine schmerzende Hautentzündung zu verursachen.

Die Pflanze ist zweihäusig – das heißt, sie hat weibliche und männliche Blüten. Diese Blüten, die man zu jeder Zeit im Sommer und Herbst finden kann, sitzen in der Regel nach Geschlechtern getrennt an verschiedenen Blütenzweigen. Die männlichen, die den Pollen hervorbringen, stehen aufrecht, die weiblichen, aus denen nach der Befruchtung die Samen heranreifen, hängen nach unten. Die Blüten sind sehr unauffällig, und sie locken auch keine Insekten als Blütenbesucher an. Wenn sich die männlichen Hüllblätter öffnen, schnellen die Staubblätter hervor; explosionsartig wird dabei eine Wolke von Blütenstaub in die Luft geschleudert. Der Wind überträgt anschließend den Pollen auf die weiblichen Blüten.

Die Nesselhaare sind ein wirksamer Schutz gegen nahezu alles Getier. Aber es gibt auch Tiere, die ohne die Brennessel nicht existieren können und sie «zum Dank dafür» kurz und klein fressen: Tagpfauenauge und Kleiner Fuchs, zwei der häufigsten Schmetterlinge. Ihre Raupen ernähren sich ausschließlich von Brennesselblättern.

Brennesseln wachsen nahezu überall auf der Welt, wo der Boden nur ein wenig über das übliche Maß hinausgehend Stickstoff enthält. Nur in arktischen und tropischen Breiten gibt es nicht überall Urtica dioica (in diesen Gegenden sind die meisten Böden unfruchtbar). Bevor es siedelnde, Ackerbau treibende und Vieh haltende Menschen gab, fand die Brennessel nur entlang der Flüsse und an Wildwechseln ihr Auskommen. Seit der Jungsteinzeit entstanden dann nach und nach die Standorte, von denen die Brennessel heute nicht wegzudenken ist: die Umgebung von Gartenzäunen, Komposthaufen, Feldraine, Wassergräben, Abfall- und Misthaufen, Stallwände, Bahndämme, Straßenränder, Trümmerfelder, Lägerfluren in den Alpen. Auch an den Flüssen wurden die Böden reicher an Nährstoffen, weil die Gewässer immer mehr eutrophiert wurden.

Die Brennessel kann man vielfältig nutzen – so etwa zur Fasergewinnung («Nessel» und «Netz» sollen etymologisch verwandt sein). Vor allem im Umkreis des Ural wurde die Brennessel für die Faserherstellung verwendet. Nesselgewebe ist, wenn es echt ist, aus Brennesseln hergestellt; die meisten Nesselstoffe entstehen heute allerdings aus synthetischen Fasern.

Als Gewürz verwendet man vor allem die jungen Blätter. Das in ihnen enthaltene Gift wird bei Temperaturen über 60 °C zerstört. Man kocht die Blätter also vor dem Genuß kurz auf. Brennesselblätter haben ihren festen Platz in der Kräutersuppe, die man am Gründonnerstag ißt. Natürlich paßt das intensive Blattgrün besonders gut zu diesem Tag. Nebenbei nahm man über die Blätter einen Bestandteil der Nahrung auf, der um die Frühjahrszeit gewöhnlich rar ist: Vitamin C ist in den Blättern der Brennessel besonders reichlich vorhanden. Der Tee aus Brennesselblättern ist ein weitbekanntes Allheilmittel. Von allen Krankheiten, die der Absud heilen soll, nennt die moderne Schulmedizin noch Rheuma und Prostatitis.

In vielen Gegenden galt die Brennessel als Symbol des «nicht ganz Geheuren» (das kann man bereits in der Bibel nachlesen). Man hielt sie für den Wohnplatz der Dämonen und stellte sich vor, daß die Toten in den Brennesseln ihren Aufenthaltsort nähmen (dieser Verdacht lag wahrscheinlich deswegen nahe, weil die Pflanze auf den Ruinen verlassener Gebäude wuchs). Brennesseln sollen das Sauerwerden des Bieres bei Gewitter verhindern. In die Ecke des frisch bestellten Kornfeldes steckte man einen Besenstiel und eine Brennesselpflanze. Wenn man dazu sprach: «Da, Krah', das ist dein, und was ich steck, ist mein», sollten für das ganze Jahr die Saatkrähen vom Felde fern bleiben. Überall erzählt man sich anderen Aberglauben über die Pflanze, nach der auch das ostfriesische Rätsel fragt: «Wat brannt Dag un Nacht un verbrannt doch nich?»

Sehr ähnlich wie die Große Brennessel verwendet man die Kleine Brennessel (Urtica urens), aber da sie kleiner ist, erfreut sie sich – vor allem als Faserpflanze – geringerer Beliebtheit. Urtica urens ist im Unterschied zu ihrer großen Schwester einjährig, ihre Blätter stehen kreuz-gegenständig (das heißt: in einer «Etage» am Stengel in Nord-Süd-Richtung, darüber in West-Ost-Richtung), und die Blüten sind einhäusig, haben also männliche und weibliche Organe im selben «Haus».

Brunnenkresse

Die Brunnenkresse (Nasturtium officinale) entstammt der Pflanzenfamilie der Kreuzblütler (Brassicaceae oder Cruciferae). Um es gleich zu sagen: Brunnenkresse und Gartenkresse, die auch einfach nur «Kresse» genannt wird, sind nicht das gleiche. Während die Gartenkresse «auf dem Trockenen» – im Garten und im Blumenkasten – gezogen wird, gedeiht die Brunnenkresse, wie ihr Name sagt, nur im Wasser, und zwar vorzugsweise im fließenden, klaren Wasser der Brunnen und Quellen. Dort bilden sich am Gewässergrund ganze Rasen aus kreuz und quer übereinander wachsenden Stengeln, deren Länge nicht leicht zu bestimmen ist. Ihre ursprünglichen Wurzeln sterben ab; die Pflanze treibt ständig neue Wurzeln aus

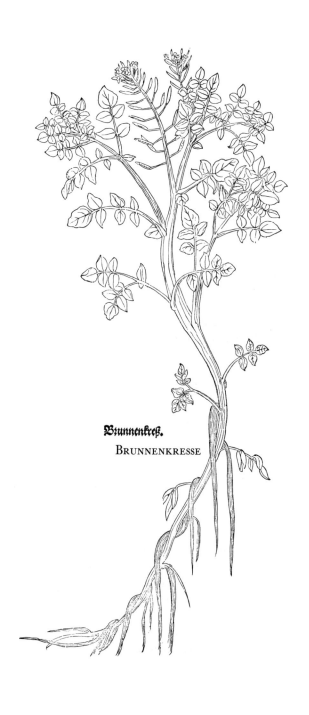

Brunnenkreß.
BRUNNENKRESSE

ihren kriechenden Stengeln. Die gefiederten Blätter sind intensiv grün und dicklich. Die Blüten, die wie bei allen Kreuzblütlern mit ihren vier Blättern ein Kreuz bilden, erheben sich über die Wasseroberfläche. Man kann sie den ganzen Sommer über sehen, aber nur bei gutem Wetter: Nur dann «erwartet» die Brunnenkresse die blütenbesuchenden Insekten; bei schlechtem Wetter öffnen sich die Blüten erst gar nicht, und es kommt zur Selbstbestäubung. Die Samen werden von Wasservögeln aufgepickt und verbreitet.

Nicht nur von ihrem Namen her wird die Brunnenkresse oft mit einer anderen Pflanze verwechselt; es gibt noch ein weiteres Kraut, das ihr stark ähnelt und das ebenfalls in klaren Bächen und Gräben wächst: das Bittere Schaumkraut. An zwei Merkmalen kann man die Brunnenkresse sicher von dem bitteren Gewächs unterscheiden: Brunnenkresse hat einen kantigen Stengel (Bitteres Schaumkraut einen runden), und die Staubfäden der Blüten sind gelb (beim Bitteren Schaumkraut violett).

Weil Quellen und Bäche im Winter fast nie bis zum Grunde zu Eis erstarren, sondern dort immer Temperaturen von wenig über 0 °C herrschen, erfrieren die Blätter der Brunnenkresse im Winter meist nicht. Das Kraut ist immergrün und ausdauernd. Es kann nur in klaren Gewässern gedeihen, weil trübes Wasser zu viel vom Sonnenlicht wegfiltert, das die Pflanze zur Photosynthese – und damit zum Leben – benötigt. In den Blättern ist ein Senföl enthalten, weswegen man sie als scharf schmeckendes Gewürz sammelt, besonders im Winter und Frühjahr. Die Blätter weisen außerdem einen hohen Gehalt an Vitamin C auf. Salat aus Brunnenkresse ist zur Frühjahrszeit ein köstliches Gericht. Zum Würzen werden die Blätter klein gehackt und dann beispielsweise an Fleisch gegeben.

Brunnenkresse gibt es wildwachsend in sehr vielen Teilen der Erde. Auch in Mitteleuropa ist die Pflanze einheimisch. Bronzezeitliche Siedlungen sind die ältesten, in denen es archäologische Funde der Samen gibt. Nicht klar sind die schriftlichen Nachrichten über die Nutzung der Pflanze aus Altertum und Mittelalter, denn damals wurden Garten- und Brunnenkresse sogar von den Gelehrten immer wieder verwechselt.

Sicher sammelte man die Blätter aber zu jeder Zeit. Erst aus der Neuzeit, ungefähr seit dem 17. Jahrhundert, ist ein regelrechter Anbau von Brunnenkresse belegt. Man züchtete milde Sorten, die weniger vom scharfen Senföl in ihren Blättern enthalten. In Europa gab es mehrere Zentren der Brunnenkresse-Kultur, so die Umgebung von Paris und die Erfurter Gegend. Erfurter «Dreibrunnen-Kresse» war den Hausfrauen weit und breit ein Begriff. Das hauptsächliche Anbauland der Brunnenkresse ist heute wohl England, wo aber meist nicht die Echte Brunnenkresse, sondern deren naher Verwandter, die Kleinblütige Brunnenkresse (Nasturtium microphyllum), oder Bastarde aus den beiden Brunnenkresse-Arten in den Kulturen angetroffen werden.

CASHEW-BAUM ×

Der Cashew-Baum, Kaschu-Baum oder Nierenbaum (Anacardium occidentale) ist ein etwa zehn Meter hohes Bäumchen aus der Familie der Sumachgewächse (Anacardiaceae), das im tropischen Amazonasbecken seine Heimat hat. Man baut das Gewächs heute überall in den Tropen an, weil alle seine Teile bestens verwertet werden können. Das Holz («Weißes Mahagoni») ist besonders resistent gegen Fäulnisbakterien, weshalb es zum Beispiel bei Schiffbauern gesucht ist. Aus dem Stamm gewinnt man Anacard-Gummi, die ganzrandigen, gestielten Blätter liefern ein Desinfektionsmittel. Das Merkwürdigste an der Pflanze sind die Früchte. An kurzen Stielen sitzen birnenförmige Gebilde, die zunächst grün sind, später rötlich schimmern. Früchte sind das nicht, sondern verdickte Fruchtstiele, die wie Früchte aussehen. Sie besitzen ein wohlschmeckendes Fleisch und einen erfrischenden Saft, aus dem sich Cashew-Wein und Marmeladen herstellen lassen. Die eigentliche Frucht sitzt wie ein kleines, nierenförmig gebogenes Anhängsel unten an den viel dickeren Fruchtstielen. Aus den Schalen der Früchte extrahiert man das Cashew-Öl, einen wasserunlöslichen Stoff, der beim Imprägnieren, bei der Lackherstellung und als Mittel gegen Insekten verwendet wird. Die Schalen umschließen die Cashew-Nüsse, die hierzulande am ehesten als Bestandteil des Studentenfutters bekannt sein dürften: Sie sind nicht sehr hart und haben einen mandelähnlichen Geschmack. Die Nüsse werden auch als Gewürz verwendet, heute vor allem im Orient. Auch bei uns gehören sie zu orientalischen Gerichten. Eine Droge, die aus den Nüssen hergestellt wird, hilft gegen Magenkrankheiten.

Cayenne-Pfeffer ✕

Der Cayenne-Pfeffer (Capsicum frutescens), ein Nachtschattengewächs (Solanaceae), ist auch unter den Namen Chili-, Chile- oder Chillischote, Roter Pfeffer und Kolumbianischer Paprika bekannt. Mit «normaler» Paprika ist er nahe verwandt; er wächst als rund einen Meter hoher Strauch mit länglichen, zugespitzten Blättern und schmalen, dunkelroten «Schoten», die nach exakter wissenschaftlicher Terminologie eigentlich Beeren sind. Wer sie leichtfertig mit Paprika verwechselt, kann sich den Mund verbrennen: Cayenne-Pfeffer ist bedeutend schärfer. Deshalb muß vor der alleinigen Anwendung der «Chillies» (Handelsbezeichnung der Früchte) oder dem zu reichlichen Würzen mit dem Pulver aus getrockneten Beeren, für das im Handel die Bezeichnung «Cayenne-Pfeffer» üblich ist, gewarnt werden. Etwas milder sind das Chilipulver, eine Mischung aus den teuflischen Schoten mit milderen Gewürzen (Kreuzkümmel, Oregano, Piment und andere), und die Tabascosoße, von der Cayenne-Pfeffer ebenfalls ein Bestandteil ist. Selbst die Gewürzmischungen muß man sparsam verwenden, aber man tut es gerne, vor allem in den Küchen Spaniens und Lateinamerikas.

Die Pflanze stammt aus den Tropen Amerikas, allerdings gerade nicht aus den Gegenden, die ihre zahlreichen Namen vermuten ließen, nämlich sicher nicht aus Chile und von der Cayenne-Küste in Französisch-Guyana. Die Europäer lernten die von den Indianern seit Jahrtausenden kultivierte Pflanze in Mexiko kennen und machten sie in der Alten Welt bekannt.

Heute wird Cayenne-Pfeffer in vielen tropischen Gegenden der Erde angebaut.

Dill ×

Der Dill (Anethum graveolens), auch als Gurkenkraut bekannt, ist ein Doldengewächs (Apiaceae oder Umbelliferae). Der Blütendolde verdankt er wohl seinen Namen, denn «Dill» und «Dolde» sollen etymologisch verwandt sein. Die einjährige Pflanze hat eine dünne Wurzel, der der kahle, blaugrün bereifte Stengel entspringt; die bläuliche Farbe rührt von einer Wachsschicht her, die an warmen Sommertagen die Verdunstung von Wasser aus dem Stengel einschränkt. Auf diese Weise vertrocknet die Pflanze bei Hitze nicht. Auch die Blätter zeigen eine Anpassung der Pflanze an ein heißes, trockenes Klima: Sie sind ganz fein in Zipfelchen unterteilt – ihre Blattfläche, aus der Wasser verdampfen kann, ist so auf ein Minimum reduziert. An der Spitze der Stengel, die bald halbmeterhoch, bald über meterhoch sind, breitet sich die Dolde aus. Sie wölbt sich leicht, weil alle ihre Strahlen ungefähr gleich lang sind. Die unzähligen kleinen Blütchen sind intensiv gelb und duften stark. Sie stehen im Hochsommer offen. Werden sie von kleinen Insekten (z. B. Fliegen) bestäubt, so wachsen aus ihren Fruchtknoten zweisamige Früchte, die länglich und etwas linsenförmig zusammengedrückt sind; auf der Rückseite weisen sie drei deutlich hervorspringende Rippen auf.

Den Dill kann man leicht mit seinem nächsten Verwandten, dem Fenchel, verwechseln. Doch wird der Fenchel als mehrjähriges Kraut sehr viel kräftiger und größer, die Blattscheiden, die den Blattstengel teilweise umhüllen, sind beim Fenchel fast so lang wie der ganze Blattstiel, beim Dill erheblich kürzer. Am besten lassen sich die Früchte voneinander unterscheiden, denn Fenchelfrüchte sind keineswegs flach, sondern im Querschnitt rund.

Auf den stark würzigen Duft der Pflanze, durch ätherische Öle hervorgerufen, wurde man schon in sehr früher Zeit aufmerksam. Das ursprüngliche Heimatland des Dills läßt sich schwer bestimmen. Die Anpassungen an heißes, trockenes Klima verraten sein südliches Indigenat. Vielleicht stammt er aus dem Vorderen Orient, vielleicht aus Indien, vielleicht war er im ganzen Mittelmeergebiet ursprünglich heimisch. Älteste Zeugnisse über das Gewürz stammen aus der Zeit um 3000 vor Christus aus dem Zweistromland. In etwa gleich alten jungsteinzeitlichen Kulturschichten konnten die Früchte aber auch nördlich der Alpen, in Schweizer «Pfahlbausiedlungen», identifiziert werden. Spätestens zu Beginn des zweiten Jahrtausends vor Christus tauchte Dill als Kulturpflanze in Ägypten auf. Seine Nutzung im Heiligen Land ist durch ein Bibelzitat belegt. Im alten Hellas war Dill von Anbeginn ein geschätztes Gewürz. Damals erhielt er seinen heute noch gültigen wissenschaftlichen Gattungsnamen. Das griechische Wort anethon ist durch die Romanisierung nur geringfügig verändert worden. Der römischen Literatur entnimmt man Einzelheiten über Anbau und Nutzung der Pflanze: Im Herbst oder im Februar wurde der Dill dünn ausgesät. Zudecken mußte man die Samen nicht; weil sie Stoffe enthalten, die für manche Vögel giftig sind, werden sie von den Saaträubern verschmäht. Über die Ernte der Pflanze erfährt man von römischen Schriftstellern nichts, jedoch einiges über ihre Verwendung: Vergil und andere Dichter beschreiben die duftenden Kränze, die aus blühenden Dillpflanzen gewunden wurden. In römischen Küchen wurden mit dem Kraut zum Beispiel Geflügel und Wein gewürzt. Auch als Heilpflanze war anethum geschätzt, wenn es beispielsweise galt, die Funktion von Magen und Darm anzuregen. Plinius meinte allerdings, man solle nicht zu viel Dill essen, weil dies nicht gut für die Augen sei. In allen römisch besetzten Gebieten wurde mit Dill gewürzt, sogar nach Britannien gelangte die Pflanze in römischer Zeit.

Vorkommen und Verwendung des Dills im Gebiet jenseits des Limes sind erst im frühen Mittelalter bezeugt. Nachdem Dill im berühmten Sankt Gallener Klosterplan bereits seinen festen Platz hatte, wurde er besonders unter dem kulturellen Einfluß der Benediktinermönche in vielen Teilen Mitteleuropas populär. Die Gewürzpflanze gelangte auch weit in den Norden

Europas. Eigenartigerweise gedieh und gedeiht das südliche, an Sonne gewöhnte Gewächs in Skandinavien derart gut, daß Dill einfach *das* Gewürz des Nordens wurde, während es im klassischen Land der Gewürze, in Frankreich, eher zweitrangig ist. Auch in der norddeutschen Küche gilt Dill mehr als im Süden, als Gurkenkraut (auch in sauer oder salzig eingelegten Gurken) und in den milden Fischsoßen, die man in den Küstenländern zuzubereiten weiß.

Aber weshalb verlangt Fisch, der natürlich am Meer ein besonders wichtiger Bestandteil der Nahrung ist, nun ausgerechnet unbedingt nach Dill als Gewürz? Aus mythologischen Quellen läßt sich eine tiefergehende Bedeutung des Krautes herleiten, die es nur im Norden und Osten hat. Verbreitet ist dort der Glaube, Dill besänftige Gewitter und Hexen. «Gedilltes» Fleisch (auch menschliches!) konnte nicht verhext werden (nach einer Sage aus der Merseburger Gegend) – im Braunschweigischen trug man daher Dillkissen auf der Brust, und in Sachsen nimmt man Dill zum Brotbacken mit. Man glaubte außerdem, mit Dill die Herren zum Schweigen bringen zu können. Daher hatte in Brandenburg, in der Magdeburger Gegend und im Oderbruch die Braut bei der Hochzeit Senf und Dillkraut im Schuh. Sprach sie dann «Ich habe Senf und Dille, Mann, wenn ich rede, schweigst du stille!» (Oderbruch), oder, wie ebenfalls überliefert, «Ich habe Senf und Dill, mein Mann muß tun, was ich will!», so verhalf ihr das zu häuslichem Regiment. In der Niederlausitz brachte man mit einem ähnlichen Spruch ganz andere Herren, nämlich die Gerichtsherren, zum Schweigen: «Vor Haberstroh und Dille, da schweigen die Herren stille!» Möglicherweise gehen diese Vorstellungen auf slawische Elemente in der Kultur zurück. Die Slawen kannten den Dill (woher?) auch schon vor der Christianisierung.

Überall in Norddeutschland ist Dill ein bäuerliches Fruchtbarkeitssymbol, mit dem das Jungvieh bestreut wurde und das man bei der Aussaat bei sich hatte. Ein besonderes Dill-Mirakel erzählt man sich in Nordwestdeutschland: Ostfriesland wurde im Mittelalter von der Jade in zwei Teile gerissen, einem Meerbusen, der sich wie ein Moloch von Sturmflut zu Sturmflut ein

Stück weiter ins Land fraß. In der Außenjade liegt eine Sandbank, Oldoog; dieser Name bedeutet «alte Insel». Oldoog war ehemals bewohnt und ein Teil festen Landes. Dort wurde einst eine Seejungfrau gefangen, die um ein Heilmittel gefragt wurde. Sie empfahl Bohnenkraut und Dill, verriet aber deren speziellen Nutzen nicht, spritzte ein paar Tropfen Seewasser über den Deich und verschwand im Meer. Anderntags, während alle Dorfbewohner in der Kirche waren, gab es Sturmflut; der Deich gab nach, als der Pfarrer den Segen sprach. Tosende Wogen brachen über Dorf und Land herein und töteten Mann und Maus. Die wenigen Überlebenden gründeten später weiter im Binnenland ein neues Dorf, Minsen. Weil dort eine bereits hochbetagte Kirche steht, weiß man, daß sich der sagenhafte Vorfall, bei dem der Dill diese eigenartige, unheimliche Rolle spielte, zu sehr früher Zeit zugetragen haben muß. Dill mag also eine Bedeutung in jenem heidnischen Pflanzenzauber gehabt haben, der im Widerstreit zum christlichen Glauben stand.

Wie dem auch sei, die Sagen passen nach unserem heutigen Gefühl schlecht zu dem vergleichsweise milden, aber ausdrucksvollen Gewürz, das man, zum Beispiel zwischen Zwiebeln gesät, heute in jedem Bauerngarten an trockenen Plätzen finden kann. Seine Blätter erntet man vor oder, wenn sie besonders intensiv schmecken sollen, während der Blüte (als sogenannten Krondill), es kann frisch oder getrocknet verwendet werden und regt – auch nach Meinung heutiger Schulmediziner – die Magenfunktion an.

Dreizack

Der Strand-Dreizack (Triglochin maritimum) ist ein Blumenbinsengewächs, ein Mitglied der Pflanzenfamilie, die wissenschaftlich Juncaginaceae oder Scheuchzeriaceae genannt wird. Die grasähnliche Pflanze treibt aus horizontaler, ausdauernder Grundachse einen grundständigen Blätterschopf und einen bis über halbmeterhohen Blüten- bzw. Fruchtstiel. Die vielen Blütchen des Blütenstandes sind in allen ihren Teilen – wie bei den meisten einkeimblättrigen Pflanzen – sechszählig. Die sechs Blütenhüllblätter sind grün, kelchartig; es gibt sechs Narben, und die Frucht zerfällt in sechs Teilfrüchte. Beim nahe verwandten Sumpf-Dreizack (Triglochin palustris) gibt es drei Teilfrüchte, weshalb die ganze Pflanzengattung Dreizack heißt, obwohl der Strand-Dreizack eigentlich nicht drei, sondern sechs «Zacken» (gemeint sind damit die Früchte) hat.

Der Strand-Dreizack gehört zu den wenigen Pflanzen, die auf salzhaltigen Böden gedeihen. Salzböden gibt es vor allem am Meer, aber auch stellenweise im Binnenland, an Salzquellen und an Salinen: Strand-Dreizack wächst dort überall, doch – auch auf diese Inkonsequenz der Namensgebung sei hingewiesen – meist nicht direkt am Strand, sondern in den Salzwiesen. Dort bildet die Pflanze dichte Rasen, die der Marschbauer schätzt: Das Vieh frißt den Strand-Dreizack besonders gerne. Auch als Gewürz und Gemüse ist das Kraut bei den Küstenbewohnern beliebt. Man muß nur den ekelerregenden Kaligeruch der Pflanze durch Kochen zerstören, dann ist der «Röhrkohl», «Röhr» oder «Röhlk» eine herrliche Zutat zu Spinat und Suppen. Er wird auch als Gemüse wie Spinat gegessen, besonders im Frühjahr, wenn man grüne Pflanzen in den feuchten, so gut wie nie von Schnee bedeckten Außendeichsländern früher als anderswo finden kann. In Südeuropa, wo Strand-Dreizack an den Küsten des Mittelmeeres gedeiht, verwandte man die Pflanze zur Bereitung von Soda, das in den Blättern reichlich vorhanden ist.

Eberraute

Die Eberraute (Artemisia abrotanum) ist ein Korbblütler (Asteraceae oder Compositae). Ihr deutscher Name soll keine Verwandtschaft mit der Raute nahelegen, auch mit einem Eber hat die Pflanze nichts zu tun; «Eberraute» ist lediglich eine Verballhornung des antiken abrotanum, das wiederum auf das griechische Wort abrotos für «unsterblich» zurückgeht. In der

Tat: die Eberraute ist als ausdauernder, reichästiger Halbstrauch, der gut einen Meter hoch werden kann und verholzende Triebe aufweist, ein langlebiges Gewächs. Und die fein zerteilten Blätter sehen nahezu immer so frisch grün aus, daß man die Eberraute wirklich für unsterblich halten kann. Die Blätter sind oberseits kahl, unterseits filzig behaart. Die winzigen Blüten sitzen in unauffälligen Köpfchen zusammen, und eine ganze Anzahl dieser Köpfchen bildet eine lange Traube. Die Eberraute blüht, wenn überhaupt, außerordentlich spät im Jahr – ihre Früchte reifen im mitteleuropäischen Klima fast nie. In ihren Herkunftsländern, in Südosteuropa und in Vorderasien, ist das natürlich anders. Dort irgendwo wurde man auf die nach Zitronen duftende Eberraute aufmerksam, nahm sie in Kultur und exportierte sie in andere Länder. Weil man vor allem die zarten Blatt- und Sproßspitzen als Gewürz verwendet und weil man im Garten die Pflanze bestens vegetativ vermehren kann, indem man alte Stöcke teilt, kommt es in der Kultur nicht darauf an, auch die Früchte reif werden zu lassen. Nichts sprach dagegen, Eberraute auch in nördlicheren Breiten zu ziehen; sie ist auch nicht einmal besonders kälteempfindlich. Nur wenn es Stein und Bein friert, sollte man die Pflanze durch Zudecken mit Zweigen schützen.

In der Antike ist die Pflanze sicher bereits als Gewürz verwendet worden – wie, läßt sich allerdings nur schwer sagen, weil damals auch andere Pflanzen abrotanum genannt wurden. Erst aus dem Mittelalter wissen wir Genaueres über die Eberraute als Gewürz- und Heilpflanze. Die Reichenauer Mönche zogen sie im Klostergarten, und auch im Capitulare de villis Karls des Großen wird abrotanum aufgeführt. Im Mittelalter würzte man mit der Eberraute ähnlich wie mit ihren nahen Verwandten Beifuß und Wermut fettes Fleisch, um es bekömmlicher zu machen – ganz gleich, ob dieses von Land-, Luft- oder Wassertieren stammte. Zu viel sollte man von dem Gewürz nicht verwenden, denn es schmeckt bitter, weil es neben ätherischen Ölen auch Bitterstoffe enthält. Aber gerade diese Bitterstoffe sind es, die dem Magen guttun. Heute ist das Gewürz etwas in Vergessenheit geraten. Man hält die

Stöcke – vor allem wegen ihres frischen Grüns und des Zitronendufts – lediglich als Zierpflanzen in den Gärten. Der herrliche Duft hatte es den Römern bereits angetan, sie wanden Duftkränze aus der Pflanze. Genauso machte man diese Kränze im Mittelalter. Damals mag immer mehr – besonders in Norddeutschland – der Brauch aufgekommen sein, daß die alten Frauen Eberraute zum sonntäglichen Kirchgang mitnahmen. Während der Predigt labten sie sich an dem Duft, auch um nicht einzunicken. Die Eberraute heißt als «Riechblume» an der Ostsee «Schmecker», an der Nordsee «Rukelbloem» und anderswo «Rückelbusch».

Die Volksmedizin empfiehlt Eberrautentee als Stärkungsmittel und ein Säckchen mit Eberraute unter dem Kopfkissen als Mittel gegen Kopfschmerzen. Volks- und Schulmedizin sind sich aber einig in der Verwendung von Herba Abrotani besonders bei Magenleiden und Verdauungsstörungen.

Eibisch

Der Eibisch (Althaea officinalis), ein Malvengewächs (Malvaceae), wird auch Heilwurz genannt. Sammetpappel ist einer seiner weiteren Namen, weil die Stengel der ausdauernden, Mannshöhe erreichenden Pflanze samtig behaart sind. Auch die Blätter, grüngrau gefärbt, sind von Haarfilz überzogen. Die Blüten, die im Hoch- und Spätsommer offenstehen, haben einen Durchmesser von bis zu fünf Zentimetern, ihre fünf Blütenblätter sind rosafarben oder weiß. Der Eibisch wächst wild auf feuchten Wiesen Osteuropas und Sibiriens. Entlang der Donau und ihrer Nebenflüsse kommt er stromauf bis in die Gegend von Wien vor. Der Eibisch gedeiht auch auf salzhaltigen Böden des Binnenlandes und an den Meeresküsten. Nach verbreiteter Ansicht sollen aber nur seine Küstenwuchsorte an der Ostsee natürlich sein, während ihn erst der Mensch an die Nordsee gebracht habe. Weil aber der Eibisch bereits aus vorgeschichtlicher Zeit mehrfach durch archäologische Funde von der Nordseeküste belegt ist, müssen wohl auch die dortigen

Wuchsorte als natürlich angesehen werden. Archäologische Funde der Pflanze gibt es sonst nur aus der Slowakei, wo der Eibisch auch heute noch wächst.

Fußend auf ersten Empfehlungen antiker Ärzte wurde der Eibisch im Mittelalter eine sehr bekannte Heilpflanze, die heute genauso wie vor Jahrhunderten schon bei Luftröhrenkatarrh und Husten Wunder wirkt. Die Römer nannten den Eibisch «hibiscum» – Eibisch wurde daraus verballhornt. Die Pflanze, die wir heute als Hibiskus im Blumenfenster halten, ist zwar auch ein Malvengewächs, aber kein Eibisch. Verballhornt wurde im Mittelalter nicht nur das römische hibiscum, sondern auch das römische althaea: Als die Pflanze zu einer verbreiteten Bewohnerin der Bauerngärten und sogar zur im großen gezogenen Kulturpflanze avancierte, wurde ihr Name oft mißverstanden und als «Alter Tee» oder «Alt' Eh'» weitergegeben.

Im Gegensatz zur großen Bedeutung, die die Heilpflanze Eibisch hat (Wurzeln und Blätter sind offizinell), spielt die Gewürzpflanze Eibisch eine kleine Rolle. Gehackten Eibisch gibt es nur gelegentlich als Zutat zu verschiedenen Salaten.

Engelwurz

Die Engelwurz (Angelica archangelica), ein Doldengewächs (Apiaceae oder Umbelliferae), ist eine der am höchsten aufragenden krautigen Pflanzen unserer Flora. Sie kann weit über mannshoch werden. Jede Pflanze blüht nur einmal; zwei oder wenig mehr Jahre sammelt sie Energie, Nähr- und Aufbaustoffe. Im Winter friert sie oberwärts ab, alle Nährstoffe sind zu dieser Zeit in einer rübenförmigen Wurzel unter der Erde frostsicher untergebracht. Der am Grunde armdicke Stengel schießt schließlich zu größter Höhe auf; ihm entspringen riesige, fast meterlange Blätter, die sehr reich gefiedert sind. Bekrönt wird die Pflanze von den handgroßen Blütendolden. Die Farbe der kleinen Blüten liegt irgendwo zwischen grün, gelb und weiß, man findet sie im Hochsommer. Sind dann im Herbst die Früchte herangereift, so stirbt die Pflanze ab, ihre Wurzel wird von Würmern zerstochen und zerfressen. Die Samen sind nur kurz keimfähig, sie laufen nach Einwirkung des ersten Frostes auf, der die Samenruhe bricht.

Man kann einige Varietäten der Engelwurz unterscheiden, die auch verschiedene Ansprüche an den Wuchsort stellen. Alle diese Pflanzen, die ja eine ungeheure Biomasse produzieren, können nur dort gedeihen, wo das Grundwasser überdurchschnittlich viel Nährstoffe anliefert: in den Hochstaudenfluren der Gebirgsbäche, auf Naßwiesen, an Fluß-, See- und Meeresufern. Deutlich unterscheiden sich vor allem die Pflanzen von Süß- und Salzwasserstandorten; zum Beispiel ist der Duft und Geschmack der Meeresküstenpflanzen bedeutend schärfer. Engelwurz wächst wild in den zentral- und westasiatischen Hochgebirgen, ebenso in den Bergländern Osteuropas und in den Ostalpen. Weitere Vorkommen hat sie im Norden, wo sie selbst auf recht unwirtlichen Inseln wie Faröer, Island und Grönland verbreitet ist.

Die ganze Pflanze duftet nach ätherischem Öl. Fast alle ihre Teile kann man als Gewürz verwenden, Stengel, Blätter, Früchte und Wurzeln. Die Aromastoffe erhält man in der reinsten Form, wenn man im Winter die Wurzeln der Pflanzen ausgräbt, die noch nicht geblüht haben.

Am Mittelmeer gibt es keine Engelwurz, daher schreiben antike Autoren auch nicht über sie. Die ältesten Schriftzeugnisse über Kultur und Verwendung stammen aus Skandinavien, Island und Grönland. Auf skandinavischen Märkten war sie seit dem 10. Jahrhundert erhältlich. Sie diente zu Heilzwekken, vor allem aber wurden die Stengel und jungen Schößlinge entweder roh gegessen oder zunächst in Zucker eingemacht und dann kandiert genascht. In Mitteleuropa kam die Engelwurz als Kulturpflanze im späten Mittelalter auf, und zwar zunächst in den Klostergärten. Die Benediktiner und später die Kartäuser nahmen sich der Engelwurz besonders an. Sie setzten aus der Wurzel einen Likör an, der bei uns als Benediktinerlikör wenig bekannt ist, in Frankreich aber als «Chartreuse» große Berühmtheit erlangte. Engelwurz zog in die Bauerngärten ein und verschwand von dort inzwischen wieder. Auch die Kultur in den Klostergärten gehört so gut wie ganz der Vergangenheit an. «Chartreuse» gibt es aber noch; die Pflanzen, aus denen der Likör hergestellt wird, stammen heutzutage aus größeren Feldkulturen, die in Mitteleuropa an verschiedenen Stellen zu finden sind. Ein besonderer Anbauschwerpunkt war die Umgebung von Clermont-Ferrand in Frankreich, wo jährlich 100000 Kilogramm Angelica-Stengel geerntet wurden. Engelwurz kann man auch in der Küche verwenden (zum Beispiel als Gewürz zu Fischsuppe und Marmelade). Die moderne Medizin nutzt die Heilwirkung der Pflanze bei Magenkrankheiten und Verdauungsstörungen.

Im ganzen ist die Engelwurz also eine vielfältig nutzbare Pflanze. Aber was rechtfertigt ihren «heiligen» Namen? Sogar Erzengelwurz (wie im lateinischen Namen) und Heiliggeistwurz wird oder wurde sie genannt. Man weiß nicht, ob die ungeheure Kraft, die in der hoch aufschießenden Pflanze zu stecken scheint, sie zum Erzengel unter den Kräutern machte, oder ob es der starke Duft war, der gegen Hexerei und vor allem gegen die Pest ein wirksamer Schutz zu sein versprach. Nach mittelalterlicher Vorstellung war Engelwurz ein Symbol für die Dreieinigkeit, weil der Stengel zwischen zwei Blättern in die Höhe wächst. Da die Engelwurz in den Einflußbereich christlicher Vorstellungen erst relativ spät eintrat, ist es gut möglich, daß die Eigenschaften einer heiligen Pflanze schon in vorchristlicher Zeit auf sie übertragen wurden. Der Verdacht, Angelica könnte in Nordeuropa schon frühzeitig eine Pflanze mit kultischer Bedeutung gewesen sein, wird noch dadurch erhärtet, daß der höchste Berg Islands in deutscher Übersetzung «Felsgipfel des Engelwurztales» heißt.

Enzian

Unter den Enzianen wird nahezu ausschließlich der Gelbe Enzian (Gentiana lutea, Gentianaceae) als Würzpflanze verwendet. Während seines sehr langen Lebens sammelt er Jahr für Jahr Nährstoffe in einem großen (bis zu sieben Kilogramm

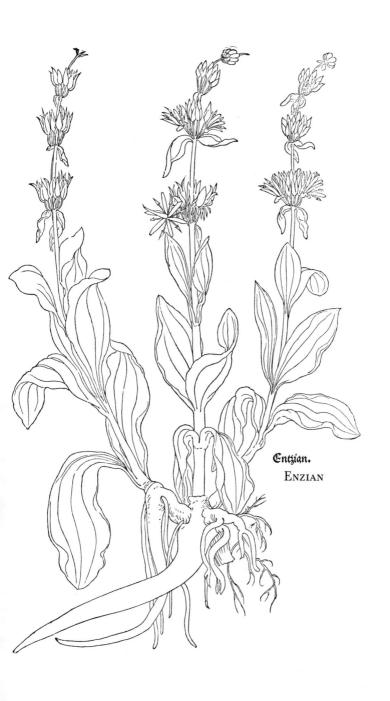

Entzian.
ENZIAN

schweren) Wurzelstock an, um daraus alle paar Jahre – neben den alljährlich erscheinenden ledrigen, ovalen Blättern – auch Blüten auszubilden, die am meterhohen, kräftigen Stiel in den Tragblättern wie in Blumenschalen sitzen. Die gelben, fünf- bis sechsstrahligen Blüten stehen im Hochsommer offen; nach der Bestäubung reifen aus ihnen unzählige Samen heran (eine Pflanze bringt es gut und gerne auf 10000 Samen!).

Der Gelbe Enzian ist uns von Bergwiesen der Alpen und Mittelgebirge bekannt. Seine bitteren Blätter werden vom Vieh verschmäht; darum breitet er sich auf Viehweiden aus. In den Westalpen, in den Vogesen und im Schwarzwald wächst er auf Urgestein, im Schweizer, Schwäbischen und Fränkischen Jura, in den Ostalpen und im Karstgebiet des Balkans ausschließlich auf Kalk. Bei den dort heimischen Völkern ist der Gelbe Enzian sicher schon sehr lange als Heilpflanze bekannt. Die Römer benannten die Pflanze nach dem Illyrerkönig Gentis, der sie angeblich als erster gefunden hatte. Als wahrer Kern steht hinter dieser Sage natürlich, daß die Römer zum ersten Male von den Illyrern etwas über die Pflanze und deren Nutzung erfuhren. Das Wort Gentiana wurde bei uns im Mittelalter zu Enzian, die Nutzung wurde intensiver, und man baute die Pflanze sogar an. Der «Enzian», einer der bekanntesten Schnäpse, der aus den Wurzeln der Pflanze angesetzt wird, wurde nämlich immer beliebter. Nach den Wurzeln grub der legendäre Wurzelsepp (allein der Enzianwurzel hatte er sich verschrieben) im Spätsommer und Herbst mit einem besonderen Werkzeug namens «Croc». 200 Kilogramm frische Wurzeln brachte ein guter «Sepp» pro Tag zusammen. Als in moderner Zeit die Alpen zum beliebten Feriengebiet und all ihre Produkte zum gesuchten Souvenir wurden, setzte auf den Almen ein derart starker Raubbau am Gelben Enzian ein, daß man seine alsbaldige Ausrottung befürchten mußte. Gelber Enzian ist seitdem unter Naturschutz gestellt, und der Wurzelsepp mußte den Beruf wechseln. Zur Herstellung von Enzianschnaps sowie einem Heilmittel, das den ganzen Körper und besonders den Magen anregt, verwendet man heute ausschließlich Wurzeln, die im feldmäßigen Anbau gezogen wurden.

Übrigens: Der auf den Schnapsflaschen zumeist abgebildete Blaue Enzian eignet sich zum Brennen nicht, weil nur der Gelbe die großen Wurzelstöcke («Radix Gentianae») besitzt. Zur Not kann man sich mit den Wurzeln anderer großer, gelb blühender Arten behelfen.

Erdnuss ×

Die Erdnuß stammt von der Pflanze Arachis hypogaea, einem einjährigen Schmetterlingsblütler (Fabaceae oder Papilionaceae) mit gefiederten Blättern und gelben Blüten, die sich beim Verblühen zu Boden neigen und sogar in den Boden eindringen. Aus den Blüten entwickeln sich mehrere Zentimeter unter der Erde die «Erdnüsse», die man leicht öffnen kann, um die fettreichen Samen herauszuholen. Ihretwegen wurde die Pflanze in Kultur genommen, und zwar in ihrer Heimat Brasilien. Über die Urgeschichte der Pflanze wissen wir so gut wie nichts; zu Anfang des 16. Jahrhunderts, also schon relativ bald nach der Entdeckung der Neuen Welt, kam erste Kunde über die Erdnuß nach Europa. Zwischen dem 16. und dem 19. Jahrhundert wurde die Erdnuß in viele tropische und subtropische Länder der Welt eingeführt, wo man seitdem einen sehr erfolgreichen Anbau betreibt.

Hauptsächlich genutzt wird die Pflanze als Öllieferant: Mit Erdnußöl kann man sehr gut Salat zubereiten. Erdnußöl war zeitweise billiger als Olivenöl; die Olivenbauern hatten daher Absatzprobleme. Die gerösteten Erdnußkerne, an denen man gerne knabbert, wurden früher manchenorts «Judenüsse» genannt, weil die Juden sie besonders schätzten. Heute kennt man sie als gesalzene «Ültjes», nach denen das Fernsehpublikum gerne greift. Geröstete Erdnußkerne sind ein Charaktergewürz der indonesischen Küche. In Nordamerika ist ausgepreßte Erdnußbutter ein Bestandteil von Konfekt und Kuchen. Geröstete Erdnußkerne stellen außerdem ein Ausgangsprodukt für Kaffee- und Kakaoersatz dar. Schließlich wird Erdnußöl zahlreichen Heilsalben beigefügt – dies hat zwar keinen direkten medizinischen Nutzen, macht aber die Salbe geschmeidiger.

Estragon ×

Der Estragon (Artemisia dracunculus) ist ein Korbblütler (Asteraceae oder Compositae). Die ausdauernde Staude wird bis über einen Meter hoch. Dem Haupttrieb entspringen zahlreiche Nebenäste. Die Sprosse sind ebenso kahl wie die langgestreckten Blätter, von denen die meisten ungeteilt sind, nur die untersten weisen an der Spitze drei Zipfel auf. Die ganzen Blütenköpfe, die sich aus mehreren kleinen Blütchen zusammensetzen, haben lediglich einen Durchmesser von drei Millimetern. Die Blütenkronblätter sind gelblich und wegen ihrer geringen Größe kaum zu erkennen. Wenn die Pflanze hierzulande überhaupt je zur Blüte kommt, dann erst im Herbst. Die Länge der Vegetationsperiode in Mitteleuropa reicht dagegen niemals aus, um aus den Blüten auch noch Früchte heranreifen zu lassen.

Daran erkennt man: Estragon ist eine Pflanze warmer Klimabereiche, weil sie sehr lange für ihre Entwicklung braucht. Einheimisch ist das Kraut in Zentralasien und Nordamerika, vielleicht auch am Schwarzen Meer und in Südosteuropa. Die ältesten Hinweise über seine Verwendung als Gewürz stammen aus China, und zwar aus dem zweiten vorchristlichen Jahrtausend. Später würzten die Araber damit ihre Speisen. Ob sie den Estragon selbständig in Kultur nahmen oder ob sie ihn von den Chinesen übernahmen, ist nicht zu entscheiden. Sicher ist, daß die Europäer den Estragon von den Arabern bekamen; man weiß allerdings nicht, auf welchem Wege. Waren es die Spanier, die das Gewürz von den Mauren übernahmen? Oder waren es die Kreuzfahrer, die Estragon aus dem Heiligen Land mitbrachten? Die erste Nachricht über den Estragon im Abendland gibt der Italiener Simon Genuensis zu Ende des 13. Jahrhunderts. Festgehalten werden muß, daß es den Estragon vorher in Süd- und Mitteleuropa nicht gab, auf jeden Fall nicht in der Antike. Die Annahme ist falsch, daß der mittelalterliche italienische Name «dragone» auf ein römisches «draco» zurückgeht. Immer wieder liest man dazu das Ammenmärchen, der Estragon führe diesen Namen seines Nutzens gegen die Schlangen (bzw. Drachen) wegen. Die Entstehung des Wortes Estragon läßt sich vielmehr so rekonstruieren: Arabisch heißt er Tharchûn, so etwa bei dem im persischen Buchara von 980 bis 1037 lebenden Gelehrten Avicenna. Aus diesem Namen machte Simon Genuensis «tarcon». Seine Zeitgenossen mißverstanden dies und sagten «drago» oder «dragone». Die Kräuterbuchautoren des späten Mittelalters kannten einen deutschen Namen für die Pflanze noch nicht; Tabernaemontanus schrieb über das «Drakonkraut». Der Begriff «Estragon» wurde schließlich in der französischen Sprache geprägt. Nach Deutschland kam das Gewürz sicher von Frankreich her, aber erst sehr spät. Noch nicht einmal das Grimmsche Wörterbuch aus der Mitte des 19. Jahrhunderts führt den Begriff Estragon auf.

Frankreich ist gewissermaßen das «klassische» Land für dieses edle Gewürz – Estragon ist Bestandteil der berühmten Gewürzmischung «Fines herbes», zu der auch noch Kerbel, Petersilie und Schnittlauch gehören. Estragon würzt die Sauce béarnaise, Mayonnaise, verschiedenste Ragouts, den Estragonessig und das Purée d'estragon. Für fast alle diese Bestandteile der feinen Küche gibt es nur französische Ausdrücke, und alle wären sie ohne Estragon nicht denkbar. Immer sind es die Blatt- und Sproßspitzen, die – frisch oder getrocknet – an die Speisen gegeben werden. Eine andere Art, mit dem Gewürz umzugehen, findet man am Schwarzen Meer: Dort wird Estragon über Grillfleisch gestreut. In der Neuen Welt, wo die Pflanze ja ebenfalls heimisch ist, verwendet man das Gewürz wieder anders: Für uns ist es vielleicht befremdend, dort das intensiv schmeckende Gewürz im Obstsalat wiederzufinden ...

Heute ist Estragon mit Recht auch bei uns eines der beliebtesten Gewürze. Er wird vereinzelt in Feldkulturen, vor allem aber in den Gärten gezogen. Dem Gartenbesitzer genügt eine einzige Staude, denn man braucht nicht viele Blätter zum Würzen. Da die Früchte der Pflanze nicht reif werden, vermehren die Gärtner hierzulande den Estragon, indem sie seine Stöcke teilen. Dies wird schon seit Jahrhunderten so gemacht, und durch intensive Auslese ist dabei in der Kultur eine Rasse mit besonders intensivem Geschmack entstanden. Zieht man die Pflanze dagegen aus Samen, die man aus den Ursprungsländern beziehen kann, ist man vom Geschmack des Gewürzes enttäuscht.

Im Garten braucht Estragon einen sonnigen Platz. Geerntet wird am besten kurz vor der Blüte (also im Spätsommer), dann schmeckt das Gewürz am besten. Außer zu den genannten ausländischen Spezialitäten gibt man es noch zu Gemüse (Gurken, Kürbis, Tomaten), gerne auch zu Salat, zu Senf und vielem anderen. In jedem Fall wirkt das Gewürz appetitanregend und veredelt so gut wie jede Speise. Daß die deutsche Küche den Estragon noch nicht lange kennt, kann man auch daraus ersehen, daß so gut wie keine Sagen über die Pflanze bekannt sind – bei einem so viel verwendeten Gewürz ist dies sehr ungewöhnlich.

Fenchel

Der Fenchel (Foeniculum vulgare) ist ein Doldenblütler (Apiaceae oder Umbelliferae) mit sehr variablem äußeren Erscheinungsbild. Es gibt zweijährige Formen, die in einem Jahr nur Blätter treiben, im zweiten blühen und fruchten; andere Formen sind ausdauernde Kräuter. Die Pflanze hat manchmal nur geringe Höhe, manchmal wird sie über mannshoch. Immer sind ihre Triebe kahl, unten hellgrün, oben blaugrün, immer sind die Blätter in sehr viele weiche Fiedern geteilt, immer sind die Blüten gelb, und immer stehen sie in reichblütigen Dolden nebeneinander. Die Doldenstrahlen sind unterschiedlich lang, so daß die Dolde kein gleichmäßig geformter Schirm ist, sondern die Döldchen in mehreren Etagen sich gegenseitig überdecken. Fenchel, der eine gute Bienenweide ist, blüht im Hochsommer und Frühherbst; er ähnelt dann einem nahen Verwandten, dem Dill, sehr stark. Doch ist der gewürzartige Duft

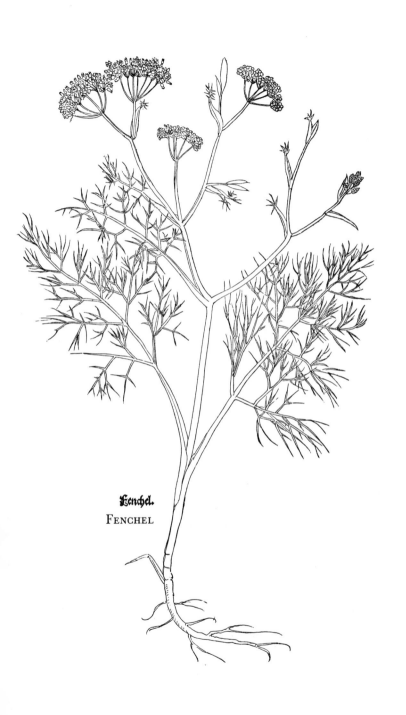

Fenchel.
FENCHEL

der beiden Pflanzen sehr unterschiedlich, und die Früchte, die am Fenchel heranreifen, sehen eindeutig anders aus als die des Dills. Während Dillfrüchte nämlich flach sind, haben die des Fenchels einen ovalen bis rundlichen Querschnitt. Sie sehen wie kleine Fässer aus, bei denen die Ölstriemen, die ätherisches Öl enthalten, die «Faßdauben» sind. Die Frucht zerfällt bei der Reife in zwei Teilfrüchte. Die Wachsschicht, die die bläuliche Farbe der oberen Stengelteile hervorruft, und die feine Zerteilung der Blätter sind Anpassungen an warmes, trockenes Klima. Die Heimat des Fenchels liegt tatsächlich im Süden, sicher im östlichen, vielleicht auch im westlichen Teil des Mittelmeergebietes, wohl auch in Vorderasien.

Die ältesten Nachrichten über seine Verwendung stammen aus dem Zweistromland (um 3000 vor Christus). Die alten Ägypter kannten die Pflanze gut, bauten sie aber wohl nicht an. In Hellas dagegen scheint die Pflanze kultiviert worden zu sein. Sie hieß dort «marathron» (in Attika sagte man «marathon»). Der attische Ort, bei dem Miltiades 490 vor Christus die Perser besiegte, soll seinen Namen von den dort liegenden Fenchelfeldern erhalten haben. Fenchel war ein Symbol für den Erfolg, und Demosthenes berichtet, daß bei den Feiern des Dionysos-Kultes und bei anderen Mysterienspielen in Attika Fenchelkränze getragen wurden. Als Gewürz kam Fenchel an Wildbret. Die Römer faßten eine besondere Zuneigung zu der Pflanze. Weil sie den griechischen Begriff nicht übernahmen, ist anzunehmen, daß sie auch die Pflanze nicht von den Hellenen erbten. Fenchel war wohl auf der italienischen Halbinsel unabhängig in Kultur genommen worden. Er wurde «foeniculum» genannt, was darauf zurückgehen soll, daß sein getrocknetes Kraut wie Heu (lateinisch «foenum») aussieht. Die Römer wußten bereits, daß es mehrere Formen des Fenchels gibt, die in unterschiedlicher Weise zu verwenden sind. Besonders wichtig war ihnen der Garten-Fenchel, von mildem Geschmack und gutem Duft. Er wurde im Garten gezogen, und zwar aus Samen, die im Februar ausgestreut wurden. Als Gewürz wurde das getrocknete Kraut verwendet, und zwar zu fast allen Gerichten vom Essig bis zur Brotrinde und von eingemachten Oliven bis hin zu Fleischbrühen. Die Inhaltsstoffe des Fenchels wirken krampflösend. Dies war den Römern bekannt, und sie setzten daher die aus der Pflanze gewonnene Droge gegen eine Vielzahl von Krankheiten ein, die mit Krämpfen verbunden sind. Fenchel galt auch als besonders wohltuend bei Augenschwäche. Den Beweis dafür liefert Plinius durch eine Beobachtung an Schlangen: Die Tiere sollen nach der Häutung, bei der sie ja die Netzhaut der Augen ebenfalls erneuern, von dem duftenden Kraut ihre Sehschärfe wieder erhalten. Erheblich stärker sind Geschmack und Wirkung des wilden Fenchels, den die Römer wohl nicht als Gewürz, sondern ausschließlich in der Medizin verwendeten. Mit seinen Früchten ging man gegen Nieren- und Gallensteine sowie gegen Menstruationsstörungen vor. Die Römer brachten den Fenchel bis an die Grenzen ihres Imperiums. Der bislang nördlichste Fundpunkt römerzeitlicher Fenchelfrüchte ist das heutige Xanten.

Italien blieb auch in nachrömischer Zeit das Land des Fenchels schlechthin. Die Italiener züchteten und züchten ihren «finocchio» nach allen Regeln der Kunst. Das Ergebnis davon ist, daß im Verlauf von Mittelalter und Neuzeit immer mehr Formen der Pflanze entstanden, die teils als Gemüse, teils als Gewürz, teils als Heil- oder Zierpflanze genutzt werden. Da ist «finocchio d'asino», der Eselsfenchel, dessen besonders scharf schmeckende Früchte für eine Nutzung nicht in Frage kommen. Auch die Früchte von «finocchio forte», des den Römern schon bekannten wilden Fenchels, haben einen so starken Geschmack, daß man sie fast nur in der Heilkunde verwendet. Aber er gehört auch als Gewürz zu deftigen Speisen: In manchen italienischen Landschaften ist er in der Füllung von Spanferkeln und Kaninchen zu finden. «Finocchio dolce», eine besonders hochwüchsige Form, hat dagegen mild schmeckende Früchte, die sich besonders zu Würzzwecken eignen. Die dekorative Pflanze kann man auch in Ziergärten finden. «Finocchini» nennt man in Italien den eigentlichen Gemüsefenchel, dessen Früchte süß oder herb schmecken können, je nachdem, ob er aus finocchio forte oder aus finocchio dolce gezüchtet worden ist. Diese Pflanze bildet unten an den Blattsprossen extreme Verdickungen nach Art einer Zwiebel, die ein zartes Gemüse sind. Wenn man in der Kultur die Unterteile der Pflanzen anhäufelt, so bleiben sie hell, weil sich dann an jener Stelle kein Chlorophyll bildet. So entsteht die bleiche Farbe und damit zugleich die besondere Zartheit des Gemüses. «Finocchini» ist ein Kunstprodukt, das durch Züchtung entstand. Die Form bildet kaum einmal Früchte, so daß sie sich ohne Zutun des Menschen in der freien Wildbahn nicht halten würde.

Nördlich der Alpen war der Fenchel – wie bereits in römischer Zeit – auch im Mittelalter bekannt. Er wuchs in den süddeutschen Klostergärten. Die Zahl der Krankheiten, gegen die ihn die Heilkundigen empfahlen, wuchs derart stark an, daß am Ende des Mittelalters der große Kräuterkundige Tabernaemontanus gut zwölf Foliantenseiten brauchte, um sie alle aufzuzählen. Dabei ist die medizinische Wirkung des Fenchels fast immer darauf zurückzuführen, daß er Verkrampfungen löst und beruhigend wirkt. Aus dem späten Mittelalter gibt es eine ganze Reihe von archäologischen Funden; sie stammen aus Budapest wie aus Worcester, aus Heidelberg wie aus dem südniederländischen Sittard.

Obwohl die Pflanze hierzulande seit Jahrhunderten an warmen Plätzen (vorzüglich im Bereich des Weinbauklimas) angebaut und in der Küche verwendet wird, denkt man bei ihrer Erwähnung auch heute noch in erster Linie an Italiens Küche, besonders dann, wenn man das Gemüse im Sinn hat. Das Gewürz wurde viel selbstverständlicher ein Bestandteil unserer Küche. Allerdings wurde und wird es in Süddeutschland anders verwendet als im Norden: Insgesamt ist Fenchel im Süden beliebter – dort, wo auch sein Anbau gut möglich ist. Vor allem in Thüringen und Tirol ist er ein häufiges Brotgewürz, im Norden ein Bestandteil der Hamburger Aalsuppe. Man würzt heute – sowohl mit Blättern als auch mit Früchten – Gemüse genauso wie Salat und gibt die Früchte an Mixed Pickles. Für die Ernte der Früchte gibt es übrigens unterschiedliche Empfehlungen: Bald soll man sie völlig reif, bald nicht ganz ausgereift nehmen. Trocknen muß man sie nach der Ernte in jedem Fall. Heute noch sind Fenchelfrüchte in Hustenmitteln enthalten sowie im beruhigenden und doch anregenden Fencheltee, der bei Verdauungsstörungen hilft. Obwohl die medizinische Wirkung bei Augenkrankheiten unklar ist, empfiehlt man den Fenchel dennoch bei Sehschwäche.

GÄNSEBLÜMCHEN

Das Gänseblümchen (Bellis perennis) aus der Familie der Korbblütler (Asteraceae oder Compositae) zu beschreiben, ist sicher nicht notwendig; kaum eine andere Pflanze ist so verbreitet und so allgemein bekannt. Das war nicht immer so, denn die typischen Wuchsorte des Krautes sind erst in den letzten Jahrhunderten vom Menschen geschaffen worden. Das Gänseblümchen ist eine Pflanze des Grünlandes, kommt aber auf Wiesen nie so recht zur Entfaltung, weil es von anderen, viel höheren Pflanzen beschattet und verdrängt wird. Allenfalls Maulwurfshügel geben der Pflanze dort bescheidene und zeitlich begrenzte Entwicklungsmöglichkeiten. Je öfter die Wiese gemäht wird, desto besser kann – jeweils kurz nach der Mahd – Bellis perennis wachsen. Vor hundert Jahren mähte man höchstens zweimal, heute oft viermal. Noch öfter werden die Rasenflächen geschnitten, und dort kann das Gänseblümchen fast das ganze Jahr blühen.

Rasenflächen kamen erst in der Neuzeit, im französischen und englischen Garten, im städtischen Park und in den bürgerlichen Hausgärten auf. So ist die Massenausbreitung des Gänseblümchens ganz jung; noch um die Jahrhundertwende hatte es nicht jedes Gebirgstal erreicht, heute findet man es überall. Im Mittelalter waren Gänseblümchen seltene Pflanzen. Es gibt nur wenige archäologische Funde. Aus antiken Schriftquellen ist nichts über Bellis zu erfahren. Bei den Germanen war die Blume der Göttin Freia geweiht, an deren Stelle im christlichen Mittelalter die Jungfrau Maria trat. Neben den anderen «Marienblumen», zu denen zum Beispiel auch Lilie und Rose gehören, wurde das Gänseblümchen seit dem 14. Jahrhundert in den Gärten gezogen. Die Pflanze erhielt seitdem zahlreiche, teils verballhornte Namen. «Maßliebchen» etwa stammt vom mittelhochdeutschen «matelief» ab; «mate» bedeutet Wiese, «lief» Blatt. Tausendschönchen heißt das Kraut seiner langen Blütezeit wegen. Zu gewissermaßen mystischer Bedeutung kamen die Blütenköpfe dadurch, daß man die randlichen Blüten zum allbekannten «Sie liebt mich, sie liebt mich nicht, sie liebt mich ...» auszupfte – ein schon seit langer Zeit überlieferter Brauch.

Als Gewürz zu Salat oder auch als Salat für sich kommen die Blätter oder nur deren zarte Spitzen in Frage, die man vorzugsweise im Frühjahr sammelt. Um 1500 wurde die Pflanze in England ausschließlich als Suppen- und Salatkraut angebaut. Das Gewürz, das heute in größter Fülle vor unserer Haustüre wächst, ist eigenartigerweise fast in Vergessenheit geraten. Auch für Kräuterbutter kann man die Blätter nehmen. Ebenso lassen sich die Blütenknospen verwenden, die ehemals als Flores Bellidi auch im Gebrauch der Ärzte und Apotheker waren: Sie helfen gegen Lungen- und Bronchialkatarrh. Eine merkwürdige Verwendungsmöglichkeit fanden die ostfriesischen Bauern: Sie steckten die dünnen und doch außerordentlich stabilen Stengel ihren Kühen in die Zitzen, um sie offen zu halten.

Gänsefuss

Der Wohlriechende Gänsefuß (Chenopodium ambrosioides), der auch Mexikanischer oder Jesuitentee heißt, ist ein Gänsefußgewächs (Chenopodiaceae). Das einjährige Kraut, das stark duftet und einen intensiven Geschmack hat, wird fast einen Meter hoch. Die entfernt gezähnten Blätter sind nach beiden Enden hin verschmälert und sehen im Umriß angenähert rautenförmig aus. An dem Punkt des Stengels, wo ein Blatt entspringt, steht auch je ein Blütenstiel mit kleinen grünlichen Blüten, die wie Knäuel um die Ansatzstellen kleinerer Blätter herumsitzen.

Die Pflanze stammt aus dem tropischen Amerika. Die Indianer entdeckten ihre würzende und heilende Eigenschaft (die Pflanze enthält Ascaridiol, einen Stoff, der sehr zuverlässig bei Wurmkuren angewendet werden kann). Nach Europa wurde die Pflanze angeblich von Jesuiten gebracht, und zwar im 17. Jahrhundert. Seitdem wird sie in Mitteleuropa (genauso wie in Nordamerika) gelegentlich angebaut. Seit etwa 1700 nimmt man Wohlriechenden Gänsefuß als Teesurrogat, und noch die moderne Medizin verwendet ihn als stark wirkendes Wurmmittel, warnt allerdings vor zu langer Anwendung in höheren Dosen. Dann nämlich kann es zu Vergiftungserscheinungen kommen, die in manchen Fällen bereits zum Tode geführt haben. In kleinen Mengen ist Herba bzw. Oleum Chenopodii aber völlig ungefährlich. Man kann das gesamte duftende Kraut – maßvoll dosiert – ohne Bedenken als Gewürz für Fleisch, Gemüse und Liköre verwenden. Es gibt übrigens auch Parfümsorten, denen Inhaltsstoffe des Jesuitentees beigegeben sind.

GAGELSTRAUCH

Der Gagelstrauch (Myrica gale), auch unter dem Namen Heide-Myrte bekannt, ist das einzige bei uns heimische Gewächs aus der Familie der Gagelsträucher (Myricaceae). Der bis zu mannshohe, sparrig verzweigte Strauch hat weidenähnliche Blätter und zweihäusige Blüten, männliche und weibliche also getrennt voneinander. Die winzigen Blüten erscheinen vor dem Austrieb der Blätter im frühen Frühjahr. Der Pollen wird von den männlichen Blüten zunächst auf einem Vorblatt deponiert und dann von dort aus vom Wind auf die weiblichen Blüten übertragen. Die Frucht ist mit zwei seitlichen Vorblättern verwachsen, sie sieht daher so aus, als habe sie drei Spitzen. Die Vorblätter machen die Frucht – als «Schwimmwesten» – schwimmfähig; sie kann ins Wasser fallen und dann dort auskeimen, wohin sie vom Wasser getrieben wurde.

Gagelsträucher sind in den küstennahen Gebieten West- und Nordeuropas, Sibiriens und Nordamerikas typische Pflanzen der Heidehochmoore, die zu den nährstoffärmsten Standorten gehören. Der Gagelstrauch kann nur deshalb dort fortkommen, weil Wurzelpilze ihn mit Stickstoff versorgen, den diese direkt aus der Luft gewinnen.

Der Name Gagel stammt aus Nordwesteuropa; «gal» bedeutet im Keltischen «nach Balsam duftend». Und das tut der Gagelstrauch: Äste, Blätter und Früchte sind reichlich mit Harzdrüsen bedeckt, die duftende Phenole und Terpene ausdünsten. Vor allem die Blätter wurden spätestens seit dem frühen Mittelalter als Gewürz gesammelt, worüber wir unter anderem durch die Heilige Hildegard von Bingen informiert sind. In Nordwest- und Nordeuropa war Gagel seit dieser Zeit die Bierwürze schlechthin. Gagel wurde dort so verwendet wie heutzutage der Hopfen, der damals noch nicht überall in Europa bekannt war. Gagelbier muß einen sehr guten Geschmack gehabt haben und wurde in diejenigen Teile Europas exportiert, in denen Myrica gale nicht wächst. Doch noch während des Mittelalters stellte sich heraus, daß Gagelbier sehr schädliche Nebenwirkungen hatte. Wer davon zu viel trank, lief Gefahr zu erblinden. Es gab sogar Todesfälle. Gagelbier wurde verboten, und zwar wohl zum ersten Mal im ostholsteinischen Mölln im 16. Jahrhundert. Endgültig verschwand der Gagel als Biergewürz in Norddeutschland aber erst nach 1723, als der Hannoversche Kurfürst Georg das Brauen von Gagelbier unter strengste Strafen gestellt hatte. Heute ist die Herstellung dieses Getränkes in den meisten Ländern verboten, in Deutschland unter anderem durch das Reinheitsgebot des Bieres. Der Gagel geriet als Gewürz in Vergessenheit und wird nur noch gelegentlich als Abwehrmittel gegen Ungeziefer (Motten, Flöhe) verwendet.

GALBANUM

Das Galbanum ist ein grün-gelbliches bis bräunliches Gummiharz, das aus der Pflanze Ferula gummosa, einem Doldenblütler (Apiaceae oder Umbelliferae) gewonnen wird. Auch andere

Ferula-Arten kommen für die Gewinnung des Harzes in Frage. Die Pflanzen haben dicke Stengel, fein zerteilte Blätter und gelbe Blütendolden. Aus Stengel und Wurzeln gewinnt man das an der Luft rasch hart werdende Gummiharz, das dem Asantharz ähnelt. Die Galbanum-Pflanzen wachsen wild in den Bergländern Persiens, Afghanistans und Indiens. Im Orient erkannte man den Nutzen des Harzes als Gewürz und Räuchermittel. Galbanum wird in der Bibel erwähnt. Die Römer importierten es aus dem Orient wie später die Engländer. Die Benutzung des bitteren Gewürzes, des Räuchermittels und auch des die Verdauung fördernden Heilmitttels ist heute zumindest in Europa aus der Mode gekommen.

Galgant ×

Der Galgant (Alpinia officinarum) und der Große Galgant (Alpinia galanga) sind Ingwergewächse (Zingiberaceae). Die einkeimblättrigen Pflanzen treiben aus einem langen, dicken, ausdauernden Rhizom, in dem ätherische Öle mit aromatisch und scharf schmeckenden Komponenten enthalten sind, mannshohe Stengel. Die dicklichen, sehr langen und auffällig zugespitzten Blätter umgeben die Triebe an ihrer Basis. Die duftenden weißen Blüten prangen an den Stengelspitzen, ihre Fruchtknoten reifen zu roten Beeren heran.

Die Pflanzen stammen aus Südostasien. Dort kam der Wurzelstock – ähnlich wie der des nahe verwandten Ingwers – zuerst in Gebrauch. Man verwendet zum einen die klein geschnittenen Wurzeln, zum anderen das daraus fein gemahlene Pulver. Über arabische Zwischenhändler kam Galgant ausgangs des Mittelalters nach Mitteleuropa. Damals muß Galgant hierzulande ein Modegewürz gewesen sein, er war – in doppelter Bedeutung – in aller Munde. Bereits Mitte des 19.Jahrhunderts meldet das Deutsche Wörterbuch, die Galgantwurzel sei «früher» in Gebrauch gewesen, die Mode war also damals vorbei. Zur Zeit der Renaissance hatte man große Hoffnungen in die Heilwirkung der scharf schmeckenden Wurzel gelegt, die deshalb den Beinamen Fieberwurzel erhielt. Diese Hoffnungen waren übertrieben, obwohl selbst die moderne Medizin nicht bestreitet, daß Rhizoma Galangae Magenkranken verschrieben werden kann.

Gegenwärtig hält Galgant zum zweiten Mal Einzug in Europa, und zwar gemeinsam mit internationalen Spezialitätengerichten, die immer beliebter werden. Nasi goreng, das Charaktergericht der indonesischen Küche, ist ohne Galgant nicht zu denken. Galgant kann ebenso den Geschmack von Fleisch, Fisch, Gemüse und Salat veredeln.

Gewürzstrauch

Der Gewürzstrauch (Calycanthus florida), ein Gewächs aus der Familie der Calycanthaceae, stammt aus dem Südosten Nordamerikas. Die Pflanze, die bis zu drei Meter hoch wird, trägt im Sommer ovale, zugespitzte Blätter und erdbeerähnlich duftende Blüten. Auch die Rinde hat einen intensiven Geruch.

Im Gegensatz zu dem, was der Name nahelegt und was der angenehme Geruch vermuten läßt, wurde die Pflanze nur selten als Gewürz gebraucht. Bekannt ist sie als Zierstrauch im Garten. Der Gewürzstrauch wurde 1726 in England und im 19. Jahrhundert in Deutschland eingeführt. Annette von Droste-Hülshoff schrieb damals verwundert über den neumodischen Strauch: «Soeben habe ich die Entdeckung gemacht, daß einige Blüthen des Gewürzstrauchs, die diesen Mittag noch sämmtlich völlig geruchlos waren, ihren Duft in der Abendluft losgegeben haben.» Daß Blüten nur zu bestimmten Tageszeiten duften, ist gar nicht einmal so ungewöhnlich. Bei Calycanthus florida ist der Geruch so intensiv und betörend, daß allein er wohl bei der Namensgebung der Pflanze Pate stand.

Granatapfelbaum

Der Granatapfelbaum (Punica granatum) ist eine von insgesamt nur zwei Pflanzenarten, die die Familie der Granatapfelbäume (Punicaceae) bilden. Die Pflanze ist von strauchartigem Wuchs oder ein kleiner Baum mit kaum fingerlangen ganzrandigen Blättern, die im Winter abfallen, und mit im Sommer geöffneten leuchtend roten Blüten. Der daraus heranreifende Granatapfel, auch Granate genannt, ist ein Gebilde, das die Phantasie aller Völker und Zeiten beschäftigte: Die Frucht hat die Größe eines Apfels, ihre Schale ist erst rot, dann braun, sie wird von den Kelchblättern bekrönt. In der Frucht befinden sich sehr zahlreiche Samen, die «Körner», die in der Antike «grana» hießen und der Pflanze den Namen gaben. Die «grana» liegen unregelmäßig dicht an dicht in Abteilungen, die helle Häute im Innern der Frucht begrenzen. Wegen seiner vielen Samen galt der Granatapfel seit Urzeiten als Fruchtbarkeitssymbol. Das Geschoß Granate verdankt der Frucht seinen Namen, weil sich beide in der Form gleichen und weil das Geschoß genauso zerplatzt wie die reife Frucht, wenn sie die Samen ausschleudert.

Seine natürlichen Standorte hatte der Baum wohl im ostmediterranen und vorderasiatischen Raum, doch genau läßt sich das schwer festlegen, weil der Mensch schon sehr frühzeitig zur Ausbreitung des Baumes beigetragen hat, ohne darüber sichere Nachrichten zu hinterlassen. Sowohl im Zweistromland als auch in Ägypten war der Granatapfel um die Mitte des dritten vorchristlichen Jahrtausends bereits beliebt. Man fand die Früchte als Beigabe in Gräbern Ägyptens. Die Ägypter erfanden ein bis auf den heutigen Tag am Mittelmeer beliebtes Erfrischungsgetränk aus Granatensaft, das Grenadine oder Scherbet heißt. Granatäpfel wurden auf altpersischen und altindischen Teppichen dargestellt, der Hohepriester der Juden trug sein Abbild auf seinem Leibrock, und die Kapitäle des Salomonischen Tempels waren Granatäpfeln nachgebildet. Während des zweiten vorchristlichen Jahrtausends wurde die

Pflanze sogar bis nach China exportiert. In Hellas waren die Granatäpfel als Fruchtbarkeitssymbol den Göttern Adonis, Aphrodite, Hera und Persephone geweiht. Granatäpfel, die «Äpfel des Paris», finden sich auf zahlreichen antiken Münzen dargestellt; in mykenischer Zeit wurden sie in Vasenform nachgebildet. Sie spielen eine Rolle in dem noch heute üblichen, auf die Antike zurückgehenden Brauch, vor Hochzeitspaaren einen reifen Granatapfel auf den Boden zu werfen, damit dieser zerspringe (bei uns ist an die Stelle dieses Brauches der Polterabend getreten!). Die Etrusker und Römer erhielten die Frucht erst von den seefahrenden Puniern oder Karthagern, weswegen sie Punica genannt wurde. Die Granaten kamen auch bei den Römern zu größter Beliebtheit, sie wurden auf pompejanischen Fresken dargestellt. Ins Gebiet des westlichen Mittelmeeres gelangte die Frucht unter dem Einfluß der Mauren. Sie ist im Stadtwappen von Granada abgebildet (die Stadt erhielt ihren Namen jedoch wohl nicht von der Frucht). Auch das spanische Landeswappen zeigt – wie viele andere Flaggen – den Granatapfel. Granatapfelornamente fanden Eingang in die maurisch beeinflußte Kunst der Gotik und Renaissance. Im Christentum wurde das Fruchtbarkeitssymbol auf die Jungfrau Maria übertragen. Seit dem Mittelalter werden Granatäpfel als Südfrüchte aus dem Mittelmeergebiet über die Alpen nach Mitteleuropa exportiert.

Der überaus großen Bedeutung, die die Pflanze in der Mythologie spielt, steht eine eher kleine als Gewürz gegenüber. Granatäpfel sind, wie bereits erwähnt, Basis verschiedener nichtalkoholischer und alkoholischer Getränke (letzteres ist seit biblischer Zeit nachgewiesen). Die Samen gelangen als erfrischende Würze an Fruchtspeisen, zum Beispiel an Obstsalat. Aus der Rinde (Cortex Granati) stellt man ein außerordentlich wirksames Wurmmittel her, das aber, weil gesundheitsschädlich, nur mit äußerster Vorsicht angewendet werden darf.

Gundermann

Der Gundermann (Glechoma hederacea), ebenso unter dem Namen Gundelrebe bekannt, entstammt der Familie der Lippenblütler (Lamiaceae oder Labiatae). Seine am Boden entlangkriechenden Triebe sind auch im Winter belaubt. Sprosse und Blätter sind weich behaart. Die Blätter ähneln entfernt denen von Efeu; Gundermann war daher früher nach unsystematischer botanischer Terminologie Hedera terrestris, das Erd-Efeu. Die Blätter sind öfters violett überlaufen, von derselben Farbe, die auch die Blüten haben. Die Blütenkrone, in eine kürzere Ober- und eine längere Unterlippe gespalten, ragt weit aus dem kleinen Kelch hervor. Blütezeit ist vor allem das Frühjahr, doch kann der Gundermann auch nochmals im Herbst Blüten tragen. Die ganze Pflanze hat einen angenehmen Geruch und gute würzende Eigenschaften in der Küche, die auf dem Gehalt an ätherischen Ölen, Bitter- und Gerbstoffen beruhen.

Der Gundermann wächst fast überall in Europa wild, außer ganz im Norden und am Mittelmeer, auch auf den meisten Nordseeinseln gibt es die Pflanze nicht. In Asien gedeiht die Pflanze in ungefähr denselben Breiten wie in Europa, ihr östlichstes Wuchsgebiet ist Japan. Die mediterranen Hochkulturen kamen mit dem Gundermann kaum in Berührung; ihre Autoren erwähnen das Kraut nicht. Nördlich der Alpen hat der Mensch dagegen wohl schon seit Jahrtausenden eine Beziehung zu der Pflanze, über die nichts Schriftliches fixiert wurde, sondern die in Sagen ihren Niederschlag fand. In mythischen Vorstellungen steht der Gundermann – die Herkunft des Namens ist nicht befriedigend geklärt – besonders beim Milchzauber an zentraler Stelle. Gundermann war das Kraut, das den Milchreichtum der Kühe erhöhte; Zaubersprüche dazu sind ab dem 12. Jahrhundert schriftlich überliefert. Verbreitet war es Brauch, Kühe durch einen Gundelrebenkranz hindurch zu melken, wenn sie im Frühjahr zum ersten Mal auf die Weide kamen. Überhaupt spielte Gundermann im Frühjahr eine besondere Rolle. War er doch das Kraut, das man tragen mußte, wollte man in der Walpurgisnacht die Hexen sehen! Daß man dem Gundermann im Frühjahr besondere Beachtung schenkte, liegt natürlich daran, daß er zu den ersten Kräutern gehört, die in Wald, Feld, Garten und Wiese grünen und blühen. Vielerorts wird er besonders im Frühjahr als Gewürz gesammelt. In Niederdeutschland ist er Bestandteil des «Negenderlei», der neun Kräuter für die grüne Suppe am Gründonnerstag. Frisch schmeckt das Kraut etwas herb, seine leichte Bitterkeit kann man ihm jedoch durch Kochen oder Trocknen nehmen. Dann ist es eine köstliche Zutat zu Salaten, Suppen, Spinat, Kräuterquark, Kartoffeln und anderen Gerichten. Es gibt außerdem mit Gundermann gewürzte landestypische Spezialitäten, unter denen die «Kummeradlpflanz», ein flaches, rundes Gebäck aus dem Böhmerwald, genannt werden muß, das tschechische Osterfleisch (Rind-, Kalb- und Schweinefleisch, Eier und Kräuter gemischt) und ein pommersches Eiergericht, in dem ebenfalls Gundermann als Würze nicht fehlen darf. Allgemein wissen aber immer weniger Menschen, daß man mit dem Kraut Speisen geschmacklich veredeln kann.

Die Pflanze ist bei uns allgemein häufig. Dennoch wurde sie auch gelegentlich angebaut, zuerst wohl in den mittelalterlichen Klostergärten. Den Mönchen kam es dabei darauf an, Gundermann als Heilpflanze ständig zur Verfügung zu haben, denn die Klostergärten waren ja nichts anderes als «lebende Apotheken». Gundermann wurde gegen Pest, Schwindsucht, Ruhr, Wunden und Geschwüre empfohlen, doch kann die moderne Medizin die Wirkung nicht bestätigen.

GUTER HEINRICH

Der Gute Heinrich (Chenopodium bonus-henricus) ist ein ausdauerndes, immergrünes Gänsefußgewächs (Chenopodiaceae) mit halbmeterhohen Trieben, dreieckigen Blättern, die wie die Spitzen von Spießen aussehen, und sehr zahlreichen grünlichen Blüten, die vom Frühjahr bis zum Herbst ihre Blühzeit haben.

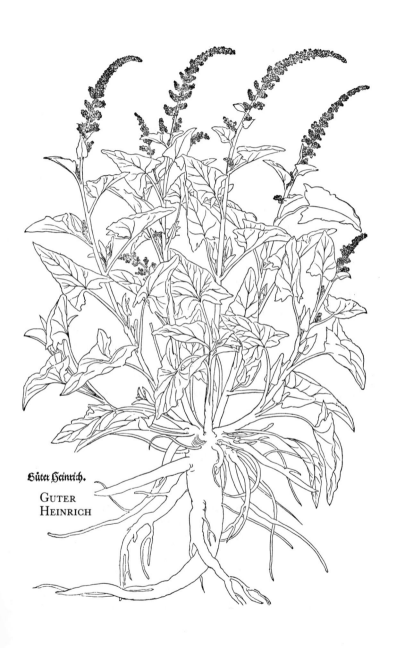

Guter Heinrich.

GUTER HEINRICH

Der Gute Heinrich kommt fast überall auf der Nordhalbkugel der Erde an nährstoffreichen Plätzen vor, besonders in der Nähe von Straßen, Siedlungen und Viehlägern. Seinem Wuchsort nahe der Häuser soll er seinen Namen verdanken; Heinrich ist nach mythologischer Vorstellung der König des Heimes. Der Name könnte auch mit der Sage vom aussätzigen Armen Heinrich in Verbindung stehen – dies ist deshalb plausibel, weil die Pflanze bei Hautkrankheiten heilend wirkt. Guter Heinrich duftet und schmeckt aromatisch und ist daher immer wieder als Gewürz und als spinatähnliches Gemüse empfohlen worden. Gelegentlich wurde er sogar angebaut, doch war dies in traditionellen Bauerndörfern fast nicht nötig. Guter Heinrich wuchs überall; an jeder Hauswand und an jedem Gartenzaun konnte man die jungen Blätter von noch nicht blühenden Pflanzen sammeln, mußte aber sofort durch Zerreiben der Blätter den Duft überprüfen, denn es gibt sehr ähnliche Gänsefußarten, die schlecht riechen und schmecken.

Würzen kann man mit den Blättern des Guten Heinrich Gemüse, Salate und Kräutersuppen. Das Gewürz wird heute kaum noch verwendet, und auch die Pflanze, ehedem so häufig, beginnt in den Dörfern selten zu werden durch das Teeren und Betonieren ihrer ehemaligen Wuchsorte und im Zuge der allgemeinen Säuberung der Dörfer, bei der die Devise gilt: «Unkraut muß weg!»

Haselnuss ✕

Die Haselnuß ist die Frucht des Haselbusches (Corylus avellana), eines Birkengewächses (Betulaceae). Jeder kennt den maximal einige Meter hohen Busch mit seinen zugespitzt rundlichen Blättern und den sehr zeitig im Frühjahr erscheinenden pollenreichen männlichen Blütenkätzchen, von denen aus der Wind und die ersten Bienen den Blütenstaub zu den winzigen weiblichen Blüten tragen. Aus diesen Blüten entwickeln sich bis zum Herbst die allbekannten Nüsse – je mehr davon heranwachsen, desto strenger soll der Winter werden und desto mehr

Kinder sollen geboren werden. Die harten Nüsse muß man knacken, um an die weicheren, ölreichen Samen heranzukommen; man findet sie aber nur, wenn einem nicht der Haselnußbohrer, ein kleiner Rüsselkäfer, zuvorgekommen ist. Oft sind die Nüsse taub; sie haben dann ein Loch in der Schale zum Zeichen dafür, daß der Käfer den Samen aufgefressen hat. Haselnüsse kommen in fast ganz Europa und in angrenzenden Teilen Asiens wild vor. Schon sehr bald nach dem Ende der letzten Eiszeit verbreitete sich der Strauch über ganz Europa. Seine Früchte wurden von Steinzeitmenschen bereits in Massen gesammelt, geknackt und gegessen. Die Beliebtheit der Haselnüsse blieb über Jahrtausende bis auf den heutigen Tag bestehen. Schon seit antiker Zeit werden Haselnüsse auch richtiggehend angebaut. Man kennt heute sehr zahlreiche Kultursorten, die im Lauf der Jahrhunderte herausgezüchtet wurden.

Ganze oder fein gemahlene Haselnußsamen sind Bestandteil von Kuchen und Gebäck, auch gerade von weihnachtlichem Naschwerk. Man kann damit außerdem Fleisch würzen sowie Gemüse – gemahlene Haselnüsse an Rosenkohl schmecken köstlich. Geröstete Haselnüsse sind ein wichtiger würzender Bestandteil der Romesco-Soße.

Als sehr häufiger Strauch hat der Haselbusch eine ungemein große Bedeutung in der Volksphantasie. So gut wie nie scheint der Blitz in einen Haselstrauch einzuschlagen, was sogar durch wissenschaftliche Abhandlungen bestätigt wurde. Das wußten bereits die alten Germanen, die den Busch dem Donner- und Fruchtbarkeitsgott Donar weihten. Haselgerten werden gerne als Wünschelruten verwendet, um Wasseradern und Schätze zu finden. In der Medizin galten Haselnüsse einst als Heilmittel gegen Krebs, Wechselfieber und vieles andere. Mittelalterliche Ärzte bemerkten aber, daß Magenkranke lieber keine Haselnüsse essen sollten. Heutzutage sind Haselnüsse ein Ausgangsprodukt für Leber-Gallen-Tee. Das Holz ist weich und läßt sich gut spalten, ist aber nicht sehr dauerhaft. Es eignet sich gut als Brennholz.

Hopfen

Der Hopfen (Humulus lupulus) wird von den botanischen Systematikern entweder in die Familie der Maulbeergewächse (Moraceae) oder in die Familie der Hanfgewächse (Cannabaceae) gestellt. Er ist eine krautige, ausdauernde Pflanze mit bis zu sechs Meter langen Trieben, die sich rechtswindend um Baumstämme ranken. Die langstieligen Blätter sind entweder ungeteilt oder drei-, fünf- oder sogar siebenlappig, ihr Rand ist gezähnt. Es gibt männliche und weibliche Pflanzen – nur selten finden sich männliche und weibliche Blüten zugleich auf einer Pflanze. Hopfen blüht im Mai. Die winzigen männlichen Blüten formen zu mehreren ein rispenartiges Gebilde. Jede Blüte hat fünf grünlichweiße Blüten- und fünf Staubblätter. Die weiblichen Blüten sitzen in einer Scheinähre beisammen; ihre Fruchtknoten werden vom Pollen der männlichen Blüten bestäubt. Daraus wachsen dann von zwei Nebenblättern eingefaßte Früchte. Die Fruchtstände sind jene zapfenartigen Gebilde, bekannt unter dem Namen «Hopfendolden». Sie sind von Drüsen bedeckt, die Lupulon und Humulon ausscheiden, Substanzen, die für den würzigen Hopfengeschmack verantwortlich sind.

Der Hopfen ist fast überall in Europa einheimisch; die Pflanze wächst auf feuchtem Boden und an Waldrändern, oft auch an alten Baumstämmen, die sie ganz und gar überwuchern kann. Die Nutzung der Pflanze mag alte Ursprünge haben, bezeugt ist sie erst aus dem frühen Mittelalter. Damals nämlich wurde Hopfen zur Bierwürze par excellence. Vor allem die Klosterbrüder propagierten den Hopfenanbau, denn sie brauten sehr viel Bier. In traditionellen Hopfenanbaugebieten wie der bayerischen Holledau wurde damals die Kultivierung begonnen, und zwar in speziellen Hopfengärten, deren Existenz in frühen Urkunden des Stiftes Freising bezeugt ist. Die Hopfenkultur nahm innerhalb des gesamten Ackerbaus eine besondere Stellung ein, weil sie rund fünfundzwanzig Jahre besteht und sich daher nicht in den Rhythmus der mittelalterli-

Hopffen.
HOPFEN

chen Dreifelderwirtschaft integrieren ließ. Hopfenfelder erhielten besondere Standorte, Plätze, die in vielen Fällen jahrhundertelang für den Hopfenanbau verwendet wurden. In den Hopfengärten wurden lange Stangen gesetzt (später Drähte gezogen), an denen sich die Pflanzen emporwinden können. Der Anbau galt nur den weiblichen Pflanzen, denn nur in den «Zapfen» sind ja die bitteren Würzstoffe enthalten, die man gewinnen und dem Bier zusetzen will. Bier, das Gebräu aus Gerste oder Weizen, hat eine längere Geschichte als der Hopfenanbau. Hopfen wurde jedoch zum wichtigsten Biergewürz nicht nur aus geschmacklichen Gründen, sondern auch, weil seine Inhaltsstoffe antibakteriell wirken. Außerdem sollen sie angeblich männliche Geschlechtstriebe beeinträchtigen (ob Hopfenbier deswegen in den Klöstern gebraut wurde?). Im Mittelalter begann eine intensive Züchtung von zahlreichen Hopfenrassen. Man ging bald dazu über, nur noch unbefruchtete Hopfenpflanzen anzubauen, die in ihren Zapfen die Inhaltsstoffe in besserer Qualität enthalten. Männliche Pflanzen mußten aus der näheren und weiteren Umgebung der Hopfengärten verschwinden. Die Pflanzen werden seitdem aus sogenannten Fechsern vermehrt, kleingeschnittenen vorjährigen Trieben, die unter die Erde gebracht werden und austreiben.

Der Hopfenanbau konzentriert sich auf wenige Anbaugebiete, er ist durch besondere gesetzliche Vorschriften geregelt, die in juristischen Werken des Mittelalters erstmals festgelegt wurden. Traditionell besonders wichtig sind die deutschen Hopfenanbaugebiete in der Holledau (im Gebiet zwischen Ingolstadt, Regensburg und Freising), in der Umgebung von Nürnberg und im südlichen Oberschwaben (bei Tettnang und Friedrichshafen). Mildes Klima ist Voraussetzung für erfolgreichen Hopfenanbau ebenso wie ein mergeliger, sandiger Boden. Immer sind es sanfte Hügelhänge, besonders deren Südseiten, an denen die Hopfenfelder angelegt werden. Nirgends gibt es Hopfengärten in der Ebene und am Grunde der Täler, wo sich in kalten Nächten im Mai die eisigen Luftmassen sammeln und die empfindlichen Hopfenpflanzen zum Erfrieren bringen. Der Hopfenanbau prosperierte gewaltig bis zum Ende des 19. Jahrhunderts. 1885 hatte die Hopfenanbaufläche in Deutschland ihre größte Ausdehnung erreicht. Seitdem wurden viele Hopfengärten aufgegeben, weil Importhopfen (aus Nordamerika) auf dem Weltmarkt billiger wurde und weil seitdem die Hopfenmenge, die die Brauereien benötigen, gesunken ist. Einige tausend Hektar groß sind die Hopfenanbauflächen jedoch immer noch, ausgedehnt genug, um das Bild ganzer Landschaften zu prägen.

Hopfen kann auch als Speisegewürz verwendet werden, was nicht allgemein bekannt ist – so etwa zu Suppen und Getränken, zum Beispiel auch zu Met. Hopfensprossen lassen sich zu Salat (schon im alten Rom bekannt) und zu spargelähnlichem Gemüse zubereiten. Weil der Hopfen in seinen Stengeln sehr lange Faserzellen hat, verarbeitete man diese zu Geweben. In Vergangenheit und Gegenwart war der Hopfen bedeutungsvoll als Medizinalpflanze. Seine Inhaltsstoffe regen Magen und Darm an. Hopfentee ist ein bekanntes Beruhigungs- und Schlafmittel. Der Hopfen soll bereits in gleicher Weise wirken, wenn man nur seine Zapfen ins Kopfkissen packt und sich darauf zum Schlummern legt.

Damit sind wir aber schon an der Grenze zu abergläubischen Vorstellungen angelangt; man sagt, daß der Mädchenwunsch, lange Haare zu bekommen, in Erfüllung geht, wenn man einige abgeschnittene Strähnen mit Hopfen in die Erde legt – dann sollen die Haare so schnell wie das Rankgewächs länger werden. Die Ranken kann man zu Kränzen winden; man trug sie, um Heiterkeit zur Schau zu stellen. Befiehlt man aber jemanden, Hopfenranken zu tragen, so will man ihm damit bedeuten, daß er zu viel aus dem Nähkästchen geplaudert hat. Volkssagen spielen auch auf den besonderen materiellen Wert des Hopfens an, dessen Jahres-Qualität man in der Christnacht prophezeit bekommt. Wer Hopfen zum Verkauf auf dem Speicher gelagert hat, dem zeigen freundliche Zwerge durch Umherwerfen der Säcke einen bevorstehenden guten Handelsabschluß an.

Ingwer

Der Ingwer (Zingiber officinale) ist die namengebende Pflanze der Familie der Ingwergewächse oder Gewürzlilien (Zingiberaceae). Die Pflanze treibt aus knollig verzweigten Wurzelstökken meterhohe Stengel mit schilfrohrähnlichen Blättern. In den Wurzelstöcken sind zu etwa zwei Prozent scharf und aromatisch schmeckende ätherische Öle und Gingerol enthalten, deretwegen Ingwerwurzeln als Gewürz Verwendung finden. Wildformen gibt es heute nicht mehr, man vermehrt den Ingwer in der Kultur durch Teilen der Wurzelstöcke.

Der Ingwer ist eine uralte tropische Kulturpflanze, die ursprünglich wohl in Südostasien beheimatet war. Seine ältesten Erwähnungen stammen aus chinesischen Quellen (zweites Jahrtausend vor Christus) und aus der indischen Weda. Von dort aus scheint Ingwer zunächst in die Tropen Ostafrikas exportiert worden zu sein. Plinius nennt das Land Juba, das heutige Somalia, als Herkunftsland des in Rom verwendeten Ingwers, mit dem zum Beispiel Fleischspeisen gewürzt wurden und der Teil des römischen Würzsalzes war. Mitteleuropa lernte die Pflanze zur Zeit der Kreuzzüge kennen, als die Kreuzritter sie aus dem Orient mitbrachten. Die seefahrenden Nationen des Mittelalters trieben besonders intensiven Handel mit Ingwerwurzeln. Wichtige Stapelplätze für das Gewürz waren damals die Häfen von Lissabon und Genua. Sehr früh wurde das Gewürz auch in die Tropen der Neuen Welt eingeführt; 1547, gut ein halbes Jahrhundert nach der Entdeckung Amerikas, wurden aus Jamaika bereits 22 000 Zentner Ingwerwurzeln nach Europa exportiert. Welch eminente wirtschaftliche Bedeutung dies hatte, läßt sich daraus ableiten, daß zur gleichen Zeit in Mitteleuropa ein Pfund Ingwer so viel kostete wie ein Schaf. So teuer ist das Gewürz heute längst nicht mehr. Es wird nun überall in den Tropen angebaut, und zwar nie in der prallen Sonne, sondern im Schatten anderer Gewächse.

Bei der Vorliebe, die die seefahrenden Nationen für Ingwer hegen, ist es geblieben. Die Araber verbrauchen pro Kopf etwa dreißig Mal so viel Ingwer wie die Deutschen, und hierzulande ist Ingwer an der Küste beliebter als im Binnenland. An der Nordsee dient er nicht nur als Speisegewürz, sondern ist auch Zutat zum heiß servierten Ingwerbier, das zu kalter Winterszeit Herz und Seele der Schlittschuhläufer zusammenhält. Ingwerbier, Ingwerlimonade («Ginger Ale»), Ingwermarmelade und Ingwersuppe sind englische Spezialitäten, die auch in Nordamerika serviert werden, und in Skandinavien ist Ingwer schon seit langer Zeit selbst in den entlegensten Tälern eines der wichtigsten Weihnachtsgewürze – nachzulesen in Marie Hamsuns berühmtem Kinderbuch «Die Langerudkinder».

Im Handel erhält man Ingwer heute in mehreren Formen: als Pulver oder als ganze Knolle, deren Bezeichnung in Abhängigkeit davon variiert, wie und ob sie geschält wurde. Schwarzer oder Barbados-Ingwer ist nicht geschält, Bengalischer Ingwer nur an den flachen Seiten der Wurzel und Weißer oder Jamaika-Ingwer völlig. Weil das Schälen der knollig verzweigten Ingwerwurzel besonders mühsam ist, muß man für letztgenannte Handelsform am meisten bezahlen. Früh geernteter Ingwer schmeckt relativ mild und eignet sich zum Kandieren von Gebäck. Die später ausgegrabenen Wurzeln haben einen schärferen Geschmack; sie werden vor allem in der fernöstlichen Küche in ganz kleinen Dosen zu Fleisch und Gemüse gegeben. Ingwer ist in zahlreichen Gewürzmischungen (z. B. Curry) enthalten. Ingwerwurzeln bekommt man in Gewürzläden und im «Notfall» (wenn man Magendrücken hat) auch beim Apotheker; dort muß man Rhizoma Zingiberis verlangen.

Ingwergras

Das Ingwergras (Cymbopogon martinii) aus der Familie der Süßgräser (Poaceae oder Gramineae) enthält in den ausdauernden Wurzeln, in den langen Blättern und in den Spelzen seiner vielblütigen Rispen ein duftendes ätherisches Öl, das in der tropischen indischen Heimat des Grases schon seit Urzeiten als Gewürz verwendet wird. Als Handelsprodukt des Vorderen

Orients gelangte das Gewürzgras ins Heilige Land. Auch im Alten Testament wird es erwähnt. Ingwergras sieht anderen Grasarten aus der Gattung Cymbopogon sehr ähnlich, und der würzende Geschmack ist für jede Art charakteristisch. Aus dem Ingwergras gewinnt man das Palmerosaöl. Im Orient wird das «Würzrohr» heute noch angebaut und in den Küchen verwendet.

Kakao-Baum

Der Kakao-Baum (Theobroma cacao) wird von den Pflanzensystematikern in die Familie der Sterculiaceae gestellt. Das Gewächs ist wild nur einige Meter, in der Kultur oft über zehn Meter hoch. Sein lederiges dunkelgrünes Laub bildet eine breite Krone. Die rosaroten Blüten entspringen direkt dem etwas knorrigen Stamm und den dickeren Ästen, ein eigenartiges Phänomen, das schon viele Botaniker beschäftigt hat und Kauliflorie genannt wird. Aus den Fruchtknoten werden bis zu fünfundzwanzig Zentimeter lange Früchte, die in ihrem Inneren zwanzig bis vierzig Samen, die «Kakaobohnen» enthalten. Wegen bestimmter charakteristischer Inhaltsstoffe (wichtig ist vor allem das Theobromin, das dem Coffein chemisch nahe verwandt ist) und wegen ihres Fettreichtums werden Kakaobäume kultiviert. Wild wachsen sie in den Tropen Mittelamerikas, wo sie die Indianer in Kultur nahmen. Die mexikanischen Ureinwohner nannten den Baum «Cacaua», die Azteken und Tolteken stellten aus den Samen ein schäumendes Getränk her, das sie «Chocolatl» (übersetzt: Schaumwasser) nannten. 1502 entdeckte Kolumbus «Chocolatl» in einem Indianerboot vor Honduras, wenige Jahre später brachte Hernando Cortez etwas davon nach Spanien. Bis zum Ende des 17. Jahrhunderts wurden Kakaobohnen dann überall in Europa bekannt. In Deutschland wurde Kakao zuallererst von der Ratsapotheke zu Braunschweig angeboten (1640), in London eröffnete man 1657 das erste «chocolate house». Sehr hohe Steuern sorgten dafür, daß Kakaoprodukte damals nur von sehr reichen Leuten gekauft werden konnten. Erst in der ersten Hälfte des 19. Jahrhunderts wurden die Steuern gesenkt, so daß sich auch weniger bemittelte Kundschaft das Luxuserzeugnis leisten konnte.

In Südamerika und in Südeuropa kennt man Kakao nicht nur als Genußmittel, sondern auch als Gewürz zu Fleischspeisen und Gemüse. Kakaopflanzungen gibt es heute überall in den Tropen bis etwa zum dreizehnten Breitengrad. Die Bäume gedeihen am besten im Schatten anderer Gewächse. Die Samen werden nach der Ernte fermentiert, wobei sich Aromastoffe bilden und die ursprünglich weißen «Bohnen» braun werden. Durch Rösten wird die harte Samenschale entfernt. Man kann die Samen zu Rohschokolade vermahlen und daraus dann die ölig-fettige Kakaobutter auspressen. Der Rückstand ist das trockene Kakaopulver. Dieses heute allgemein übliche Verfahren der Kakao-Aufbereitung wurde 1828 von dem Holländer van Houten entdeckt, dessen Name mit einer der bekanntesten Schokoladenmarken verbunden ist. Die heute am weitesten verbreitete Form der Schokolade ist die Milchschokolade, die eine Schweizer Erfindung ist und nirgendwo so köstlich schmeckt wie im Land der Eidgenossen. Kakaobutter war als «Oleum Cacao» offizinell; man bereitete daraus eine schlüpfrige Masse für Fieberzäpfchen.

Kalmus

Der Kalmus (Acorus calamus) gehört der Familie der Aronstabgewächse (Araceae) an. Die ausdauernde Pflanze wird bis weit über einen Meter hoch. Ihren dreikantigen Stengel treibt sie aus einer knollig verdickten, bis halbmeterlangen Wurzel. Die grasartigen Blätter stehen in zwei Zeilen am Stengel. An dessen Spitze wächst ein kolbenartiger Blütenstand heran, der erst eher grün, später bräunlich ist. Er wird noch überragt von der Spatha, einem für die Aronstabgewächse charakteristischen Hochblatt, das wie die Fortsetzung des Stengels aussieht und den Blütenstand zur Seite zu drücken scheint. Das Rhizom (die Wurzel) duftet stark aromatisch, weil es verschiedene ätherische Öle enthält, zugleich hat es aber auch einen gewürzhaften Geschmack, der vom Acorin, einem für die Pflanze typischen Glykosid, und anderen Bitterstoffen hervorgerufen wird. Die Wurzeln werden daher seit Jahrtausenden gesammelt und in den Küchen ähnlich wie die des Ingwers als Gewürz verwendet.

Die Heimatländer der Pflanze sind Südostasien und Nordamerika, vielleicht sind auch die Wuchsorte im Osten Sibiriens und am Schwarzen Meer für natürlich zu halten. Älteste Hinweise auf die Nutzung des Kalmus stammen aus China (zweites Jahrtausend vor Christus) und Indien. Alexander der Große hat angeblich die Kalmuswurzel aus dem Orient mit nach Hause gebracht; Theophrast, Dioskurides und Plinius schrieben völlig zutreffend, Indien oder ein «Land jenseits des Libanons» sei die Heimat der Pflanze, deren Drogen als Heilmittel von der antiken Welt importiert wurden. Die Medizin wurde vor allem als Magenmittel verwendet. Auch den mittelalterlichen Pflanzenschriftstellern war der Kalmus lediglich als indische Nutzpflanze bekannt. In Polen kultivierte man ihn bereits im 13. Jahrhundert, in Mitteleuropa wurde er erst später populär: Im Jahre 1557 machte der kaiserliche Gesandte am Hof des osmanischen Reiches in Konstantinopel, Augerius Ghislenius Busbequius, zusammen mit seinem Arzt Wilhelm Quackelbeen eine Reise ins nordwestliche Kleinasien. Die beiden fanden an einem See bei Nicomedia in Bithynien eine für sie ungewöhnliche Pflanze: den Kalmus. Busbequius schickte das Gewächs an Mattioli, einen in Prag lebenden bedeutenden Botaniker, der den Kalmus ertmals wissenschaftlich beschrieb. Wenige Jahre später gelangte eine weitere Sendung mit Kalmuspflanzen nach Wien, und nun stand der weiteren Verbreitung der Pflanze über Mitteleuropa nichts mehr entgegen. Der Landgraf von Hessen hatte sie 1586 in seinem Garten, wenig später zogen sie die Apotheker, und nochmals wenige Jahrzehnte danach war der Kalmus überall in Wassergräben verwildert – 1728 wuchs er hinter dem Haus des Ulmer Scharfrichters. Der Kalmus ist heute bei uns so weit verbreitet, daß sich kaum noch ahnen läßt, daß er erst vor wenigen Jahrhunderten zu uns gebracht wurde. Doch das Röhricht-Gewächs blüht nur selten und fruchtet nie – Beweise dafür, daß es eigentlich in wärmeren Klimazonen heimisch ist, in denen die Vegetationsperiode länger ist oder niemals unterbrochen wird. Bei uns teilen sich die Rhizome natürlicherweise und werden vom Wasser an neue Wuchsorte verschwemmt. Oft hat aber auch der Mensch bei der Ausbreitung der Pflanze «nachgeholfen», indem er die Wurzeln ausgrub, teilte und anderswo im feuchten Uferschlamm wieder vergrub.

Der Kalmus wurde eine allbekannte Pflanze, die überall in Deutschland, im Nordwesten wie in Bayern, zu Fronleichnam auf den Prozessionsweg gestreut wurde und daher in Niederbayern «Prang-Gras» heißt (Prangertag ist ein anderes Wort für Fronleichnam). Anderswo in Norddeutschland streut man an Pfingsten Kalmusblätter ins Wohnzimmer. Kalmus wirkt gegen Hexen und böse Geister. Besonders beliebt war er als Spielzeug der Dorfkinder, die Zigarren und Pfeifen aus den Blütenkolben, Säbel aus den Blättern und Bajonette aus den blühenden Pflanzen machten, zarte Blätter aßen, damit handelten und das Blütenhüllblatt zum Musikinstrument werden ließen. Die Nutzung des Wurzelstockes als Gewürz ist heute bei uns nahezu ganz in Vergessenheit geraten. Das Gewürz kann man ähnlich wie Ingwer verwenden; es paßt besonders gut zu Obstgerichten und -getränken und läßt sich auch kandieren. Vielseitig ist seine Verwendung besonders in der asiatischen Küche. Es ist in der Curry-Gewürzmischung enthalten. Die Wurzeln müssen vor dem Verzehr unbedingt getrocknet werden, weil sie in frischem Zustand Brechreiz hervorrufen. Medizinisch wird der Kalmus besonders bei Magenschwäche empfohlen, im Orient dient er als Aphrodisiakum.

KAMMINZE

Die Kamminze (Elsholtzia ciliata), ein Lippenblütler (Lamiaceae oder Labiatae), ist ein einjähriges Gewächs. Die halbmeterhohen Sprosse tragen gestielte, ringsum gekerbte Blätter und ährenähnliche Blütenstände aus rosafarbenen Blütchen mit aufgewölbter, kürzerer Ober- und etwas längerer Unterlippe. Die Pflanze blüht im Hochsommer und fruchtet im Herbst. Sie enthält wohlriechende ätherische Öle, dank derer sie in ihrer ost- und zentralasiatischen Heimat zur genutzten Gewürzpflanze wurde, die man auch anbaute. Die Slawen brachten sie im Mittelalter nach Mitteleuropa, wo das Gewürz von anderen Völkern allerdings nicht übernommen wurde. Sie wird heute in Europa kaum mehr angebaut oder in den Küchen verwendet, doch kann man das Kraut, aus Gärten verwildert, bei uns immer noch finden – allerdings nur dort, wo im Mittelalter die Slawen saßen: Die westliche Verbreitungsgrenze von Elsholtzia bilden das holsteinische Wagrien, Brandenburg, Böhmen und die Steiermark. Nur ganz selten kommt die Pflanze auch weiter im Westen, etwa am Rhein, noch vor. Man weiß heute nicht mehr, welche Speisen die Slawen mit dem Kraut würzten, aber als unauslöschliche Spur dieses Volkes hat es sich in der mitteleuropäischen Flora fest angesiedelt.

KAPERN

Die Kapern stammen vom bis zu meterhohen Kapernstrauch (Capparis spinosa), der das namengebende Gewächs der Familie Capparaceae ist. Der Strauch hat fast runde, ganzrandige Blätter und kleine Stacheln. Die rosafarbenen Blüten, die im Hochsommer immer nur für jeweils einige Stunden offen stehen, sind lang gestielt und auffallend groß, ihre Vierzähligkeit zeigt die nahe Verwandtschaft der Kaperngewächse zu den Kreuzblütlern. Die Früchte werden ungefähr fünf Zentimeter lang, sie enthalten zahlreiche Samen. Das bekannte Gewürz ist nicht die Frucht der Pflanze – wie man meinen könnte –, sondern die noch geschlossene Blütenknospe, in der Senföle enthalten sind. Die Knospen schmecken pikant bitter.

Der Kapernstrauch ist in Süd- und Westasien sowie im Mittelmeergebiet zu Hause. Den Anbau und die eigentümliche Nutzung des Gewürzes betreiben wahrscheinlich zuerst die

Araber, denn das Wort «Kapern» geht etymologisch auf das arabische «kabar» zurück. Die Pflanze wird in der Bibel erwähnt und war auch im alten Ägypten bekannt. In Hellas war das Gewürz sehr geschätzt, mehrere Dichter sprechen davon. Damals schon wurden anscheinend die in Essig eingelegten Kapernknospen verwendet; Dioskurides war allerdings offenbar bei der Ernte nicht dabei, denn er hielt – wie so viele – die Knospen für Früchte. Bei den Römern und auch noch im Mittelalter kannte man Kapern vor allem als Heilmittel, zum Beispiel gegen Harnstein oder zur Anregung des Appetits. Im Mittelalter überwog die Skepsis dem Gewürz gegenüber; je nach ihrer Herkunft sollten die Kapern – nach Meinung der Gelehrten – Magengrimmen, Blähungen oder Zahnfleischschwund hervorrufen.

Heute werden Kapern überall am Mittelmeer gezogen und von dort in kühlere Länder exportiert (der Strauch ist sehr kälteempfindlich und erfriert hierzulande im Winter). Drei bis vier Jahrzehnte lang kann man einen Strauch nutzen, man erntet seine Knospen im Frühsommer. Nach der Ernte werden die Knospen in den Schatten gelegt, damit sie dort welken. Dann sortiert man sie nach der Größe und legt sie für einige Monate entweder in gesalzenen Essig (Essigkapern), in Öl (Ölkapern) oder in reines Salz (Salzkapern). Es gibt deutliche Qualitätsunterschiede; gute Kapern erkennt man an ihrer Härte, an der olivgrünen Farbe und an den zarten Punkten auf der Oberfläche. Besonders gute Kapern stammen aus Südfrankreich (dort ißt man auch die Früchte), importiert werden sie auch aus Nordafrika und aus anderen Mittelmeerländern. Kapern galten in früherer Zeit als so kostbar, daß man sie fälschte. Knospen, die ähnlich aussahen, gelangten als falsche Kapern in den Handel. Besonders Sumpfdotterblume, Scharbockskraut und andere Hahnenfußgewächse hatten es den Fälschern angetan. Heute sind echte Kapern auch mit schmalerer Geldbörse zu erwerben. Sie sind ein charakteristisches Gewürz für sehr viele Soßen und Salate. Unentbehrlich sind Kapern zu Königsberger Klopsen.

Kapuzinerkresse

Die Kapuzinerkresse (Tropaeolum majus) gab der Familie der Tropaeolaceae den Namen Kapuzinerkressengewächse. In seiner tropischen Heimat in Südamerika ist das Kraut ausdauernd, hierzulande erfriert es im Winter und lebt daher nur ein Jahr. Die Pflanze wächst sehr rasch. Ihre zerbrechlichen Stengel kriechen bis zu fünf Meter weit am Boden entlang oder ranken sich an Drähten oder Stangen bis zu drei Metern in die Höhe. Im Gegensatz zu den hellgrünen Stielen sind die Blätter intensiv dunkelgrün (wenn sie von der Sonne beschienen werden); sie scheinen fast rund zu sein und haben zehn Nerven, die wie die Spanten eines Regenschirmes aussehen. Die Blüten, die uns den ganzen Sommer über im Garten oder im Blumenkasten erfreuen, sind bald gelb, bald rot, oft schwarz gemustert (je nach Sorte), oft mehrfarbig. Die oberen beiden Blütenblätter sind etwas größer als die drei unteren, zusammen bilden sie eine «Trompete» mit einem tiefen Schlund. Die Blüten haben lange Sporne. Bestäubte Blüten klappen zu Boden, drehen sich mit der Zeit um 360 Grad, so daß nachher die reifen Früchte wieder in die gleiche Richtung weisen wie zuvor die Blüten.

Aus dem Nordwesten Südamerikas, aus Peru, brachte der Holländer Bewerning 1684 die Kapuzinerkresse nach Mitteleuropa. Daß sie dann zuerst in den Klostergärten gezogen wurde, verrät schon der Name. Ihres hohen Gehaltes an Vitamin C wegen war sie ein gesuchtes Heilmittel gegen den Skorbut, die Vitamin-C-Mangelkrankheit, die früher, als es noch keinen winterlichen Südfruchtimport gab, eine Volksseuche war. Erst im 19. Jahrhundert wurde die Kapuzinerkresse zur weit verbreiteten mitteleuropäischen Bauerngartenpflanze, als die wir sie heute namentlich kennen. Züchter brachten eine Unzahl Sorten hervor, die sich in Färbung, Blütengröße und -musterung unterscheiden. Scharf schmeckende Substanzen der Blätter und Blüten, zum Beispiel Senföle, ließen Tropaeolum zur «Kresse» werden, obwohl die Pflanze mit den Kressen aus der Familie der Kreuzblütler nicht nahe verwandt ist. Dem pfefferartigen Geschmack verdanken Blätter und Blüten ihre Verwendung als Gewürz in Salat und Kräuterbutter. Die Medizin erkannte eine antibakterielle Wirkung der Senföle, weshalb Kapuzinerkresse auch eine Heilpflanze ist. Manch einer geht sogar so weit zu vermuten, daß unter Obstbäumen gesäte Kapuzinerkresse die Maden vertreibt.

Kardamom

Der oder das Kardamom – beide Artikel sind im Gebrauch – oder die Kardamomen (oft wird das Mehrzahlwort verwendet) stammt von der Pflanze Elettaria cardamomum aus der Gewürzlilienfamilie (Zingiberaceae). Die Kardamompflanze hat knollige Wurzelstöcke, schlank aufragende Stengel mit lilienähnlichen Blättern und Trauben von weißen, sechszähligen Blüten, aus deren Fruchtknoten längliche Kapseln heranreifen, die zahlreiche Samen enthalten. Die Samen duften dank eines hohen Gehaltes an ätherischem Öl (Kardamomöl) intensiv und stellen daher ein wertvolles Gewürz dar. Die Kapseln erntet man am besten kurz vor der Reife, um nur keines der kostbaren Samenkörner verlorengehen zu lassen. Die Samen werden getrocknet, manchmal auch gemahlen. In beiden Formen gelangen sie in den Handel.

Die Kardamompflanze ist in den Tropen Südasiens heimisch, vor allem im südwestindischen Malabar und auf Ceylon. Hier mag sie zuerst genutzt worden sein. Schon um das Jahr 3000 vor Christus war Kardamom im Zweistromland, etwas später in China bekannt; es war also eines der Gewürze, mit denen schon sehr früh auf den berühmten Gewürzstraßen Handel getrieben wurde. Kardamom wurde als heilkräftig erkannt und bereits in römischer Zeit zur Verdauungsförderung verwendet: Vergil erwähnt die Pflanze als «assyrisch», was auf die Herkunft des Handelsgutes verweist, und im Apicius-Kochbuch wird eine mit Kardamom gewürzte Verdauungssoße beschrieben. Im Mittelalter wurde den «Cardamömlin», wie man fast zärtlich die kleinen Samen nannte, große Wertschätzung entgegengebracht. Wolfram von Eschenbach beschreibt im Parsifal einen Prunkteppich aus Kardamom, Gewürznelke und Muskat – alle drei waren sie exotische Gewürze von damals unschätzbarem Wert. Ebenso wie in römischer Zeit gebrauchte man Kardamom auch in der Medizin: Ein daraus angesetzter Schnaps half bei Magendrücken.

Kardamom darf heute vor allem in Weihnachtsgebäck und in Würsten nicht fehlen. Außerdem wird es als Bestandteil des Currypulvers verwendet. Aber nur ein geringer Teil der gesamten Gewürzernte verläßt die Anbauländer. Der Mammutanteil der Welternte wird in den Erzeugerländern selbst verbraucht. Die Inder streuen große Mengen Kardamom in die Blätter des Betelpfeffers, um sie zu kauen – «Betelkauen» ersetzt dort traditionell die Verwendung von Kaugummi. In der arabischen Welt ist Kardamom Zutat zu Kaffee; die Osmanen versprachen sich davon eine Steigerung ihrer Geschlechtstriebe. Auch zu Tee wird das Gewürz viel verwendet. Größere Mengen an Kardamom werden nach Nordeuropa exportiert, vor allem nach Schweden, wo es in Likören und Gebäck verarbeitet wird. In deutschen Rezepten kommt er als Zutat zum Sauerbraten vor. Kardamom ist heute noch in Medikamenten enthalten, die die Bildung von Magensaft anregen.

Kerbel

Der Kerbel oder genauer: der Gartenkerbel (Anthriscus cerefolium) ist ein Doldengewächs (Apiaceae oder Umbelliferae). Die Pflanze ist einjährig; aus dünnen Wurzeln kommen bis siebzig Zentimeter hohe Stengel empor, die unterwärts kantig gefurcht sind. Die Blätter sind in der Regel dreifach fiederschnittig, das heißt, daß sich ihre Fiederabschnitte in Fiederchen und diese wiederum in Fiederzipfel teilen. Die weißen Kronblätter der zahlreichen Blütchen sind höchstens einen Millimeter lang. Wenn sie im Frühsommer offen stehen, werden sie von verschiedenen kleinen Insekten bestäubt. Die Früchte sind länglich, zwei Teilfrüchte stehen einander gegenüber an dünnen Stielen. Der Kerbel kann leicht mit nahe verwandten anderen Doldenblütlern verwechselt werden. Am stärksten charakteristisch für ihn ist der Geruch, der zwischen dem von Anis, Fenchel und Petersilie steht. Das Gewürz hat auch einen unverwechselbaren Geschmack. Bei uns gibt es zwei Unterarten des Gartenkerbels: Die Kulturpflanze hat ganz glatte Früchte, der wilde Borstenkerbel kleine Stacheln auf ihrer Oberfläche. Beide Unterarten stammen aus Südosteuropa und Vorderasien. Der Gartenkerbel wurde wohl im Südosten Europas erstmals verwendet und kultiviert. Der Borstenkerbel gelangte als Kulturfolger in die südlichen Teile Mitteleuropas.

Die frühe Geschichte des Kerbels als Kulturpflanze liegt im Dunklen. Es steht wohl fest, daß er in Hellas nicht gegessen wurde – auch heute ist er der griechischen Küche nicht bekannt. Die Römer verwendeten den Kerbel offenbar. Plinius und Columella berichten vom Anbau des Kerbels, der in wärmeren Gebieten bereits im Herbst, in kühleren Lagen im Februar ausgesät wurde. Im Apicius-Kochbuch gibt es ein Rezept, das Kerbel als Gewürz zu Huhn empfiehlt. Nördlich der Alpen wurde der Kerbel gleich zu Beginn des Mittelalters bekannt. In den frühmittelalterlichen Klöstern erhielt das Kraut eine besondere Bedeutung als Fastenspeise. Kerbel bringt nämlich sehr rasch nach der Aussaat frisches Grün hervor, man hatte das Gewürz also mit als erstes im Jahr zur Verfügung. Das Kraut wurde im Mittelalter bei Leibschmerzen und zur Blutreinigung empfohlen. Kerbel ist heute ein Geschmacksregister, das vor allem französische Köche gerne ziehen. Er ist Bestandteil der «Fines herbes», der berühmten Gewürzmischung, sowie der Béchamelsauce und anderer französischer Saucen. Das Gewürz ist aber auch sehr typisch für die süddeutsche Kerbelsuppe, die im zeitigen Frühjahr serviert wird.

Man kann das Gewürz leicht im Garten oder im Blumenkasten ziehen. Besondere Ansprüche an den Boden stellt der Kerbel nicht, günstig für ihn ist ein schattiges Plätzchen. Ernten sollte man die Blätter vor der Blüte, dann schmecken sie am besten. Kerbel kann frisch oder getrocknet verwendet werden. An die Speisen gibt man ihn erst nach dem Kochen, kurz vor dem Auftragen. Längeres Erhitzen zerstört die Würzkraft des zwar ausdrucksvoll, aber keineswegs penetrant schmeckenden Krautes.

Erwähnt werden muß noch, daß ein naher Verwandter des Gartenkerbels ein sehr häufiges Gewächs unserer Wiesen ist: Besonders dann, wenn die Bauern zu viel gedüngt haben, breitet sich der Wiesenkerbel in Massen aus und färbt das Grünland im Frühsommer schneeweiß. Wiesenkerbel eignet sich nicht als Gewürz.

Knoblauch ✕

Der Knoblauch (Allium sativum) ist ein Mitglied der Familie der Liliengewächse (Liliaceae). Die Pflanze besitzt ausdauernde Zwiebeln, die sich vegetativ vermehren und Tochterzwiebeln, die sogenannten «Zehen», bekommen. Die Zwiebeln sind von einer weißen, grünlichen oder violetten Zwiebelhaut umgeben. Aus den Zwiebeln wachsen – manchmal fast meterhoch – die Stiele empor mit grasartigen Blättern und weißlichen Blüten, die in doldenähnlichen Gebilden zusammensitzen. Knoblauch blüht im Hochsommer. Außer den Blüten finden sich in den Blütenständen auch kleine Miniaturzwiebeln, die man direkt in den Boden setzen kann.

Sehr charakteristisch für den Knoblauch sind Geruch, Geschmack und medizinische Wirkung. Seine Eigenschaften verdankt der «Knofel» besonderen Inhaltsstoffen, den Allyl-Sulfiden – Schwefelkohlenstoffverbindungen, die für die Pflanzengattung Allium typisch sind, also auch für Lauch und Küchenzwiebel. Doch enthält jede dieser Pflanzenarten andere Schwefelverbindungen, die den jeweils unterschiedlichen Geschmack hervorrufen. Es ist einwandfrei erwiesen, daß die Sulfide des Knoblauchöles antibakteriell wirken. Sie hemmen schädliche Fäulnisbakterien in Magen und Darm. Knoblauch ist daher eine wichtige Heilpflanze, der schon seit langer Zeit nachgesagt wird, daß sie das Leben verlängern kann; die moderne Medizin konnte das im Tierversuch bestätigen. Ist der

Garten Knoblauch.
KNOBLAUCH

Knoblauch also eine Wunderdroge? Man könnte sagen, ja, wenn nur sein Geruch nicht wäre. Dieser allbekannte Geruch wird nämlich durch die Schweißdrüsen ausgedünstet, so daß man Knoblauchesser einwandfrei auf der Straße entlarven kann – wenn man nicht selbst davon gegessen hat!

Der Knoblauch hat somit sehr viele Liebhaber, weil er gesund ist und gut schmeckt, wie auch Feinde, weil er stinkt. Und so ist das seit Jahrtausenden. Das Gewächs stammt aus den Wüsten und Steppen Zentralasiens. Schon sehr früh gelangte die Kulturpflanze von einer Ecke des Orients zur anderen. Ägypten wurde das Knoblauchland des Altertums. Knoblauch war dort eine heilige Pflanze. Berühmt ist die Geschichte, daß Knoblauch von den Arbeitern beim Pyramidenbau gegessen wurde. Herodot berichtet, daß für die Versorgung der Arbeiter mit Knoblauch, Rettich und Zwiebeln allein beim Bau der Cheopspyramide 1600 Silbertalente aufgewendet werden mußten, eine für die damalige Zeit unerhörte Summe, die heutzutage nur ein Millionär aufbringen könnte. Ein frühes literarisches Zeugnis für die Knoblauchliebe der Ägypter findet sich in der Bibel. Im Vierten Buch Mose ist zu lesen, daß die Israeliten sich in der Wüste Sinai nach dem Knoblauch sehnten, den sie im Land des Nils so reichlich genossen hatten. Die Juden waren damals zu Knoblauch-Jüngern geworden, wovon ihre Küche noch heute Zeugnis ablegt. In Hellas war Knoblauch wohlbekannt. Teilweise importierte man ihn aus Ägypten. Man sagte ihm nach, er verleihe Kraft. Doch die Götter mochten ihn nicht, weil er stank: Knoblauchessern war der Besuch von Tempeln untersagt. Die Folge davon war, daß die vornehmen Leute die Zehen nicht mehr aßen. Anders war es zur gleichen Zeit am Hof des persischen Großkönigs zu Susa, wo der tägliche Verbrauch von Knoblauch bei sage und schreibe zwanzig Kilogramm lag. Und im alten Indien wurde damals ein Preislied auf den Knoblauch verfaßt. Das Altertum kannte seine gesundheitsfördernde Wirkung sehr wohl, hielt ihn außerdem auch für ein Aphrodisiakum. Römische Schriftsteller schrieben viel über den Knoblauch. Man baute ihn in Hochbeeten an, weil die Zwiebeln nie in feuchtem Boden stehen dürfen. Im allgemeinen wurden die kleinen Zehen in die Erde gelegt, weniger die Samen, die allerdings – nach Plinius' Ansicht – schönere Pflanzen hervorbringen sollen. Die Zehen wurden je nach den Klimabedingungen im Spätherbst oder im frühen Frühjahr ausgebracht; man erntete sie, wenn die Pflanze zu welken begann. Die Zwiebeln wurden gebündelt und – darauf war besonders zu achten – trocken aufbewahrt, entweder in Spreu oder im Rauch über dem Feuer. In der feinen Küche wurde er wenig verwendet (im Apicius-Kochbuch wird er als Gewürz zu Sülze empfohlen), um so mehr aber bei der arbeitenden Bevölkerung. In Vergils Bucolica ist festgehalten, daß die Magd für die Schnitter Knoblauch stampfte. Bauern, Hirten und Sklaven konsumierten große Mengen davon. Die Seeleute nahmen Knoblauch mit auf ihre Reisen. Wenn in den Kesseln das Wasser faulte, half Knoblauch gegen Bakterien. Genauso war Knoblauch bei Reisen in die warmen Länder des Orients von Nutzen, wo in Brunnen und Zisternen nicht immer Trinkwasser bester Qualität zu haben war. Seit römischer Zeit gilt Knoblauch als Mittel gegen den Schlangenbiß.

Im Mittelalter verwendete man den Knoblauch genauso wie in der Antike. Die Heilkundigen rühmten ihn zum Teil, etwa als Mittel gegen die Pest, andere schätzten ihn nicht. Immer mehr wurde er zum Charaktergewürz Südeuropas und Vorderasiens. Auch in Südasien und Mittelamerika erlangte er große Bedeutung in den Küchen. Manche Fürsten schätzten ihn hoch (er ist sogar auf mittelalterlichen Wappen abgebildet), doch blieb er im wesentlichen das unfeine, nicht salonfähige Gewürz. Daß am Hof von Byzanz so viel Knoblauch konsumiert wurde, hielt der Cremoneser Bischof Liudprand im Jahre 968 für anstößig. Der Knoblauch verdarb Don Quichote ein Liebesabenteuer; er hatte eine Bäuerin für eine Edle gehalten, bis der Knoblauchgeruch sie entlarvte. Der enttäuschte Don hat die Teufel verflucht, die ihm das Liebesabenteuer mißgönnten!

Je nach Mode wurde und wird Knoblauch auch in gemäßigten Breiten gegessen. In Frankreich steht seine Verwendung außer Frage. Im angelsächsischen Bereich, in England und in den USA, ist sein Verbrauch in den letzten Jahrzehnten zurückgegangen, vielleicht weil die Seefahrer dieser Nationen in den internationalen Häfen bessere Hygienebedingungen vorfanden. In Deutschland ist der Knoblauch-Verbrauch dagegen gestiegen. Mit den «Gastarbeitern» kamen griechische, türkische, jugoslawische, italienische und spanische Restaurants, und sie können ohne den Knoblauch nicht existieren. In den letzten Jahren ließ sich beobachten, daß das Gewürz immer salonfähiger wurde; zur Zeit ist es hierzulande sehr populär.

Knoblauch wird heute noch so angebaut und gelagert wie in römischer Zeit. Im Bauerngarten ist er eine hübsche Rabattenpflanze. Ein traditionell wichtiges Anbaugebiet ist die Umgebung von Fürth, das «Knoblauchland». Bei der Verwendung sollte man besonders mit dem frischen Knoblauch vorsichtig umgehen, denn er hat den stärksten Geruch. Ohnehin reicht immer ganz wenig Knoblauch, wenn man Fleisch, Fisch, Kartoffeln, Suppen und Salat würzen will, man schmeckt ihn immer – und nie zum Schaden des Gerichtes. Gegen den Geruch soll man viel Milch oder Rotwein trinken oder würzige Blätter anderer Kräuter (z. B. der Raute) kauen.

Knoblauch spielt eine gewichtige Rolle in Volksmedizin und Aberglaube. Seine antibakterielle Wirkung macht ihn in der Phantasie der Menschen zauberkräftig. Aus ganz Europa lassen sich Sagen zusammentragen, die von der beschwörenden Wirkung gegen Hexen und Teufel Kunde geben. Kinder und Vieh soll man angeblich mit Knoblauch – oder auch nur durch das Aussprechen des Namens – vor dem Bösen schützen können.

Knoblauchsrauke

Die Knoblauchsrauke (Alliaria petiolata oder Alliaria officinalis) ist ein Kreuzblütengewächs (Brassicaceae oder Cruciferae). Die im allgemeinen zweijährige Pflanze wird bis zu meterhoch und hat nierenförmige Blätter, von denen die unteren lang-, die oberen kurzstielig sind. Die weißen, vierzähligen Blüten bilden im Frühjahr Trauben. Später, im Sommer, reifen aus den Fruchtknoten lange Schoten, in denen die Samen enthalten sind.

Die Knoblauchsrauke wächst wild in den meisten Teilen Europas und Westasiens, stellenweise auch in Nordafrika. Sie ist eigentlich eine Waldpflanze, gedeiht aber besonders gut in Gebüschen und Hecken, auch an Mauern und Wegrainen, in Gärten und auf Schuttplätzen. Die ganze Pflanze riecht und schmeckt in frischem Zustand nach Knoblauch, weswegen sie als Gewürz verwendet wurde – seit wann, wissen wir allerdings nicht. Im Mittelalter wurde sie sogar in den Gärten angebaut. Ihre würzenden Eigenschaften konnte die Pflanze in Salaten entfalten, als Zutat zu Pökelfleisch und Salzheringen und auf Butterbrot. Heute noch wird das Gewürz in England zu Sandwiches empfohlen. Will man das Kraut verwenden, so darf man es keinesfalls kochen – dadurch nämlich verflüchtigt sich der Knoblauchgeschmack. Heute wird das Kraut nicht mehr angebaut, weil das Gewürz aus der Mode gekommen ist. Will man es aber in Salate schneiden, kann man es trotzdem überall finden: Die Knoblauchsrauke ist eine sehr häufige Pflanze.

Koriander ✕

Der Koriander (Coriandrum sativum) ist ein Doldenblütler (Apiaceae oder Umbelliferae). Die Pflanze ist einjährig und nicht groß: Kaum einen halben Meter lang werden die kahlen Stengel. Die Blätter haben unterschiedliche Gestalt. Ihr Grundprinzip ist die Dreizähligkeit. Jedem Teilungspunkt entspringen drei Blatt-Teile. Die unteren Blätter haben mehr Blattfläche und weniger lange Stiele; sie erscheinen als erste, im Frühjahr, und fallen später bald ab. Sie leisten die größte Photosynthesearbeit. Weiter nach oben hin sind die Blätter immer feiner zerteilt und immer länger gestielt. Diese Blätter sind das sommerliche Grün. In ihnen läuft die Photosynthese auf Sparflamme ab (die Pflanze ist dann ja ausgewachsen!); besonders wichtig ist dagegen nun, daß durch die geringe

Blattfläche wenig Wasser verdampfen kann – der Koriander ist so gegen Sommerdürre gefeit. Die Grundfarbe der Blüten ist weiß, doch spielt sie oft ins Rötliche. Die seitlich in den Dolden sitzenden Blüten haben nach außen hin besonders lange Blütenblätter, die wie Strahlen von der Dolde ausgehen. So sieht die ganze Dolde wie eine große Blüte aus, die vielleicht Insekten besser zur Bestäubung anlockt. Doch ist es schwer, einen materiellen Sinn für das Zusammengehen vieler Blüten zu einer Scheinblüte zu finden. Aus den im Sommer offenstehenden Blüten werden schließlich die charakteristischen kugeligen Früchte, die die Größe und entfernt das Aussehen von Pfefferkörnern haben. Korianderkörner lassen sich aber leicht daran von Pfefferkörnern unterscheiden, daß sie – wie alle Doldenblütler – Ölstriemen (Rippen) auf der Oberfläche haben. Das ätherische Öl dieser Rippen ist sehr würzkräftig; es ließ die Körner zum Gewürz werden. Aber nicht nur die Körner finden in der Küche Verwendung, sondern auch das grüne Kraut, über das die Meinungen der Gourmets allerdings geteilt sind. Viele halten den Geruch der grünen Pflanzen und Pflanzenteile für wanzenartig, weswegen die Griechen sie nach Koris, der Wanze, benannten. Auch heute noch ist Wanzendill ein anderer Name für Koriander.

Die Heimat des Korianders liegt wahrscheinlich im östlichen Mittelmeergebiet und in Vorderasien. Älteste schriftliche Nachrichten über seine Verwendung stammen aus dem Zweistromland und Ägypten, archäologische Funde von der Jungsteinzeit an aus Griechenland. Wir wissen, daß Koriander im alten Persien ein besonders beliebtes Gewürz war. In einem skythischen Grab im zentralasiatischen Altaigebirge fand man ihn als Grabbeigabe. Vermutlich war das Gewürz dorthin um die Mitte des ersten vorchristlichen Jahrtausends exportiert worden. Während er im klassischen Griechenland nicht sonderlich geschätzt zu sein schien, war der Koriander in Rom eines der allerwichtigsten Gewürze. Die Römer bezogen ihn vor allem aus Ägypten, bauten ihn aber sicher auch selbst an. Im Apicius-Kochbuch wird Koriander zu mehr als siebzig verschiedenen Speisen empfohlen. Archäologische Funde der

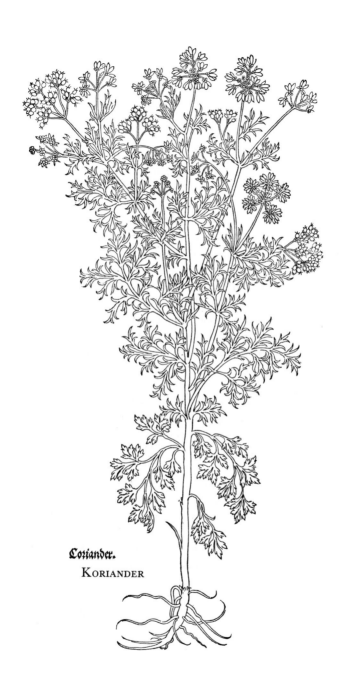

Coriander.
KORIANDER

Früchte gibt es nicht nur aus dem römischen Mutterland (Rom, Pompeji), sondern auch aus den fernen Kolonien Germanien und Britannien.

Im frühmittelalterlichen Europa war Koriander zwar bekannt (er wird im Capitulare de villis Karls des Großen als Gartenpflanze genannt, und aus archäologischen Funden wissen wir, daß die Wikinger ihn verwendeten), doch war er keineswegs populär. Man empfahl ihn als Heilmittel, unter anderem gegen Husten und Tollwut. Doch was der berühmte Botaniker Leonhart Fuchs noch 1543 über die Pflanze schrieb, war schwerlich dazu angetan, die Köche zum Verwenden des Gewürzes zu bringen: «kein wantz kan nit so übel stincken als der gruen Coriander.» Das Gewürz wurde jedoch zu jeder Zeit in der arabischen Welt gebraucht. Natürlich propagierten es die Muselmanen auch auf der von ihnen besetzten Iberischen Halbinsel. Ausgangs des Mittelalters, als Spanien und Mitteleuropa unter einer Krone vereint waren, kam Koriandergewürz in Massen nach Deutschland. Aus spätmittelalterlichen Abfallschichten der Städte gibt es eine große Zahl archäologischer Funde, und auch den schriftlichen Quellen ist zu entnehmen, daß der Koriander im 16. Jahrhundert in großem Rahmen Einzug in die mitteleuropäischen Gärten hielt, besonders in die der Apotheker. Damals erwärmte man sich für den Koriander auch deswegen, weil man sein Öl für Liköre und Parfüm verwenden konnte. Die älteste Nachricht darüber stammt von 1574. In Frankreich, das ja nicht zu jenem Reich gehörte, in dem die Sonne nicht unterging, ist Koriander damals noch nicht in Mode gekommen. Heute ist das freilich anders: Korianderfrüchte verwendet man jetzt überall ungefähr in gleichem Maße, und zwar sowohl zu salzigen als auch zu süßen Speisen, zu Fleisch, Wurst, Soße und Gemüse genauso wie zu Kompott, Marinaden und Weihnachtsgebäck. Außer süßem Gebäck kann man auch salziges Brot damit backen; vor allem in Süddeutschland und im Orient ist dies üblich.

Koriander ist seit langem eine Pflanze der Bauerngärten, wo sie warme Plätzchen und kalkhaltigen Boden besonders schätzt. Bei der Ernte muß man genau auf den Moment achten, in dem die Samen zu reifen beginnen. Sie verfärben sich dabei ins Bräunliche. Dann muß man sie rasch ernten, denn nun haben sie das beste Aroma – noch grün schmecken sie völlig anders, nämlich tatsächlich wanzenähnlich. Andererseits fallen sie in reifem Zustand sehr leicht ab. Die Körner werden anschließend zum Trocknen ausgelegt. Damit sich ihr Duft und Geschmack nicht verflüchtigt, soll man sie in fest verschlossenen Gefäßen aufbewahren.

Besonders im Mittleren Osten wird das ganze Kraut als Gewürz verwendet. Hier gilt sein Geruch keineswegs als wanzenähnlich, sondern als köstlich. In ganz Asien ist diese Form des Gewürzes ungeheuer populär; die vielen Einwanderer aus Pakistan und Indien brachten sie in jüngster Zeit auch nach England. Auch echtes indisches Currypulver enthält Korianderblätter.

Koriander ist heute noch Heilpflanze. Aus ihm wird der Salesianer-Tee bereitet, dessen Name an die Mönche erinnert, die ihn einst genauso wie die heutigen Ärzte empfahlen: gegen Blähungen und Magenverstimmungen.

KORNELKIRSCHE

Die Kornelkirsche (Cornus mas) ist ein Hornstrauchgewächs (Cornaceae). Das Wort «Kornelkirsche» betont man richtigerweise auf der zweiten Silbe, doch ist die Betonung auf der ersten Silbe ebenfalls üblich. Cornus mas ist ein einige Meter hoher Strauch oder ein kleiner Baum. Die Blätter stehen einander an den Zweigen gegenüber, sie sind ganzrandig und an beiden Enden zugespitzt. Sie treiben erst nach den Blüten aus; diese erscheinen aber so früh im Jahr, daß die Bayern den Strauch «Fürwitzel» nennen. Die kleinen, vierzähligen gelben Blüten sitzen in doldenähnlichen Kugeln beieinander. Die im Herbst reifenden Früchte sind bis zu einem Zentimeter lang und intensiv rot; sie haben einen köstlichen säuerlichen Geschmack.

Kornelkirschen wachsen wild in Vorderasien, Südost- und Mitteleuropa. In Deutschland bildet die Nordgrenze der Mittelgebirge ungefähr auch die nördliche Verbreitungsgrenze der Kornelkirsche. Wir kennen heute den Strauch aber weniger als ein Gewächs der freien Natur; Kornelkirschen wurden in fast jedem Park, an Plätzen und in Hecken gepflanzt und sind somit dort sehr häufig. Holz und Früchte des Strauches waren und sind vielseitig verwendbar.

Seit Urzeiten werden die Früchte gesammelt und gegessen, wovon auch in der griechisch-römischen Mythologie die Rede ist: Philemon und Baucis bewirteten die Götter mit eingemachten Kornelkirschen, in der Odyssee werden sie dagegen als Schweinefutter beschrieben. Aus dem sehr harten Holz stellte man in der Antike Lanzenschäfte, Speere und Bogen her, auch das Trojanische Pferd soll aus Kornelkirschenholz gezimmert worden sein. Interessanterweise sind heute noch – wie in antiker Zeit – die Schäferstäbe in Griechenland aus Ästen der Kornelkirsche geschnitten. Das Holz war im Mittelalter und in der Neuzeit von Drechslern und Wagenbauern gesucht. Die Früchte – am besten sammelt man tagtäglich nur die vollreif vom Baum gefallenen – verkocht man zu Marmelade, Gelee, Kompott und Fruchtsaft. Die Marmelade verwendet man wie die von Preiselbeeren als Beilage zu Wildbret. Die Kornelkirschen kann man außerdem trocknen und pulverisieren; das so hergestellte Gewürz gehört im Kaukasus zu Fleischspeisen. Man erntet die Früchte auch grün, also unreif, und legt sie in Salz oder Essig ein; sie schmecken dann wie Oliven. In der Volksheilkunde versuchte man, Durchfall mit Kornelkirschen zu kurieren.

Kostwurz

Die Kostwurz (Costus speciosus) ist ein bis zu zwei Meter hohes Ingwergewächs (Zingiberaceae). Diese Pflanzenart sowie über hundert andere Mitglieder der Gattung zeichnen sich durch ansehnliche Blätter und farbenfrohe Blütenstände aus, was sie zu beliebten Zimmerpflanzen werden ließ. In der tropischen südasiatischen Heimat der Kostwurz verwendet man die Wurzeln als Gewürz; dies wurde im Abendland jedoch kaum bekannt. Anscheinend waren dort die Wurzeln nur im 17. und 18. Jahrhundert in den Apotheken zu haben. Wenn hierzulande vom Begriff Kostwurz die Rede ist, so meint man damit allerdings meistens nicht Costus speciosus, sondern das Balsamkraut.

Kresse

Die Kresse oder Garten-Kresse (Lepidium sativum) ist ein Kreuzblütler (Brassicaceae oder Cruciferae). Die einjährige Pflanze keimt und wächst sehr rasch, wird aber nur maximal fünfzig Zentimeter hoch. Dem blaubereiften Stengel entspringen kleine Blättchen, deren untere in Abschnitte geteilt sind. Die weißen bis rötlichen Blüten stehen zu mehreren an der Spitze des Stengels. Sie sind typische Kreuzblüten: Ihre vier Blütenblätter bilden genau ein Kreuz. Die Fruchtknoten reifen zu Schötchen heran, in denen die beiden Samen verborgen sind. In den Blättern der Gartenkresse sind Senföle enthalten, die einen scharfen Geschmack haben. Es gibt allerdings mehrere Pflanzen, die ähnlich schmecken und daher auch Kresse heißen. Die eigentliche, «echte» Kresse ist Lepidium sativum. Ihre Geschichte ist deshalb schwer zu rekonstruieren, weil schon in den alten Schriftquellen die verschiedenen Kressen immer wieder durcheinandergebracht wurden.

Gartenkresse stammt aus Nordostafrika und dem Vorderen Orient, wahrscheinlich wurde sie zuerst im Zweistromland in Kultur genommen. In antiker Zeit scheint sie keine große Bedeutung gehabt zu haben. In Mittel- und Nordeuropa wurde sie seit dem frühen Mittelalter angebaut; dies belegen schriftliche Quellen der Zeit und ein Samenfund im Wikingerschiff von Oseberg in Norwegen. Wegen ihres hohen Vitamin-C-Gehaltes war die Kresse als Heilmittel gegen Skorbut, eine der früheren Volksseuchen, wichtig. Heute ist die Gartenkresse fast in jedem Kräutergarten zu finden. Sie ist ausgesprochen leicht zu ziehen, vor allem deswegen, weil sie so schnell wächst («Kressensamen, der es schnell verrät», sagt man im Sprichwort). Kresse wird nicht nur im Garten gesät, nein, auch im

Blumenkasten, im Blumentopf in der Küche; Kindern kann man ein tönernes Tier schenken, das mit etwas Erde und Kressesamen gefüllt ist: Nach einigen Tagen bekommt das Tier ein grünes «Fell», das heißt, die Kresse ist aufgelaufen. Schon nach einer Woche sind die Blättchen zu ernten. Man ißt sie als Salat und würzt damit belegte Brötchen, hartgekochte Eier, Fisch und Fleisch. Gelegentlich werden auch die Samen als Gewürz verwendet. In Nordostafrika preßt man Öl aus ihnen.

Kreuzkümmel X

Der Kreuzkümmel (Cuminum cyminum) ist ein einjähriges, nicht sehr großes und keineswegs kräftiges Doldengewächs (Apiaceae oder Umbelliferae). Die Pflanze hat zahlreiche Äste, an denen fein zerteilte Blätter mit grasartig dünnen Zipfeln und weiße bis rötliche Blütendolden zu finden sind. Kreuzkümmel blüht etwa im Mai. Die Früchte ähneln denen des Kümmels (daher die Namensgleichheit); sie sind – ganz oder gemahlen verwendet – ein scharf schmeckendes Gewürz, das man unter keinen Umständen mit Kümmel verwechseln darf, denn der Geschmack der beiden Gewürze ist grundverschieden. Kreuzkümmel schmeckt pfefferartig bitter, sein Geruch ist für europäische Nasen eher unangenehm.

Der Kreuzkümmel stammt aus Vorderasien und dem östlichen Mittelmeergebiet – Genaueres läßt sich über seine Herkunft nicht sagen. Den vorderasiatischen und ägyptischen Hochkulturen war er bekannt, nicht nur als Gewürz, sondern auch als Heilpflanze (etwa gegen Dreitagefieber). Der starke Geruch war es wohl, der zu dem Glauben Anlaß gab, Kreuzkümmel könne Flöhe, Mücken oder gar Skorpione vertreiben. Kreuzkümmel war in griechischen und römischen Küchen ein sehr wichtiges Gewürz. Vermutlich war er der einzige «Kümmel» der Antike; unser Wiesenkümmel war am Mittelmeer nicht bekannt – er wächst dort auch heute nicht. Kreuzkümmel wurde in Rom in solchen Massen benötigt, daß man ihn auch aus Vorderasien und Nordostafrika importieren mußte. Im

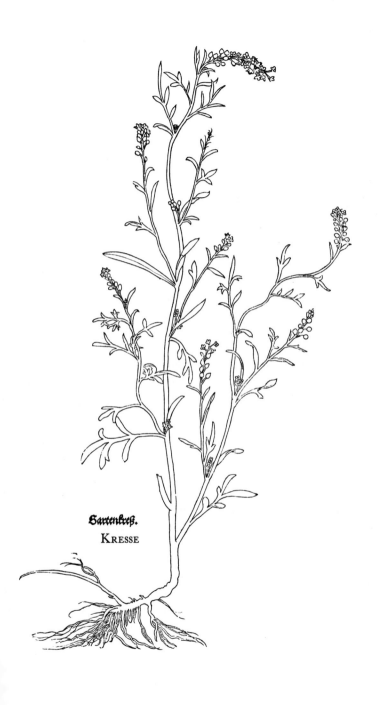

Mittelalter war Kreuzkümmel ebenfalls weitbekannt. Er wurde in fast jedem Kräuterbuch, in Gartenplänen, Kochbüchern und medizinischen Werken aufgeführt. Augenleiden wollte man damit ebenso kurieren wie die Seekrankheit. Vor allem zu Ende des Mittelalters versuchte man immer wieder, Kreuzkümmel auch in mitteleuropäischen Gärten zu ziehen; dies mißlang aber, weil die Pflanze nur in heißem Klima gedeiht. Das Gewürz wurde nach Mitteleuropa importiert, was seine verschiedenen Namen ja auch verraten: Ägyptischer, Türkischer, Römischer, Italienischer und Spanischer Kümmel. Die Araber hatten ihn überall am Mittelmeer heimisch gemacht, die Spanier brachten ihn nach Mittelamerika. Indien, die nordafrikanischen Mittelmeeranrainer und Mittelamerika sind heute die Länder des Kreuzkümmels. Nordafrikanischer Couscous und mittelamerikanisches Chili con carne sind ohne Kreuzkümmel nicht zu denken. Im Orient ist er ein Brotgewürz. Er eignet sich auch für Gemüse, besonders für solches, das schwer im Magen liegt, wie Kohl, Linsen und Dicke Bohnen, denn Kreuzkümmel hilft bei Blähungen. In Holland und Dänemark blieb Kreuzkümmel als Käsegewürz bekannt. Ansonsten erinnert man sich in den heimischen Küchen fast nicht mehr an den Kreuzkümmel. Man wird nur dann sicherlich auf ihn stoßen, wenn man analysiert, welche Bestandteile im Currypulver enthalten sind.

Kubebenpfeffer

Der Kubebenpfeffer oder Stielpfeffer (Piper cubeba) ist ein strauchförmiges, bis zu sechs Meter hohes Pfeffergewächs (Piperaceae) mit langen, schmalen Blättern und roten Früchten, die etwas größer als die des Echten Pfeffers sind. Sie enthalten als besonderen Inhaltsstoff das Cubebin, eine scharf, stark gewürzhaft und kampferähnlich schmeckende Substanz. Die Früchte werden vor der Reife geerntet und anschließend getrocknet. Der Kubebenpfeffer stammt von den tropischen Inseln Indonesiens. Dort entdeckte man ihn als Gewürz und

Heilmittel. Schon vor mehr als zweitausend Jahren war er auch in Indien bekannt, später hieß er unter arabischen Heilkundigen nur das «indische Gewürz». Aus dem Orient kam Kubebenpfeffer im 13. Jahrhundert über Venedig und Genua nach Mitteleuropa. Weil die Pflanze nur im heißen Klima existieren kann, mußte sie in gemäßigte Zonen exportiert werden. Fazit: Kubebenpfeffer war in Mitteleuropa sehr teuer. Aber er war begehrt, und zwar unter anderem als Aphrodisiakum. Der speziell gebraute Kubeben-Wein sollte die «eheliche Werck erreitzen». Aus dem intensiven Handel zwischen venezianischen und Nürnberger Kaufleuten resultierte, daß Kubebenpfeffer ein wichtiges Gewürz der Lebkuchen, der «Pfefferkuchen» wurde. Heute ist Kubebenpfeffer in Europas Küchen aus der Mode gekommen, wird aber in Indonesien noch verwendet. In der Medizin werden Fructus Cubebae bei Harnwegserkrankungen und Magenverstimmungen verordnet. Doch muß man bei der Dosierung vorsichtig sein, weil überhöhte Mengen der Droge Nierenreizungen oder Darmentzündungen hervorrufen können.

Kümmel

Der Kümmel oder Wiesenkümmel (Carum carvi) entstammt der Familie der Doldenblütler (Apiaceae oder Umbelliferae). Die zweijährige Pflanze zeigt im ersten Sommer nur ihre fein zerteilten Fiederblätter. Im darauffolgenden Winter werden die Substanzen, die die oberirdischen Pflanzenteile bis dahin aufgebaut hatten, in einer dicken Wurzel frostsicher unter der Erde gespeichert. Im zweiten Sommer wird die Pflanze dann bis zu meterhoch. Sie verzweigt sich stark, entwickelt wieder Blätter und dazu die Dolden mit sehr vielen kleinen, weißen bis rötlichen Frühsommer-Blüten und später den allbekannten Kümmelfrüchten, die wie dunkle, gerippte Miniaturbananen aussehen, kräftig aromatisch duften und ein vorzügliches Gewürz sind.

Der Kümmel ist hierzulande eine häufige Pflanze. Er heißt

auch Wiesenkümmel, weil er im Grünland wächst, auf feuchteren wie auf trockeneren Plätzen, auf Mähwiesen wie auf Viehweiden, namentlich auch auf den Almen, von wo sein würziger Duft nicht wegzudenken ist. Wilder Kümmel ist in Mitteleuropa seit Jahrtausenden heimisch. Möglicherweise ist er schon in der Jungsteinzeit von den Pfahlbau-Bewohnern des Alpenvorlandes gesammelt worden. Die archäologischen Funde von dort verraten aber nicht, ob Kümmel damals auch schon Speisewürze war, denn in den archäologischen Ablagerungen findet man nicht nur Nahrungspflanzen, sondern auch zahlreiche Reste von Gewächsen, die nicht genutzt wurden. Ob also der Kümmel tatsächlich das «älteste Gewürz» ist, wie man öfter lesen kann, ist keineswegs erwiesen.

Den Mittelmeervölkern der klassischen Antike war der Kümmel wohl nicht bekannt. Zwar wird der griechische Begriff «kyminon» wie das römische «cuminum» meist mit «Kümmel» übersetzt, aber damit ist nicht unser Wiesenkümmel, sondern der Römische oder Kreuzkümmel (Cuminum cyminum) gemeint. Wiesenkümmel wächst am Mittelmeer nicht; eine Beschreibung von Cuminum, die Plinius gibt, paßt auf den Kreuzkümmel und nicht auf den Wiesenkümmel. Cuminum, eine der wichtigsten Würzen der griechischen und römischen Küchen, hat einen völlig anderen Geschmack als unser (Wiesen-)Kümmel, dagegen aber ähnlich aussehende Früchte (daher die allgemeine Konfusion mit dem Begriff Kümmel), die sich überdies noch für dieselben Gerichte verwenden lassen: Kreuzkümmel und Wiesenkümmel machen beide schwerverdauliche Speisen (Fleisch, Gemüse) bekömmlicher. In Hellas buk man Kreuzkümmelbrot, wir nehmen dazu den «normalen» Kümmel – mit dem Ergebnis, daß beide Kümmelbrote völlig unterschiedlich schmecken. Die römischen Legionäre mögen den Wiesenkümmel in Germanien kennengelernt haben. Ob sie ihn als Gewürz verwendeten oder anbauten, wissen wir nicht. Ins römische Mutterland brachten sie ihn jedenfalls – unserer bisherigen Kenntnis nach – nicht. Das Mittelmeer blieb in der Hand des Kreuzkümmels. Noch heute ist unser Wiesenkümmel dort als Gewürz so gut wie unbekannt.

Wisenkümel.
KÜMMEL

Im Mittelalter sind Anbau und Verwendung des Kümmels längst nicht so weit verbreitet gewesen wie heutzutage. Auch aus dieser Zeit gibt es nur wenige archäologische Funde. Eine übliche Pflanze früher Klostergärten war der Kümmel nicht, er wurde nicht allgemein in mittelalterlichen Garteninventaren genannt, in der Medizin nicht verwendet, und auch in den damaligen Kochrezepten war er eine Seltenheit. Zu dieser Zeit versuchte man noch, den – wie gesagt völlig anders schmeckenden – Kreuzkümmel in den mitteleuropäischen Gärten zu ziehen, was aber auf Dauer wegen der Frostempfindlichkeit von Cuminum nicht erfolgreich war. Erst allmählich wurde der Begriff Kümmel auf Carum übertragen. Dessen Siegeszug begann zu Ende des Mittelalters, als er auch in Länder eingeführt wurde, in denen es ihn bis dahin nicht wildwachsend gab, zum Beispiel England. Hieronymus Bock schrieb 1551 in seinem berühmten Kräuterbuch: «Diser Kymmel ist nunmehr auch allenthalben breuchlich...», eine Bemerkung, die sich eindeutig auf die Ausbreitung unserer heutigen Kümmelwürze bezieht. Im 16. Jahrhundert war das Gewürz dann rasch als Zutat zu Käse, Brot, fettem Fleisch, Fisch und Suppen allgemein bekannt.

Kümmel wurde und wird meist auf Wiesen gesammelt, vorzugsweise im Juni. In der Schweiz mähte man Teile von Wiesen, auf denen der Kümmel wuchs, nicht, um das Gewürz ausreifen zu lassen und ernten zu können. Kümmel wird auch regelrecht angebaut, und zwar weniger in Gärten als auf Feldern. Besonders bekannte Kümmelanbaugebiete sind Holland und Böhmen. Auch in Deutschland gibt es Kümmelfelder (vor dem Krieg insgesamt etwa 700 Hektar). Kümmel wurde zu einem Charaktergewürz der mitteleuropäischen Küche, sein Geschmack wird in einem englischen Kochbuch als «typisch deutsch» beschrieben. Kümmelbrot und -brötchen, Sauerkraut, Rotkohl, Schweinebraten und Knödel – man kann noch einige dieser Gerichte aufzählen, die typisch für Mitteleuropa sind, insgesamt interessanterweise für das Gebiet, das in der frühen Neuzeit das Deutsche Reich bildete. Auch der Kümmelschnaps ist für diese Gegenden charakteristisch. Ein Nationalgericht ganz anderer Provenienz bedarf aber ebenfalls des Kümmels, und das ist das berühmte Irish Stew.

Kümmel braucht in der Kultur guten, stickstoffreichen Lehmboden. Zur Düngung soll man keinen frischen Stallmist verwenden. Gesät wird im Frühjahr, geerntet erst im zweiten Jahr, wenn die Früchte da sind. Der richtige Erntetermin zeigt sich dadurch an, daß die Früchte beginnen, braun zu werden. Kümmelfelder werden mit Mähmaschinen abgeerntet. Die Früchte müssen anschließend trocknen und nachreifen, wobei ihr Aroma erst völlig zutage tritt. In den Kulturen läßt man einige Pflanzen ungeerntet stehen; sie säen sich aus, und man hat in den nächsten Jahren immer wieder eine Kümmelernte, ohne je regelrecht die Felder bestellt zu haben. Kümmel ist eine gute Bienenweide und Futterpflanze. Als stark duftendes Kraut fand er Eingang in mythologische Vorstellungen: Kümmel soll Hexen abwehren können. Vor allem in Thüringen kennt man die bösen «Holzweibel», die «Kümmelbrot – unser Tod!» ausrufen. Kümmel kam ins Brot, um die bösen Geister zu vertreiben, was meistens gelang; doch rächten sich die Hexen manchmal. Unruhigen Kindern, die von Dämonen besessen zu sein schienen, stellte man ein Töpfchen mit Kümmel unter das Bett; von dem starken Duft wurden die Geister abgeschreckt, und die Kinder konnten ruhig schlafen. Beim Säen der Pflanze soll man fluchen (ähnlich wie die Römer, die dies beim Kreuzkümmelsäen taten). Der zu Johannis geerntete Kümmel ist angeblich besonders heilkräftig. Die moderne Medizin weiß, daß Kümmel als Gewürz tatsächlich Schwerverdauliches bekömmlicher macht. Fructus Carvi gibt es als Medikament gegen Magen- und Darmverstimmung; ihre Einnahme wirkt auf den Patienten stark beruhigend.

Kurkuma ×

Die Kurkuma – das Wort wird auf der ersten Silbe betont – oder Gelbwurz(el) (Curcuma longa) ist ein Ingwergewächs (Zingiberaceae). Die mehrjährige, ausdauernde Pflanze wird bis zu meterhoch, hat längliche, stumpfe Blätter und blüht gelb. Unter der Erde treibt sie gelbe Wurzelstöcke, ähnlich wie der Ingwer, mit dem sie nahe verwandt ist. Aber die «Gelbwurzeln» sind – im Gegensatz zu Ingwerwurzeln – rund und ansonsten an der auffälligen Farbe zu erkennen. In ihnen sind scharf schmeckende und riechende ätherische Öle enthalten. Die Farbe wird vom Curcumin hervorgerufen, das – wie der Name sagt – nur in Kurkuma vorkommt.

Beides, Geschmack und Farbe, führte zur Nutzung der Gelbwurz, zunächst in ihrer Heimat, im tropischen Südostasien. Kurkuma ist dort ein sehr populäres Gewürz für Soßen, Fleisch- und Eierspeisen. Kurkuma, die man vor allem in gemahlenem Zustand kaufen kann, ist ein Bestandteil des Curry-Pulvers, dem sie nicht nur Geschmack, sondern auch die charakteristische Farbe verleiht. Überhaupt nutzt man die Doppelfunktion der Kurkuma als Gewürz und Farbstoff besonders gut, indem man sie an Butter, Reis, Senf, Soßen und Salate gibt. Im Fernen Osten sind die Gewänder von Geistlichen mit Kurkuma gefärbt. Wasser löst diese starke gelbe Farbe nicht, aber Fett, weswegen Curcumin als moderner Naturfarbstoff für Textilien nicht in Frage kommt.

Die Gelbwurz wurde im Altertum bereits von Südostasien in den Westen exportiert. Ob sie in antiker Zeit außerhalb Asiens bekannt war, weiß man nicht genau; die Namen gelber Färbepflanzen in der antiken Literatur lassen sich nicht eindeutig botanischen Pflanzenarten zuordnen. Auf die Verwendung der Kurkuma könnten sich aber Zitate im Alten Testament und in der griechisch-römischen Literatur beziehen. Mit Sicherheit war die Gelbwurz den arabischen Völkern im frühen Mittelalter bekannt, die die Sitte, Speisen zu färben, später dem Abendland vererbten. Der erste Europäer, der unserer Kenntnis nach die Kurkuma beschrieb, war Marco Polo, der sie in Südostasien sah. Er berichtete, man verwende sie wie Safran, woraus zu entnehmen ist, daß Kurkuma damals in erster Linie Färbepflanze und weniger Gewürz war – beide Pflanzen färben gleich, schmecken aber völlig unterschiedlich. Zu großer Bedeutung gelangte Kurkuma im Abendland nicht. Man erhält sie dort heute nur als Bestandteil von Curry-Pulver und als Gewürz in fernöstlichen Spezialitäten-Restaurants. Die Pflanze wird heute auch außerhalb Asiens in tropischen Gegenden angebaut. Ihre Wirkstoffe weiß man bei Gallenleiden medizinisch und in Reagenzpapier chemisch zu nutzen.

Lavendel

Die lateinischen Namen des Lavendels (Lavandula angustifolia, Lavandula spica oder Lavandula officinalis) nehmen alle Bezug auf wichtige Eigenschaften des Lippenblütlers (Lamiaceae oder Labiatae). Lavendel ist «officinalis», also eine Heilpflanze, ist «angustifolia», also schmalblättrig, und sein Blütenstand sieht wie eine «spica», eine Ähre, aus. Der untere Teil der Lavendelpflanze ist verholzt, Lavendel wird daher als Halbstrauch bezeichnet. Die krautigen, vierkantigen Zweige stehen steif aufrecht. Die Blättchen entspringen den Stengeln immer paarweise gegenüberliegend. Die kleinen Blüten sind intensiv blau und duftend, fünf bis zehn von ihnen bilden den ährenähnlichen Blütenstand an der Spitze der rund halbmeterhohen Lavendelpflanzen.

Lavendel ist ein typisches Gewächs heißer und trockener Gebiete Südeuropas. Die graugrüne Farbe von Stengeln und Blättern, deren feine Filzbehaarung und die eingerollten Blattränder schützen die Pflanze vor dem Vertrocknen. Selbst in der stärksten Mittagsglut verdunstet wenig Wasser von den kleinen Blattoberflächen, weil die Hitze von den Haaren und der hellen Farbe reflektiert wird. Dafür wird in der heißen Sonne das Lavendelöl ausgedünstet, ein Gemisch aus ätherischen Ölen, Alkoholen, Estern und anderen Substanzen. Dem Vieh ist dieser Geruch zu stark, es läßt den Lavendel auf den Weiden stehen; Lavendel konnte sich daher – wie alle stark duftenden Pflanzen – auf vielbeweideten Plätzen besonders gut ausbreiten.

Sommerlicher Lavendelduft ist heute so typisch für die Länder am Mittelmeer, besonders für die Provence, wo die Pflanze im großen angebaut wird, daß man sich wundert, Lavendel zur Zeit der klassischen Antike nicht erwähnt zu finden. Das Lavendelöl des Altertums gewann man offenbar aus der Narde. Das ursprüngliche Heimatland des Lavendels soll das westliche Mittelmeergebiet sein, doch ist es merkwürdig, daß zum Beispiel in Andalusien die Pflanze erst im 12.Jahrhundert als Gartenpflanze bekannt wurde. Kam sie also aus einer anderen Gegend? Die Frage muß zunächst offen bleiben. Aus dem Mittelalter liegen nur sehr vereinzelt Berichte über die Pflanze vor. Lavendel wurde erst etwa ab dem 15.Jahrhundert bekannter, zunächst besonders in Westeuropa, also in Frankreich, Flandern und England. Lavendelöl, das vor allem aus den Blüten extrahiert wurde, parfümierte in der Frühen Neuzeit Seife und Spezerei der vornehmen französischen Welt. Es ist auch ein Hauptbestandteil des allerdings nur dem Namen nach französischen Eau de Cologne, das bekanntlich aus Köln stammt. Die strenge Wuchsform, die starke Blütenfarbe und die leichte Beschneidbarkeit der Pflanze hatten es französischen Gartenarchitekten angetan: Lavendel wurde zur Rabattenpflanze im französischen Barockgarten. Von dort kam er in die Schloßgärten deutscher Fürsten, dann – ebenso als Rabattenpflanze – in jeden Bauerngarten. Die gegen Trockenheit unempfindliche Pflanze kann man sogar auf Mauern ziehen. Im letzten Jahrhundert wurde das Potpourri sehr bekannt: Ein Gemisch aus Lavendelblüten, Rosenblättern und Salz wurde auf den warmen Ofen gestreut, worauf Lavendelduft angenehm betörend vor den Stofftapeten durch die Biedermeiersalons zog. Auf dem Lavendelberg bei Bingen, wo in früherer Zeit die Pflanze in Massen verwildert war, schlug man die Büsche zur (Duft-)Holzgewinnung. Daraus wurde in der Biedermeierzeit ein solcher Raubbau, daß bis 1840 der ganze Bestand augerottet war.

In hiesigen Gärten erntet man heute hauptsächlich die Blüten (oder die ganzen Blütensprosse), um sie in Duftkissen einzunähen, die man zwischen die Wäsche legt – als ganz reales Abwehrmittel gegen Ungeziefer und als imaginäres gegen böse Geister. In Südfrankreich, dem Hauptanbaugebiet von Laven-

Lauendel.
LAVENDEL

del (die Felder sind ein überwältigender Eindruck für jeden Provence-Reisenden), erntet man außer Blüten und Sprossen auch die Blätter, die sich als Gewürz am besten eignen. Die Gewürzmischung «Herbes de Provence» enthält den Lavendel als eines der wichtigsten Kräuter. Auch die Sitte, Lavendelblätter an Fisch (z. B. Forellen), Fischsuppen und Fleisch zu geben, stammt aus Südfrankreich. Stets darf man nur wenige Blätter des kräftig schmeckenden Krautes verwenden, oder man wirft lediglich etwas davon ins offene Feuer, über dem das Fleisch gegrillt wird. Lavendel macht diese Speisen bekömmlicher; er hat außerdem heilsame Wirkungen gegen Rheumatismus und Gallenleiden, möglicherweise auch gegen Migräne. Zu viel Lavendel soll man nicht verwenden, weil dies Somnolenz hervorruft.

LEMONGRAS

Das Lemongras (Cymbopogon citratus) gehört in die Gräserfamilie (Poaceae oder Gramineae). Alles an der Pflanze ist typisch für ein Gras, bis auf drei Dinge: die knolligen Verdikkungen an der Basis, der Geruch und der Geschmack. Der charakteristische Inhaltsstoff ist das Citral, das eigenartigerweise ebenfalls in Lemonen oder Zitronen enthalten ist. Das Gras kann man daher als Gewürz ebenso verwenden wie Zitronat oder Zitronenschale. Lemongras stammt aus den Tropen Südostasiens und Ceylons. In der fernöstlichen Küche wird es viel verwendet. Heute ist Lemongras auch in Mittelamerika im Anbau und wird dort so viel benutzt, daß es auch Westindisches Zitronengras heißt. In der Medizin kennt man das Kraut und das daraus extrahierte Lemongrasöl als Heilmittel gegen Herz-Kreislauf-Störungen.

Liebstöckel

Das Liebstöckel (Levisticum officinale) ist ein Doldengewächs (Apiaceae oder Umbelliferae). Die ausdauernde Staude kann mannshoch werden. Der hohle Stengel entsprießt einer dicken Wurzel und hat an seiner Basis zahlreiche Narben von den vorjährigen Laubblättern. Die dunkelgrünen Blätter sind kräftig und glänzen fettartig, insgesamt ähneln sie denen des Selleries. Auch sie können kapitale Größen erreichen (bis zu siebzig Zentimeter lang und breit!), was aber wenig auffällt, weil sie in mehrere Abschnitte untergliedert sind. Die fast handgroßen Dolden setzen sich aus sehr zahlreichen gelben Blütchen zusammen, die im Hochsommer eine vorzügliche Bienenweide sind. In allen Teilen der Pflanze, vor allem in den Blättern, sind ätherische Öle und Alkylphthalide enthalten; letztere haben den allbekannten «Maggi-Geruch», der für Liebstöckel derart charakteristisch ist, daß die Pflanze auch unter dem Namen Maggikraut in den Kochbüchern auftaucht.

Es ist nicht sicher, woher das Liebstöckel kommt; wahrscheinlich stammt es von einer Wildpflanze aus den persischen Bergländern ab. Über seine frühe Geschichte weiß man fast nichts. Eine Pflanze «levisticum» wird häufig in der antiken Literatur genannt, sie ist sogar eine der wichtigsten Gewürzkräuter im römischen Apicius-Kochbuch. Doch ist es eher unwahrscheinlich, daß das levisticum der Antike und das heutige Liebstöckel das gleiche bedeuten – die Pflanze wird nämlich von antiken Autoren als zart beschrieben, und das ist Liebstöckel nun beileibe nicht. Im frühen Mittelalter verstand man dagegen unter levisticum zweifelsfrei das Liebstöckel. Die Pflanze, den Namen oder beides übernahmen die europäischen Völker aus dem romanischen Sprachraum. «Liebstöckel» ist eine Verballhornung des lateinischen Begriffes. Der klangvolle römische Name ist noch in vielfach anderer Weise mißdeutet worden; in Oberharzer Mundart wurde daraus der Lebensstock, der Luststock in Kärnten, der Laubstock in der Schweiz und der Leberstock im südlichen Niedersachsen.

Seit der Zeit Karls des Großen fehlt das Würzkraut kaum in einem Garteninventar. Besonders in Deutschland und England kam es sehr in Mode. Vielleicht wurde es wegen seines Namens so gerne verwendet: Dem deutschen «Liebstöckel» entspricht das englische «Lovage» oder «Love Parsley» (wörtlich übersetzt etwa «Liebespetersilie»). Eine ähnliche Verballhornung ist im romanischen Sprachbereich nicht möglich, wo nämlich lieben «aimer» heißt und Liebstöckel «Livèche». Fazit daraus ist, daß man in Frankreichs Küchen das Liebstöckel so gut wie nicht kennt! «Libstöckel wechßt allenthalben in gärten», schrieb Leonhart Fuchs in seinem «New Kreüterbuch» von 1543, und so blieb es über Jahrhunderte, wobei es wegen der starken Würzkraft der Pflanze damals wie heute ausreichte, stets nur einen Stock im Kräutergarten zu halten, es sei denn, man wollte seine Wurzeln als Gemüse essen.

Hauptsächlich der Name des Krautes war es, der für mancherlei Heil- und Wunderwirkungen des Liebstöckels zu bürgen schien. Junge Mädchen aromatisierten damit ihr Badewasser, um die Liebe der Männer zu gewinnen. Den hohlen Stengel nahm man in manchen deutschen Landschaften als Strohhalmersatz, wenn man erkältet war: Man schlürfte durch den duftenden Stengel warme Milch, die dabei die ätherischen Öle in sich aufnahm. In anderen Gegenden brachte man den Stengel zum Brennen und inhalierte den Duft, indem man wie an einer Zigarre am Stengel sog. Liebstöckel soll – nach Meinung alter Kräuterkundiger – auch gegen Magenkrankheiten, Gelbsucht, Frauenleiden, Melancholie und Schlangenbiß helfen, genauso gegen böse Geister, und zwar am stärksten an Mariä Himmelfahrt (15. August). Füttert man das Vieh damit, so soll es mehr Milch geben und leichter gebären. Im 19. Jahrhundert entdeckten die Ärzte, daß die Heilwirkung des Liebstöckels keineswegs so groß war, wie in früheren Jahrhunderten angenommen worden war. Die moderne Medizin erkennt nur eine leichte harntreibende Wirkung an. Zu Beginn des 19. Jahrhunderts gab es die Pflanze noch in jedem Bauerngarten, zu Ende des Jahrhunderts wurde bereits ein Rückgang ihrer Kultur festgestellt, jedoch noch nicht in abgelegenen Gebirgstälern, in

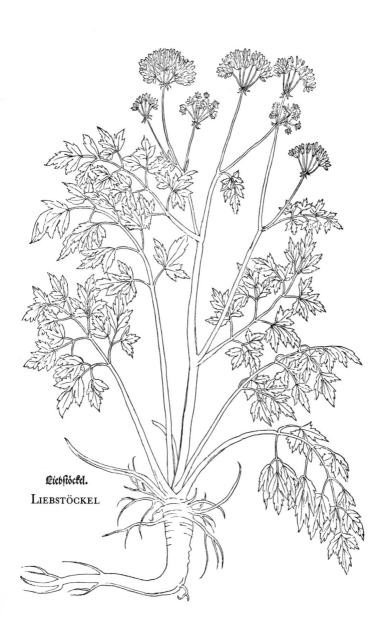

Liebſtöckel.
LIEBSTÖCKEL

denen Liebstöckel länger in intensivem Gebrauch blieb. Fast ganz verschwand das Kraut aus englischen Gärten, in Mitteleuropa hielt es sich besser und ist heute noch allen Gärtnern und Hausfrauen bekannt. Im Garten braucht Liebstöckel guten Boden, Düngung und Feuchtigkeit – nur so kann die Pflanze die enorme Menge an Biomasse aufbauen, die für sie typisch ist. Sie kann durchaus der Stolz des Gärtners werden. In der Küche gibt es für Liebstöckel eine Fülle von Verwendungsmöglichkeiten: Man nimmt frische, getrocknete oder pulverisierte Blätter (die jungen haben das beste Aroma) für Fleisch und Fisch, Gemüse und Suppe, Kräuterbutter, Kräuterquark und Salate.

Löffelkraut

Das Löffelkraut (Cochlearia officinalis) ist ein Mitglied der Kreuzblütlerfamilie (Brassicaceae oder Cruciferae), mehrjährig und klein. Seinen Namen hat es nach der Form der Grundblätter erhalten, die sich ihrer Ausbildung nach von den pfeilförmigen, kresseähnlichen Stengelblättern stark unterscheiden. Die weißen Blütentrauben (jedes kleine Blütchen bildet mit seinen vier Blütenblättern genau ein Kreuz) sieht man im Frühjahr, später dann die fast kugeligen Schötchen, in denen die kleinen Samen enthalten sind.

Das Löffelkraut hat seine Wuchsorte an feuchten Plätzen, an Küsten, Ufern, Quellen und in Sümpfen. Man weiß, daß das Kraut außerordentlich niedrige Temperaturen ertragen kann, ohne Schaden zu nehmen. Im Polarklima des Eiszeitalters war das Löffelkraut in Europa weit verbreitet. Als das Klima günstiger wurde, verdrängten kräftigere Pflanzen das Löffelkraut von den meisten seiner Wuchsorte. Nur dort, wo es sehr kalt ist, in den Alpen und in der Arktis, konnte es sich halten; genauso wie an den Meeresküsten, weil es – was nur wenige Pflanzen vermögen – auch auf salzigem Boden wächst. Die Wuchsorte der Pflanze wurden dabei geographisch so stark getrennt, daß sich in den letzten Jahrtausenden voneinander unterscheidbare Rassen und Unterarten herausbildeten: So sind die Schötchen der Meeresküstenform stets rund, die der Gebirgsform länglich.

In der Pflanze ist ein scharf schmeckendes ätherisches Öl enthalten, das ähnlich wie das des Meerrettichs schmeckt (mit dieser Pflanze ist Löffelkraut nahe verwandt), außerdem zeichnen sich die Blätter durch einen hohen Gehalt an Vitamin C aus. Beides führte dazu, daß Löffelkraut in den Reigen der Gewürz- und Heilpflanzen aufgenommen wurde. Man erntet die Blätter für Heil- und Würzzwecke vor allem im Frühling – sie sind in der vitaminarmen Jahreszeit besonders willkommen. An den Küsten gelangte Löffelkraut zu besonderer Bedeutung, weil die Seeleute die Pflanze einsalzten und als Mittel gegen Skorbut mit auf ihre langen Reisen nahmen. Löffelkraut ließ sich also genauso verwenden wie das – mit ihm nicht verwandte – Scharbockskraut (verballhornt aus Skorbutkraut); daher heißt das Löffelkraut auch Scharbockskraut (und das Scharbockskraut auch Löffelkraut, weil es eigenartigerweise ebenfalls löffelförmige Blätter hat ...). Löffelkraut wurde seit dem Ende des Mittelalters zuerst in den Küstenländern, dann auch im Binnenland in den Bauerngärten kultiviert. Angebaut wurde allerdings nur das Löffelkraut der Küsten. Die Pflanze liefert heute eine volkstümliche Würze für Kräuterbutter, Salate, Gemüse, Suppe und Spinat. Aus Löffelkraut und Weingeist stellt man Löffelkraut-Spiritus her, der in der Volksheilkunde als Mund- und Gurgelwasser empfohlen wird.

LÖWENZAHN ✕

Löwenzahn (Taraxacum officinale, Familie Korbblütler, Cichoriaceae oder Compositae) heißt er der gezähnten Blätter wegen, Butterblume wegen der gelben Blütenfarbe, Sonnenblume, weil die Blütenköpfe sich zur Sonne wenden, Milchstock wegen des Milchsaftes, Ringelblume, weil Kinder die klein geschnittenen hohlen Stengel zu Ketten aufzogen, Märzblume wegen der Blütezeit, Pusteblume, weil man die an «Fallschirmen» hängenden Früchte wegblasen kann bis auf einen kahlen Blütenboden, der der Tonsur katholischer Geistlicher ähnelt; Pfaffenbusch ist daher ein weiterer Name des Krautes, und weil es harntreibend wirkt, heißt es auch noch Bettpisser. Dies sind längst noch nicht alle Bezeichnungen für eine Pflanze, die überall wächst und die jeder kennt, an deren frischem Gelb sich das Auge erfreut, die als Grünfutter geschätzt ist (im Heu aber wertlos ist) und die man als «Teufelskraut» im Garten verflucht: Die rübenförmigen, tief reichenden Wurzeln sind beim Unkrautjäten eine Plage. Es gibt zahlreiche Formen des Löwenzahns, die sich zum Beispiel in der Ausprägung der Blätter unterscheiden. Nur Spezialisten unter den Botanikern können die Unter- und Kleinarten der Allerweltspflanze exakt bestimmen und benennen.

Löwenzahn ist keineswegs immer eine häufige Pflanze gewesen. Ursprünglich heimisch ist er in ganz Europa. Aber es ist erstaunlich, daß antike Autoren der sattgelben und auffälligen Blume keinerlei Aufmerksamkeit widmeten. Daß sie auch später noch selten war, kann man aus ihrer Behandlung im Mittelalter schließen. Damals war Löwenzahn als «Marienblume» eine geschätzte Gartenpflanze – zusammen mit noch heute besonders angesehenen Blumen wie Madonnenlilie, Akelei und Maiglöckchen. Daß man eine häufige Pflanze in die Gärten pflanzte, kann man sich kaum vorstellen: Löwenzahn muß damals somit als seltenes, besonderes Gewächs gegolten haben. Zu Ende des Mittelalters wurde Löwenzahn seiner harntreibenden Wirkung wegen zur Heilpflanze. Der wohl prominenteste Patient, der mit Herba Taraxaci behandelt wurde, war Friedrich der Große. Vielleicht weil Löwenzahn der Jungfrau Maria geweiht war, nutzten die Frauen den Milchsaft als Schönheitslotion. Seit der Romantik gibt es eine ganze Reihe von Poemen auf den Löwenzahn. Noch zu Großmutters Zeiten gab es nicht so viel Löwenzahn auf den Wiesen wie heute. Seine explosionsartige Ausbreitung hängt mit den besonderen ökologischen Bedingungen zusammen, die auf heutigen Wiesen herrschen. Einmal wird der Löwenzahn durch Jauchedüngung gefördert, weil er schnell wächst und dafür die vielen Aufbau-

und Nährstoffe des Düngers benötigt. Er wächst so rasch, daß er außerdem zu den ganz wenigen Kräutern gehört, die vor dem ersten Wiesenschnitt blühen und fruchten. In den letzten Jahrzehnten legten die Bauern den Termin des ersten Wiesenschnittes zunehmend früher; statt im «Heumonat» Juni oder im Juli werden die Wiesen heutzutage meist schon im Mai zum ersten Mal gemäht. Viele Blumen, die früher die Wiesen bunt färbten, blühen und fruchten nun nicht rechtzeitig vor der Mahd – sie verschwinden von der Wiese. Eine Pflanze, die sich rasch entwickeln kann, tritt an ihre Stelle: Das Einheitsgelb des Löwenzahns ist da.

Den Kräutersammlern ist das nicht unrecht. Vor allem die zarten, jungen Blätter des Löwenzahns, im zeitigen Frühjahr gestochen, sind ein treffliches Salatkraut. Man kann diese Blätter auch als Salat «solo» essen. Aus der Wurzel bereitete man einen Kaffee-Ersatz. Löwenzahnsalat ist besonders in den romanischen Ländern beliebt. Die älteste Nachricht über seine Zubereitung kommt aus Padua, und zwar aus dem Jahre 1650. Bis zum Beginn des 19. Jahrhunderts breitete sich die Sitte, aus Löwenzahn Salat zu bereiten, vor allem in Frankreich aus. Immer ist man bemüht gewesen, den bitteren Geschmack älterer Blätter zu mildern. Man tat dies durch Bleichen (die Blätter wurden dicht zusammengebunden oder mit Brettern bedeckt, so daß sie nicht mit dem Sonnenlicht in Kontakt kamen); ferner züchtete man milde Sorten, die in Frankreich als Kulturpflanzen gezogen werden. In Deutschland blieb man dabei, nur das junge Grün zu pflücken (natürlich vor der ersten Jauchedüngung). Der Bitterstoff des Löwenzahns, das Taraxacin, wirkt, wie die moderne Medizin weiß, anregend auf die Verdauungs- und Ausscheidungsorgane.

Lorbeerbaum

Der Lorbeerbaum (Laurus nobilis), ein Mitglied der überwiegend tropischen Pflanzenfamilie der Lorbeergewächse (Lauraceae), ist ein maximal zwölf Meter hoher Baum oder ein

Strauch. Die fingerlangen Blätter sind an beiden Enden zugespitzt, immergrün und ledrig. Typisch für sie sind die leicht gewellten Ränder. Es gibt männliche und weibliche Pflanzen, die nur Blüten jeweils des einen Geschlechts tragen. Die Blüten sind sehr klein, weiß oder gelb und stehen im Frühjahr büschelweise in den Blattachseln. Aus den weiblichen Blüten werden einsamige Steinfrüchte, die «Lorbeeren», die zunächst grün, später purpurn oder blauschwarz sind.

Der Lorbeerbaum ist ein Gewächs des warmen Klimas, Kälte und Frost verträgt er nicht. In der Zeit des Tertiärs, vor mehreren Jahrmillionen, war er fast überall in Europa einheimisch. Durch die Kälteeinbrüche der Eiszeiten wurde seine nördliche Verbreitungsgrenze weit in den Süden verschoben; sie verläuft heute südlich der Alpen. Die Bäume wachsen heute überall am Mittelmeer, aber interessanterweise auch an Englands Costa del Sol, auf der Insel Wight, wo es – dank des Golfstromes – so gut wie nie Frost gibt.

Der Lorbeerbaum ist eine Charakterpflanze mediterraner Landschaft und Mythologie. In Hellas wurde er viel besungen. Er war dem Apoll geweiht, mit Lorbeerbäumen war jede der Apoll gewidmeten Stellen umgeben, auch das berühmteste unter diesen Heiligtümern, Delphi am Parnaß. Dort saß Pythia, die allgewaltige Orakelspenderin, auf einem Schemel, der mit Lorbeerblättern geschmückt war. Ihre Lossprüche verkündete sie, während sie auf Lorbeerblättern kaute. Apollos erste Liebe, die Nymphe Daphne, besaß Lorbeerbäume. Sie wurde, als sie von dem Gott verfolgt wurde, in einen Lorbeerbaum verwandelt. Apollo trug seitdem immer einen Lorbeerkranz. Weil er der Gott der Kämpfenden und Siegenden war, diente der Lorbeerkranz fortan als Siegeszeichen der Kriegsgewinner, Olympioniken und Dichter – und dabei blieb es, bei Hellenen, Hellenisten und Philhellenen.

Antike Schriften bezeugen, daß damals schon aus Blättern und Früchten das Lorbeeröl gewonnen wurde, das in der Medizin als Salbe und im Haushalt als Insektenvertreibungsmittel Verwendung fand (und findet). Die Römer, deren Krieger sich auf Lorbeerblättern ausruhten, schätzten die «Lorbeeren», also die Früchte, als Gewürz, zum Beispiel zu Speiseöl, Wurst, Geflügel und Fisch. Im frühen Christentum war der Lorbeer seiner immergrünen Blätter wegen ein Symbol der Unvergänglichkeit. Man bettete daher die Toten auf Lorbeerblätter. Immer mehr symbolische Bedeutungen hängten sich an den Baum. Baccalaureat wurde genannt, wer sich erstmals akademische Lorbeeren geholt hatte, also der, der sein erstes Examen bestanden hatte. In der klassischen deutschen Dichtung wurde der Lorbeer immer wieder im Sinne der griechischen Mythologie besungen, doch betonte man auch den Gegensatz zwischen fremdem Lorbeer und der deutschen Eiche.

Nördlich der Alpen hat man immer wieder versucht, die berühmte Symbolpflanze in die Gärten zu holen. Regelmäßig erfroren die Bäumchen. Wohl im französischen Barock kam die Sitte auf, Lorbeerbäumchen in Kübel zu pflanzen, die im Sommer in den Parks standen und im Winter im Haus aufbewahrt wurden. Diese Kübelpflanzen konnte man auch als Dekoration bei mancherlei Festen gebrauchen.

Daß der Lorbeerbaum ein Gewürz liefert, war im Mittelalter anscheinend wenig bekannt. Die Lorbeerfrüchte wurden in nachrömischer Zeit kaum noch verwendet. Aus dem 16. Jahrhundert stammt eine Nachricht, daß Lorbeerblätter zu Fisch gegeben wurden, um ihn zu konservieren. Heute sind Lorbeerblätter ein verbreitetes Gewürz, das aber wegen seiner großen Würzkraft sparsam verwendet sein will. In den Lorbeerhainen am Mittelmeer erntet man normalerweise zweijährige Blätter, die anschließend getrocknet werden müssen. Dabei muß man darauf achten, daß sie nicht braun werden. Die Blätter werden mitgekocht oder mitgedünstet und anschließend aus den Speisen entfernt, denn essen kann man das lederige Grün nicht. Fisch und Fleisch, Suppen, Gemüse und Sauerkraut haben dann aber das unverwechselbare Aroma angenommen, das der Lorbeer ihnen verleihen sollte. Lorbeerblätter sind in zahlreichen Gewürzmischungen enthalten, so im Bouquet garni, einer in Frankreich erfundenen Suppenwürze. Ansonsten nutzt man an Produkten des Lorbeerbaumes heute noch das Holz zum Drechseln und Oleum Lauri als Furunkelsalbe.

Majoran

Der Majoran (Origanum majorana) entstammt der Familie der Lippenblütler (Lamiaceae oder Labiatae). Im warmen Klima, wo es keinen Frost gibt, kann die Pflanze mehrere Jahre leben und dabei die Wuchsform eines strauchähnlichen Gewächses annehmen. Wo es jedes Jahr Temperaturen unter null Grad gibt, erfriert Majoran im Winter und wird somit zum einjährigen Kraut. Seine Stengel ragen bis zu fünfzig Zentimeter in die Höhe, sind stark ästig verzweigt und von kurzen Filzhaaren bedeckt. Behaart sind auch die kleinen, kurzgestielten Blätter. Die von Hochblättern nahezu ganz verborgenen Blüten sitzen zu mehreren in Köpfchen beieinander. Die Blütenfarbe ist nicht immer die gleiche, bald dominiert die rötliche, bald die bläuliche Komponente, oder die Blüten sind fast weiß. Der Majoran blüht im Spätsommer; aus bestäubten Blüten werden kleine Nüßchen mit den Samen, aber nur dann, wenn der erste Frost nicht zu früh kommt.

Der Majoran ist also eine Pflanze des warmen Klimas. Man lokalisiert seine Herkunft meist im östlichen Mittelmeer und auf seinen Inseln, in Vorderasien und Nordafrika. Möglicherweise wurde er in der frühen arabischen Welt erstmals kultiviert. In diesen Ländern wird er «marjamje» oder «marjamach» genannt; das Wort Majoran wäre dann als sprachliche Ableitung davon zu deuten. In Hellas gab es eine Pflanze «amárakos», womit möglicherweise der Majoran gemeint war. Sicher war das Gewürz zur römischen Zeit bekannt. Nach Ausweis des berühmten Apicius-Kochbuches gehörte Majoran damals zu den zehn in den Küchen am meisten verwendeten Gewürzen. Ebenso wie später im Mittelalter wand man wohl damals schon Kränze und Grabgirlanden aus dem Gewächs. Im Mittelalter war das Gewürz nicht von Anfang an populär. Erst im hohen und späten Mittelalter kannte man es besser, besonders in den Klöstern der Benediktiner. Doch war das Wort Majoran immer noch exotisch genug, um in Shakespeares «King Lear» als Parole herhalten zu können. Erst in den letzten

Jahrhunderten fand Majoran seine weite Verbreitung in Gärten und Küchen.

Sein Anbau ist in den Gebieten nördlich der Alpen nicht einfach. Nicht überall, zumal in Norddeutschland, ist das Klima günstig genug, um dem Gewächs bis zur Samenreife genügend Zeit zu lassen. Für die Küche ist das unbedeutend, denn vor allem die Blätter dienen als Gewürz. Will man aber jedes Jahr neue Pflanzen haben, so muß man alljährlich die Samen aus Südeuropa beziehen. Majoran läßt man am besten unter Glas vorkeimen und verpflanzt ihn erst im späten Frühjahr – auf keinen Fall vor den Eisheiligen – ins Freie. Den höchsten Gehalt an würzigen ätherischen Ölen, Gerb- und Bitterstoffen haben die Blätter kurz vor und während der Blütezeit. Deshalb erntet man das Kraut zu dieser Zeit das erste Mal, indem man es knapp fingerhoch über dem Boden abschneidet. Die Pflanze treibt dann nochmals aus und kann später erneut geschnitten werden. Man kann die Blätter frisch verwenden, aber besser trocknet man sie, wobei die Würzkraft eigenartigerweise ansteigt. Nach dem Trocknen rebelt man Blätter und Blütenstände von den Stengeln ab – das Gewürz ist fertig zubereitet. Auf eines ist dabei unbedingt zu achten: Verholzte Stengelreste dürfen nicht ins Gewürzglas kommen, will man Majoran von hoher Qualität besitzen.

Gerichte, die schwer im Magen liegen, werden durch Zugabe von Majoran bekömmlicher, vor allem Hülsenfrüchte, Kohl und fettes Fleisch. Man gibt das Gewürz gerne an Gemüse, Suppen und Salat; sogar eine Droge gegen Magenkrankheiten stellt man daraus her. Berühmt wurde Majoran allerdings als Zutat zu Würsten. Diese Fleischspeisen sind ja ohne Gewürz nicht zu denken: Die Worte «Gewürz» und «Würste» sind sprachlich verwandt, woraus klar wird, daß für den Metzger und seine Kunden ursprünglich Gewürz der wichtigere und hochwertigere Inhaltsstoff der Tierdärme war als das oft minderwertige Fleisch. Majoran ist das Wurstgewürz Nummer eins, er heißt daher auch Wurstkraut. Blut- und Leberwürste sind ohne Majoran nicht zu denken – und wohl auch oft nicht zu verdauen. Bayerische Leberknödel, englischer Shepherd's

Pie und amerikanische Hamburger müssen ferner mit Majoran geschmacklich veredelt werden. Alle diese Speisen enthalten gehacktes Fleisch, das nicht von erster Güte sein muß; es kann nämlich sehr fett sein. Majoran verdeckt allen anderen Geschmack und sorgt dafür, daß die Metzgerkundschaft sich nach der Mahlzeit nicht über Magendrücken beklagt. Selbstverständlich erhalten aus dem gleichen Grund auch Gänsebraten, schwäbische Kutteln und Hamburger Aalsuppe eine Prise Majoran.

Mandel

Die Mandel wächst am Mandelbaum (Amygdalus communis) heran, einem Rosengewächs, das mit Kirsche und Pflaume, besonders aber mit dem Pfirsich nahe verwandt ist. Der Mandelbaum erreicht eine Höhe von etwa zehn Metern, manchmal ist sein Wuchs eher strauchartig. Wilde Mandelbäume haben Dornen an den Zweigen, kultivierte nicht. Die Blätter tragen kurze Stiele, sie sind schmal und länglich, ihre Ränder fein, aber deutlich gekerbt. Die weißen oder zart rosa gefärbten Blüten haben fünf Kronblätter. Sie ähneln Kirschblüten, sind aber größer. Mandelblüten öffnen sich im frühesten Frühjahr; bis daraus Früchte reifen, vergeht eine ungewöhnlich lange Zeit. Erst im Herbst kann man Mandeln ernten. Anders als beim Pfirsich ist das Fruchtfleisch der Mandel ledrig und ungenießbar. Nur in unreifem Zustand ist es eine säuerlich schmeckende Delikatesse südlicher Länder. In reifem Zustand platzt das Fruchtfleisch auf und gibt den harten, gelblich-bräunlich gefärbten Steinkern frei. Aus der harten Schale muß der weiche Samen hervorgeholt werden: dies ist die Mandel. Manchmal sind in einer Mandelfrucht auch zwei Samen enthalten, die «Vielliebchen».

Mandel ist nicht gleich Mandel, wie jeder weiß. Es gibt zahlreiche Sorten, bittere, süße und Krachmandeln. Alle Wildformen und manche der kultivierten sind Bittermandeln, die in ihren Samen zu etwa drei bis fünf Prozent den bitteren Stoff Amygdalin enthalten. Amygdalin gehört zu den sogenannten cyanogenen Glykosiden, zuckerähnlichen Stoffen, die bitter schmecken und von denen bei der Verdauung die sehr giftige Blausäure abgespalten wird. Vielen Rosengewächsen dienen die Blausäure-Zucker-Verbindungen als Schutz vor Tierfraß. Bittere Mandeln haben ein geschätztes Aroma, doch darf man nicht zu viele davon essen. Kinder können sich schon mit ein paar bitteren Mandeln tödlich vergiften. Süße Mandeln enthalten nur wenig Amygdalin. Ihr Blausäuregehalt ist völlig unschädlich, doch ruft das Amygdalin auch hier den unverwechselbaren Mandelgeschmack hervor. Krachmandeln werden mit der Samenschale verkauft; die harte Schale ist bei diesen Sorten so dünn, daß man sie mitessen kann, wenn sie auch gehörig zwischen den Zähnen «kracht».

Mandelbäume geben sich mit ihrer frühen Blütezeit und der langen Entwicklungsdauer von der Blüte bis zur Frucht als Pflanzen warmen Klimas zu erkennen. Mandeln reifen nur dort, wo es keine Spätfröste im Frühjahr und keine Frühfröste im Herbst gibt. Aus sprachgeschichtlichen Studien ermittelte man Klein- und Zentralasien als Herkunftsländer des Baumes, doch gedieh er – wie man aus frühen archäologischen Funden schließen muß – sicher auch in Griechenland, auf den ostmediterranen Inseln und in Palästina wild. Die Phöniker verehrten die Göttin Amygdale, der die Mandel (Amygdalus) geweiht war. Die asiatischen und ägyptischen Hochkulturen lernten die Mandel früh kennen. In Ägypten gab es sie in der Mitte des zweiten vorchristlichen Jahrtausends, in China nur wenige Jahrhunderte später. Die phönikischen Seefahrer trieben im östlichen Mittelmeergebiet jahrhundertelang Handel mit Mandeln. Um 300 vor Christus sank vor der zyprischen Küste ein fünfzehn Meter langes Schiff. Als man das Wrack vor wenigen Jahren entdeckte, fand man darin eine große Menge von Säcken, die mit Mandeln gefüllt waren. Die Griechen wußten, wie man Mandelbäume züchtet, schneidet, pfropft und düngt; sie buken Mandelgebäck. Die Römer erhielten Mandeln von den Griechen und nannten sie daher «griechische Nüsse». Die Samen wurden auf den Wandfresken Pompejis dargestellt; auch wurden Mandeln unter den Lavamassen gefunden, die im Jahre 79 nach Christus Pompeji und Herculaneum unter sich begruben. Die römischen Söldner Germaniens wurden aus dem Mittelmeergebiet mit Mandeln versorgt.

Spätestens seit dem frühen Mittelalter sind Mandelbäume auch nördlich der Alpen kultiviert worden – mit wechselndem Erfolg, denn oft erfroren die Blüten, oder die Früchte wurden nicht rechtzeitig vor dem Winter reif. Nur in den wärmsten Gegenden Mitteleuropas, am Kaiserstuhl und in Rheinhessen sowie am Bodensee, faßte der Mandelbaum wirklich Fuß. In Georg Heinrich Zinckes «Allgemeinem oeconomischen Lexicon» von 1731 ist zu lesen, daß der Mandelbaum «in denen Weinbergen am Main und Rheinstrom und Speyer und in der Bergstraszen trefflich fortkommt, also dasz von denen dasigen Bauern ganze Wägen voll Mandeln in die umliegende Orte zu Markt gebracht werden». Zu diesen umliegenden Orten gehörte sicher Frankfurt, denn dort malte im 17. Jahrhundert der Maler Georg Flegel mehrere Stilleben mit Mandeln. Außerdem wurden Mandeln zu den wichtigsten Ingredienzien des berühmten Frankfurter Gebäcks, der Bethmännchen (benannt nach der berühmten Frankfurter Bankiersfamilie) oder Frankfurter Brenten, die Eduard Mörike besungen hat.

Weiter nördlich in Europa zog und zieht man auch Mandelbäume, aber die Mandeln reifen dort nicht. Mandelbäume wurden dort zur Zierde in die Gärten gesetzt (selbst noch in Südnorwegen), die Mandelkerne aus dem Süden importiert. Im Ostseeraum handelten die Hanse-Kaufleute mit Mandeln. Hamburg, Lübeck und Königsberg waren die wichtigsten Umschlagplätze dieses südlichen Luxusnahrungsmittels. Spätestens seit 1406 wurde in Lübeck das berühmte Marzipan hergestellt, auch in Hamburg und Königsberg kannte man die Rezepte dafür. Nach alter Sage soll Marzipan in Lübeck erfunden worden sein, und zwar während einer feindlichen Belagerung. Nur noch Mandeln und Zucker sollen in der fast ausgehungerten Stadt vorhanden gewesen sein, als ein Bäcker auf die Idee kam, aus beidem einen Brotersatz zu backen, das «pan» (Brot) «Marci» (des Markustages), das den Lübeckern das Leben rettete. Mehr als eine Sage ist dies nicht, denn man weiß, daß Marzipan eine arabische Erfindung ist, dessen Rezept die Lübecker aus dem Orient übernahmen. Der Weltruf des Lübecker Marzipans wurde gar erst im 19. Jahrhundert begründet, als sich ein Konditor namens Niederegger an der Trave niederließ.

Süße Mandeln werden heute als Gewürz zu Gebäck, Fruchtspeisen, Reis, Huhn und manchem anderen verwendet; sie haben eine beruhigende Wirkung auf den Magen und helfen zuverlässig bei Sodbrennen. Bittere Mandeln kann man in Backwerk und Fruchtspeisen genauso verwenden, man muß sich aber darüber im klaren sein, daß sie den Geschmack der Gerichte total verändern. Ganz anders wiederum schmecken die gerösteten «Gebrannten Mandeln», die zum Beispiel Geflügelfleisch ein apartes Aroma verleihen. Von technischer Bedeutung ist das Mandelöl, das aus den Samen ausgepreßt wird. Es wird beispielsweise zur Herstellung von Parfüm und Seife benötigt.

Wenn von der Mandel die Rede ist, muß auch noch kurz auf ihre wichtige symbolische Bedeutung eingegangen werden. Konrad von Würzburg schrieb darüber im 13. Jahrhundert: «Christus wurde gezeugt in Marien, wie der Mandelkern sich in der unverletzt bleibenden Mandel bildet.» Die Mandel war in der christlichen Symbolik also Sinnbild des wesentlichen Inneren im unverletzt bleibenden Äußeren, für die unbefleckte Empfängnis und außerdem für die sich verjüngende Natur (weil die Mandelblüten sich so früh öffnen). Besonders in frühen bildlichen Darstellungen Christi (und Mariens) ist die Figur daher häufig von der Mandorla, der stilisierten Mandel umgeben. Möglicherweise hat die allbekannte Bedeutung der Mandel (Mandorlen findet man selbst auf Fresken kleinster Dorfkirchen des frühen Mittelalters) zur weiten Verbreitung der nußähnlich schmeckenden Samen beigetragen, die man ja interessanterweise vor allem zu Weihnachten, zum Fest Christi Geburt, als eigentümliches Gewürz in Gebäck gibt.

Mastix-Strauch

Der Mastix-Strauch (Pistacia lentiscus) ist ein Sumachgewächs (Anacardiaceae). Der Strauch, der über mannshoch werden kann, hat gefiederte Blätter und winzige dunkelrote, in dichten Trauben beieinander sitzende Blüten, die im Frühjahr offen stehen. Weibliche und männliche Blüten finden sich auf verschiedenen Büschen der zweihäusigen Pflanze. Die kugelförmigen Früchte sind erst rot, in reifem Zustand schwarz.

Mastix-Sträucher wachsen am Mittelmeer und auf den Kanaren, sie sind typisch für die mit Zwergsträuchern bewachsenen mageren Weideflächen der Mediterraneis. Seit antiker Zeit wird der Strauch in einer besonderen Varietät auf der griechischen Insel Chios kultiviert. Dort gewinnt man aus ihm das Mastix-Harz, das ätherische Öle und Bitterstoffe sowie mehrere andere Aromastoffe enthält. Am wertvollsten sind die glasklaren Harztränen, die von selbst aus den Zweigspitzen hervortreten. Mastix-Harz wird auch künstlich gewonnen, indem man die Rinde der Sträucher einkerbt; aus jeder Pflanze erhält man auf diese Weise pro Jahr bis zu fünf Kilogramm Harz. Mastix war in der antiken Welt sehr bekannt, in erster Linie als Heilmittel gegen diverse Zipperlein wie Magendrücken und Erkältung. Die Mastix-Beeren empfiehlt das Apicius-Kochbuch als Gewürz zu Feldkräutern, ansonsten dienten die Beeren in römischer Zeit als Vogelfutter. Besonders lange Tradition hat die Verwendung des Harzes als Kaugummi, durch den der Atem eine guten Geruch annimmt. Dies machte man sich vor allem in den Harems der Osmanen zunutze. Die Hälfte der gesamten Mastix-Produktion gelangte im 18. Jahrhundert an den Serail zu Konstantinopel; immerhin waren das 125 Tonnen pro Jahr. Auch heute noch gibt es Mastix-Kaugummi im östlichen Mittelmeergebiet. Dort würzt man mit Mastix Brot und anderes Gebäck. Auch wird damit Mastiki, ein griechischer Branntwein, versetzt. Mastix-Harz dient ferner verschiedenen technischen Zwecken, so zur Herstellung von Kitt, Firniß, Lacken und Pflastern.

Meer- oder Seefenchel

Der Meer- oder Seefenchel (Crithmum maritimum) ist ein Doldenblütler (Apiaceae oder Umbelliferae). Die ausdauernde Staude hat dicke Wurzeln und Stengel, die an der Basis verholzen, fleischige sukkulente Blätter und weißliche Blütendolden. Die Früchte sollen nach griechischer Vorstellung Gerstenkörnern ähneln. Weil Gerste «krithi» genannt wurde, entstand so der wissenschaftliche Gattungsname «Crithmum».

Meerfenchel wächst auf salzhaltigen Stellen an all denjenigen europäischen Meeresküsten, wo es in der Regel keinen Frost gibt: von der Krim entlang der Gestade von Mittelmeer und Atlantik bis zu den Kreidefelsen Nordfrankreichs und Südenglands, ferner auf den Kanarischen Inseln. Die Blätter wurden seit antiker Zeit ihres Gehaltes an ätherischen Ölen und Vitaminen wegen als Salat gesammelt und in Salzlake oder Essig konserviert. Diese Speise bereitete nach der Argonautensage Hekate dem Theseus. In der antiken Heilkunde empfahl man das Kraut zur Blutreinigung, zur Anregung des Appetits und als Wurmmittel. Seefahrer nahmen es gegen Skorbut auf lange Reisen mit. In Shakespeares «King Lear» liest man im Zusammenhang mit der schaurigen Szenerie der Kreidefelsen von Dover, daß jemand dort Meerfenchel sammelt. Er wird in Südengland und in Südeuropa noch heute auf Märkten verkauft, und in Nordamerika wird die Pflanze sogar angebaut. Man ißt den Meerfenchel frisch oder legt ihn wie in antiker Zeit sauer oder salzig ein. In kleinen Dosen empfehlen ihn die Engländer als Salatgewürz oder als in Butter gedünstetes Gemüse.

Meerrettich ✕

Der Meerrettich oder Kren (Armoracia rusticana) stammt aus der Familie der Kreuzblütler (Brassicaceae oder Cruciferae). Er ist eine stattliche Pflanze, die aus einer dicken, verzweigten Wurzel weit über einen Meter hoch aufschießt. Die Blätter (die unteren manchmal einen Meter lang) sind schmal und länglich; die oberen haben einen kürzeren Stiel als die unteren, die unteren sind am Rand deutlicher gezähnt als die oberen. Blüten trägt das Gewächs von Mai bis Juli. Typisch für Kreuzblüten ist ihre Vierzähligkeit, typisch für Meerrettich, daß jede von ihnen auf kleinen Stielen sitzt, daß sie bis zu sieben Millimeter lange weiße Kronblätter haben und daß sie in reichblütigen Rispen beieinander stehen. Früchte und Samen reifen nur selten heran. Die Früchte sind annähernd runde oder eiförmige Schötchen, in denen sich die kleinen Samen befinden. Meerrettich vermehrt sich im allgemeinen nicht durch Samen, sondern durch Ausläufer seiner langen Wurzeln. Die Wurzeln enthalten die charakteristischen Senföle, deretwegen Meerrettich als Gewürz gezogen wird. Neben Paprika und Pfeffer gehört Meerrettich zu den schärfsten Registern, die man beim Würzen von Speisen ziehen kann. Frischer Meerrettich treibt einem das Wasser in die Augen; auf der Haut können sich dort Blasen bilden, wo man mit den Meerrettichölen in Berührung kam. Meerrettich verliert durch Ablaugen und/ oder Kochen seine übermäßige Schärfe, ist aber auch dann noch nicht ganz «zahm».

Der Name Meerrettich ist sehr geheimnisvoll, leichter zu deuten ist der Begriff Kren. Er ist direkt aus dem slawischen Wort «chreňu» abgeleitet, und es spiegelt sich in dieser Lehnwortbildung richtig wider, daß slawische Völker ihn aus seiner südosteuropäischen und vorderasiatischen Heimat ins südliche Mitteleuropa brachten. Den Begriff Kren kennt man besonders in den Gebieten, die im Mittelalter und auch später noch teils von Deutschen, teils von Slawen besiedelt wurden: Schlesien, Erzgebirge, Böhmen, Oberpfalz, (östliches) Bayern, Österreich, Oberitalien. Wie aber kam es zur Wortbildung «Meerrettich»? Mit dem Meer hat das Gewächs nichts zu tun, denn weder ist es typisch für das Meer und seine Küsten, noch kam es als Fremdling über das Meer zu uns (was manchmal behauptet wird). Oft hat man den Begriff gedeutet, indem man seine Schreibweise in Mährrettich änderte, ihn also zum Rettich der Mähren oder Pferde werden ließ – eine Ansicht,

Meerrhettich.
MEERRETTICH

die man dadurch bestätigt sah, daß die Engländer die Pflanze horseradish nennen. Aber der Meerrettich hat mit Pferden nicht erkennbar etwas zu tun; weil die westeuropäischen Völker das Gewürz in Mitteleuropa kennenlernten (die Franzosen nennen es auch «Moutarde des Allemands»), ist es wahrscheinlicher, daß die Engländer aus einem nicht ganz richtig verstandenen Wort «Meerrettich» «horseradish» übersetzten. Es ist aber möglich, daß der Meerrettich ursprünglich der «Mährische Rettich» gewesen sein könnte, also der Rettich, der von dem im Mittelalter mächtigen slawischen Volk der Mähren (sie hatten das Großmährische Reich gegründet) gegessen wurde. Diese Deutung des Wortes liegt insofern auf der Hand, als man weiß, daß Meerrettich zwischen dem 10. und dem 12. Jahrhundert von den Slawen nach Mitteleuropa gebracht wurde (der Begriff Kren besagt das gleiche).

In Deutschland wurde und wird Meerrettich besonders viel in der Gegend um Bamberg, Erlangen, Fürth und Nürnberg angebaut. Dort propagierte der Graf Johannes Alchimista in der Mitte des 15. Jahrhunderts den Kren-Anbau. Die Meerrettich- oder Krenweiber zogen von dort aus im Herbst in die umliegenden Städte und boten ihre Ware auf der Straße oder als Hausiererinnen feil. Noch heute sieht man die Kräuterweiber gelegentlich in ihrer althergebrachten farbenfrohen Bauerntracht und mit dem großen Warenkorb auf dem Rücken. Ein anderes traditionelles Meerrettich-Anbaugebiet liegt im Spreewald, der interessanterweise im Mittelalter ebenfalls Grenzbereich zwischen deutschem und slawischem Gebiet war.

Der Meerrettichanbau verlangt intensive Handarbeit und im Jahreslauf eine ganze Reihe von Arbeitsgängen auf dem Felde. Im Frühjahr werden Stücke von Krenwurzeln in den Boden ausgesetzt, die sogenannten «Fechser». Sie müssen einen ganz bestimmten Durchmesser, eine genaue Länge haben und in einem exakten Winkel schief in die Erde gebracht werden, damit sich unten an ihnen neue Wurzeln und oben krautige Pflanzenteile bilden. Das Feld wird mehrfach gehackt. Außerdem muß darauf geachtet werden, daß der Fechser schön glatt bleibt. Deshalb nimmt man ihn im Sommer zweimal aus der

Erde, um alle neugebildeten Wurzeln – außer den untersten – «aufzuräumen», d. h. abzubrechen. Im Oktober kann geerntet werden: Die Fechser werden zur Bereitung des Gewürzes verwendet, die Wurzeln, die sich an ihrem unteren Ende gebildet haben, über Winter in trockenem Sand im Keller gelagert. Aus den Wurzeln werden die nächstjährigen Fechser geschnitten. Die Fechser kommen nach der Ernte als «Meerrettichstangen» auf den Markt oder in die Körbe der Krenweiber; heute werden sie aber vor allem geraspelt und gemahlen zu einer Meerrettichwürze, die es in jedem Supermarkt im Glas zu kaufen gibt.

Ein Klecks Meerrettich auf den Tellerrand gehört vor allem zu kurzgebratenem und gekochtem Fleisch, etwa zu Steak, Roastbeef, Sied- und Räucherfleisch. Bekannt ist die Meerrettich-Sahne, in der der wilde Geschmack des Gewürzes erheblich abgemildert ist. Eine ähnliche Milderung des Geschmacks wird in Meerrettich-Soßen erzielt. Meerrettich gibt es auch als Zugewürz in Gemüse, etwa in Weiß- und Sauerkraut, Roten Beten oder Gurken. In Österreich und Bayern kennt man den Apfelkren, ein Gemisch aus geriebenem Meerrettich und Apfel, das scharf, würzig und fruchtig zugleich schmeckt.

Meerrettich galt und gilt als sehr gesund. Im Mittelalter gab es eine ganze Liste von Krankheiten, gegen die er verabreicht wurde, etwa Vergiftungen, Ohrenweh und Dreitagefieber. In der Volksmedizin schätzt man ihn heute noch wegen seines hohen Gehaltes an Vitamin C. Die in den Apotheken käufliche Radix Armoraciae ist in Heilmitteln gegen Grippe und Harnwegsinfektionen enthalten. In der Küche und in der Medizin muß man allerdings beachten, daß es Menschen gibt, die gegen Senföle allergisch sind und daher Meerrettich nicht vertragen können. Übermäßig große Mengen Meerrettich sollte man nicht essen, weil dies Nierenblutungen hervorrufen kann – die in der Küche normalerweise verwendete Menge ist aber völlig ungefährlich.

Minze

Die Minzen (Mentha) bilden eine Gattung der Lippenblütler-Familie (Lamiaceae oder Labiatae). Die verschiedenen Minzen-Arten sind nur schwer voneinander zu unterscheiden, obwohl sie geläufige Namen besitzen: Pfefferminze, Poleiminze, Krause Minze. Wer etwas über diese Pflanzen schreiben will, kapituliert vor ihrer Formenmannigfaltigkeit, vor der ungeklärten Frage, wie viele Minzen es tatsächlich gibt, und wie diese klar zu unterscheiden seien: «Wenn aber einer die Kräfte und Arten der Minzen samt und sonders zu nennen vermöchte, so müßte er gleich auch wissen, wie viele Fische im Roten Meere wohl schwimmen, oder wie viele Funken Vulcanus, der Schmelzgott von Lemnos, schickt in die Lüfte empor aus den riesigen Felsen des Aetna», schrieb der gartenkundige Mönch Walahfried Strabo (Übertragung: Hans-Dieter Stoffler) in karolingischer Zeit auf der Reichenau. Schon damals also zerbrach man sich über die Minzen den Kopf, und verständlicherweise weiß man daher auch nicht genau, welche Minzen tatsächlich wann gezogen und genutzt wurden.

Im allgemeinen unterscheidet man heute folgende Arten: Eine Gruppe besitzt gestielte Blätter, und zwar sind dies Wasser-, Acker- und Poleiminze. Die Poleiminze (Mentha pulegium) hat Kelche, deren fünf Zähne einander nicht gleichen. Regelmäßig angeordnet sind die Kelchzähne bei der Wasserminze (Mentha aquatica), deren Blütenstände die Stengel bekrönen, und bei der Ackerminze (Mentha arvensis), deren Blüten knäuelartig in den Achseln der Tragblätter auch tiefer am Stengel sitzen. Eine besondere Form der Wasserminze ist die Krause Minze mit krausen Blättern. An dieser Stelle muß der Quirlblütigen Minze (Mentha × verticillata) Erwähnung getan werden, einer Pflanze, die durch Kreuzung der Acker- und Wasserminze entstand. Andere Minzen haben ungestielte Blätter, die ganz und gar kahle Grüne Minze (Mentha spicata), die Roßminze (Mentha longifolia) mit ihren länglichen Blättern und die Rundblättrige Minze (Mentha rotundifolia), deren Laub, wie der Name sagt, rund ist. Zwischen den beiden letztgenannten Arten gibt es einen Bastard, die Wollige Minze (Mentha nemorosa), deren Blätter bald abgerundeter, bald länglicher sind. Noch nicht genannt wurde die bekannteste Minze, die Pfefferminze (Mentha × piperita). Auch sie ist ein Bastard, und zwar vermutlich durch Kreuzung von Grüner und Wasserminze entstanden. Da Wasserminze keine Blattstiele, Grüne Minze aber gestielte Blätter hat, weist die Pfefferminze als intermediäre Form ganz kurze Blattstiele auf. Ansonsten sehen sich alle Minzen sehr ähnlich. Alle sind sie etwa halbmeter- bis meterhoch wachsende Kräuter und Stauden mit kleinen Blättern und winzigen Blüten, die zu vielen in Knäulen beieinanderstehen. Die Blüten sind meist violett und sind im Spätsommer geöffnet. Alle Minzen wachsen wild an feuchten Plätzen, manche sogar im Wasser, andere im (feuchten) Acker. Alle haben sie einen charakteristischen Inhaltsstoff, das nach den Minzen benannte Menthol, eines der bekanntesten Bestandteile ätherischer Öle. Die Wildpflanzen enthalten im allgemeinen weniger Menthol als die Bastarde. Pfefferminze hat bei weitem den höchsten Mentholgehalt.

In Küche und Heilkunde kann man alle Minzen ungefähr gleich verwenden. Ihre Würz- und Heilkraft ist aber jeweils unterschiedlich. Die Poleiminze, die vor allem aus warmen Gegenden stammt, gedeiht auch auf salzhaltigen Böden an den Meeresküsten. Sie ist wohl schon im Altertum bekannt gewesen; spätestens seit dem 16. Jahrhundert extrahiert man das Poleiöl, das außer Menthol vor allem das scharf riechende Pulegon enthält. Seeleute nahmen das Kraut früher auf ihre Reisen mit, um damit das in den Kesseln faulende Wasser wieder frisch bzw. trinkbar zu machen. Ackerminze gibt es fast überall auf der Nordhalbkugel der Erde. Eine Form von ihr wird als «Japanische Pfefferminze» gelegentlich angebaut; sie hat einen recht hohen Mentholgehalt. Wasser- und Krause Minze sind überall in Europa zu finden. Krause Minze soll bereits seit antiker Zeit eine Garten- und Gewürzpflanze sein. Die Rundblättrige Minze, eine Pflanze Westeuropas, riecht nicht so gut wie ihre nahen Verwandten. Trotzdem wird behauptet, sie sei früher angebaut worden. Roßminze wächst fast überall in der Alten Welt. Sie ist wohl die in der Bibel erwähnte Minze, der «Wilde Balsam» des Mittelalters; die Juden aßen sie am Passahfest. Die Grüne Minze stammt wahrscheinlich aus dem Mittelmeergebiet. In Kultur wurde sie fast überall in Europa und Afrika genommen. Auf dem Schwarzen Kontinent gilt Tee aus Grüner Minze als Zeichen besonderer Gastfreundschaft; in England und Amerika heißt diese Pflanze «spearmint», ein Begriff, der jedem Kaugummi-Fan wohlbekannt ist: Grüne Minze ist das wichtigste Gewürz von chewing gum.

Größte Bedeutung für Küche und Medizin hat die Pfefferminze; der in der Kultur entstandene Bastard hat eine verhältnismäßig junge Geschichte. Erstmals berichtet wird über diese Minze, die wegen ihres hohen Mentholgehaltes und des daher besonders intensiven Geschmackes den Beinamen «Pfeffer-» erhalten hat, im Jahre 1696; der Engländer John Ray (1628–1705) sah sie damals in Gärten in Hertfordshire. Pfefferminze wurde schnell zu einem Charaktergewürz der englischen Küche. Die «Mint Sauce» ist eine Besonderheit in dem Land, in dem Soßen ansonsten nicht so populär sind wie in Deutschland und Frankreich. Pfefferminze gelangte in Rezepte zur Zubereitung von Kompotts, Bonbons, Crèmes und dergleichen Süßigkeiten mehr. Typisch englisch ist zum Beispiel «After eight», das berühmte Pfefferminzschokolade-Plätzchen. Die Kultur und die Verwendung der Pfefferminze begannen im 17. Jahrhundert auf dem europäischen Kontinent. Pfefferminze wurde zwar überall in den Bauerngärten angepflanzt, doch wurde das Gewürz hierzulande längst nicht so bekannt wie in England. Man baute die Pflanze auch im großen an. Ihr bekanntestes Produkt ist in Mitteleuropa der Pfefferminztee, der auf Magen, Darm und Galle krampflösend wirkt. Er wird allerdings nicht nur als Heiltee getrunken. Tee-Aufgußbeutel mit getrockneten Pfefferminzblättern sind in jedem Lebensmittelgeschäft zu haben. Pfefferminzöl ist in zahlreichen Arzneimitteln enthalten, nicht nur in solchen, die innerlich verwendet werden, sondern zum Beispiel auch in Cremes, die Juckreiz stillen, oder in Nasensalben. Kleine Kinder sollten mit

Menthol nicht in Berührung gebracht werden, weil sie sehr empfindlich darauf reagieren können. Babys und Kleinkinder können an Überdosen Menthol sogar sterben. Erwachsene sind gegen das Öl im allgemeinen unempfindlich.

Mythologische Vorstellungen beziehen sich auf die Minzen insgesamt. Vor allem in den Mittelmeerländern gelten die Minzen ihres starken Geruches wegen als besonders heilkräftig und wundertätig. Eine Sage aus den Pyrenäen, in der erzählt wird, daß die Mutter eines kranken Kindes neun Mal einer Minze Brot und Salz bringen muß, bis das Kraut eingeht und das Kind gesund wird, ist das Thema eines Gedichtes von Annette von Droste-Hülshoff. Eindringlich beschrieb sie die Wildheit südlichen Gebirges, wo die «stärksten» Sorten der Minzen gezogen werden.

Mohn

Der Mohn, dessen Samen wir als Gewürz verwenden, ist nicht der bei uns als farbenprächtiges Unkraut wachsende Klatschmohn, sondern der Schlaf- oder Gartenmohn (Papaver somniferum) aus der Familie der Mohngewächse (Papaveraceae). Schlafmohn ist ein einjähriges Gewächs. Er wird einmal nur knapp einen halben Meter groß, dann wieder beinahe mannshoch. Die unteren Blätter haben einen kurzen Stengel, die oberen umfassen an ihrem Grunde den ganzen Blütenstiel. Alle Blätter sind am Rand gesägt und etwas kraus. Die Blütenblätter, vier an der Zahl, haben Farben zwischen Weiß, Rot und Violett; die Farbenvielfalt ist enorm. Charakteristisch für jedes Blütenblatt ist ein dunklerer Fleck an seinem Grund, dessen Färbung oft ins Bräunliche spielt. Aus der im Frühsommer offen stehenden Blüte entwickelt sich nach der Befruchtung eine sehr charakteristische Samenkapsel, die unter anderem aus Trockensträußen bekannt ist: Auf dem runden, bauchigen Gebilde sitzen die Reste der Narben wie ein kleines Krönchen. In den Kapseln sind unzählige kleine Samen, die Mohnkörner, enthalten, die, mit der Lupe betrachtet, wie die ganze Pflanze nicht ohne ästhetischen Reiz sind: Die nierenförmigen Gebilde sind von einem feinen Netzmuster überzogen.

Mohnsamen, meist kurz «Mohn» genannt, sind ein Gewürz, das jedermann kennt. Weniger bekannt ist das Mohnöl, das man aus den Samen auspreßt. Den Rückstand nach dem Auspressen nennt man Mohnkuchen. Sehr bekannt ist ein Stoff, den man aus dem Milchsaft des Gewächses gewinnt, nämlich das Opium. Opium besteht aus einer ganzen Reihe von Alkaloiden, die auf den menschlichen Organismus berauschende, einschläfernde und schmerzstillende Wirkungen zeigen. Im Opium sind zum Beispiel Narcotin, Morphin und Codein enthalten, Substanzen, die in der Medizin viel verwendet werden. Opium insgesamt ist mehr als Rauschmittel bekannt. Die berauschenden Stoffe sind im Milchsaft unreifer Samenkapseln in größter Konzentration enthalten, weshalb man für die Gewinnung von Rausch- und Arzneimitteln die noch grünen Früchte erntet und anritzt: Das hervortretende Opium trocknet in kleinen Tropfen an der Luft. Von den reifen Samen geht keine berauschende Wirkung aus.

Schon wegen der vielseitigen Verwendung als Gewürz, Ölpflanze, Arznei- und Rauschmittel ist der Schlafmohn eine der interessantesten Kulturpflanzen, daneben aber auch wegen seiner Herkunft und Geschichte. Es besteht heute weitgehend Klarheit darüber, daß die Wildpflanzen, von denen der Schlafmohn abstammt, im westlichen Mittelmeergebiet beheimatet sind. Hier muß Schlafmohn erstmals verwendet und in Kultur genommen worden sein, und zwar vor mehr als 6000 Jahren. Aus archäologischen Samenfunden ist jedenfalls zu schließen, daß die ersten Ackerbauern an Maas und Niederrhein um 4000 vor Christus den Mohn bereits kannten. Weil es so weit im Norden niemals wildwachsenden Schlafmohn gegeben hat, ist klar, daß er dorthin nur als Exportgut aus dem Süden gelangt sein kann. Sicher wurde damals bereits hinter den jungsteinzeitlichen Lehmhäusern Mohn ausgesät und geerntet. Vielleicht lassen sich mit diesem Mohnanbau erste Formen von Gartenkultur geschichtlich erfassen. Wir wissen nicht, ob auf diese Weise Öl, Gewürz oder Opium fürs Volk gewonnen

Magsamen.
MOHN

wurde. Besonders interessant ist an den frühen Mohnfunden, daß sie Kulturkontakte zwischen dem westlichen Mittelmeergebiet und den Lößgegenden Mitteleuropas in der Jungsteinzeit belegen. Die frühesten Ackerbaukulturen hatten den größten Teil ihrer Kulturerrungenschaften dem Südosten zu verdanken: Ackerbau, seßhafte Lebensweise, Viehzucht und Töpferei. Das bäuerliche Know-how, unter anderem auch das Wissen über den Anbau von Kulturpflanzen, breitete sich entlang von Donau und Rhein und an den Mittelmeerküsten im Lauf von Jahrhunderten westwärts aus, und zwar, wie es den Anschein hat, ohne daß Kontakte zwischen den Bauern nördlich und südlich der Alpen bestanden hätten. Die Ausbreitung des Mohns aus dem Süden bzw. Südwesten nach Mitteleuropa belegt aber eindeutig, daß diese Kontakte in der Jungsteinzeit existierten. In der späteren Jungsteinzeit dehnte sich der Anbau des Mohns weiter nach Osten aus, nach momentaner Kenntnis bis ins Gebiet des heutigen Polen. Schlafmohn war eine wichtige Kulturpflanze der Schweizer und süddeutschen «Pfahlbauten», auch in Oberitalien wurde er zu dieser Zeit bekannt. In der Bronzezeit gelangte Schlafmohn ins östliche Mittelmeergebiet, noch in vorchristlicher Zeit auch an die Nordseeküste und nach Südengland. Für seine weitere Verbreitung sorgten die Römer. Im Mittelalter war Mohn allerorten bekannt. In Mitteleuropa zog man ihn damals ausschließlich in den Gärten; der Feldanbau kam dort erst in der Neuzeit auf (und ist heute zumeist wieder verschwunden). Seit der Bronzezeit hatte sich der Schlafmohn aber vor allem im östlichen Mittelmeerraum und von da aus auch weiter im Osten ausgebreitet. Aus der östlichen Mediterraneis stammen die ältesten Hinweise auf die Gewinnung von Opium. Eine Idolfigur spätminoischer Zeit (Mitte des zweiten Jahrtausends vor Christus) zeigt eine schlafende Göttin, die auf ihrem Stirnreif drei Schlafmohnkapseln trägt. Über das Opium wird in der griechischen Literatur immer wieder berichtet, so zum Beispiel in der Odyssee.

Im Orient wurde Opium später deswegen so populär, weil es die Mohammedaner wegen ihres Alkoholverbots nach einem anderen Rauschmittel verlangte. Die Muselmanen brachten das Gewächs bis nach Fernost. Die Chinesen wurden etwa ab der Mitte des 17. Jahrhunderts zu begeisterten Opium-Rauchern, das Opium zu einem der wichtigsten Ausfuhrgüter Chinas. Allerdings war meist nicht klar, wer damit handeln durfte. Chinas Handelsgrenzen waren zu Beginn des 19. Jahrhunderts ja für europäische Händler noch geschlossen. Trotzdem brachten englische Kaufleute das chinesische Opium an sich, was einen Krieg zur Folge hatte, den englisch-chinesischen Opiumkrieg (1840–1842). China unterlag, der Handel mit Opium – und erst als Folge davon der Handel mit anderen chinesischen Gütern – wurde für die Europäer freigegeben. Wieder erwies sich hier, bei der Öffnung der chinesischen Grenzen, der Schlafmohn von großer Bedeutung für die Weltgeschichte. Wir müßten die Weltgeschichte anders schreiben, gäbe es Schlafmohn und Opium nicht!

Die ersten sicheren Nachweise für die Verwendung des Schlafmohns als Gewürz finden wir in der römischen Literatur. Damals vermischte man Mohn mit Honig, und man streute ihn damals schon aufs Brot. Mohnbrote, Mohnzöpfe, Mohnbrötchen haben auch schon eine zweitausendjährige Geschichte. Im Gebiet zwischen Ostdeutschland und dem Orient dienen Mohnkörner als Füllmasse süßer Kuchen, deren bekanntester hierzulande der Dresdener Mohnstollen ist. Im Orient würzt man Fleisch mit Mohn. Er ist ein Hauptbestandteil mancher Curry-Mischungen des Nahen Ostens.

Die wichtigsten Mohn-Anbaugebiete der Welt liegen heute in Südosteuropa und Asien. Doch darf das nicht darüber hinwegtäuschen, daß ungewöhnlicherweise der Orient diese Kulturpflanze dem Okzident verdankt; fast alle anderen angebauten Pflanzen der Alten Welt gingen bei ihrer Ausbreitung den umgekehrten Weg.

Murraya

Murraya (Murraya koenigii oder Chalcas koenigii) ist ein Strauch aus der Familie der Rautengewächse (Rutaceae), ein naher Verwandter der Citrusbäume. Den wissenschaftlichen Namen Chalcas erhielt der Strauch wegen seiner kupferfarbenen Blätter (chalkós bedeutet auf griechisch Kupfer). Die Blätter riechen – unserem Empfinden nach – unangenehm, in Indien gelten die «Curryblätter» aber als köstliches Speisegewürz, etwa zu Fleischgerichten. Heimisch ist das Gewächs an den südlichen Abhängen des Himalaja. Sein Anbau erreichte im Süden des indischen Subkontinentes die größte Intensität. Curryblätter sind, wie der Name sagt, in Curry-Gewürzmischungen enthalten, aber nicht in allen – Curry ist ja ein Sammelname für verschiedene indische Gewürzmischungen, die aufgrund unterschiedlicher Herstellungsrezepte in ihrem Geschmack und in ihrer Schärfe voneinander abweichen.

Muskatnuss X

Muskatnuß und Muskatblüte sind zwei Gewürze des Muskatbaumes (Myristica fragrans), des bekanntesten und namengebenden Vertreters der Muskatgewächse (Myristicaceae). Myristica fragrans wird etwa zehn Meter hoch. Die Blätter der immergrünen Pflanze sind dunkel gefärbt und ganzrandig, die Blüten gelb. Es gibt Bäume mit ausschließlich weiblichen und solche mit nur männlichen Blüten; die Pflanze ist also streng zweihäusig. Aus den weiblichen Blüten, die das ganze Jahr über zu sehen sind, entwickeln sich in etwa einem Dreivierteljahr Beerenfrüchte, die nach Farbe, kugeliger Gestalt und Größe einem Pfirsich ähnlich sehen. Zur Reifezeit springt die Frucht auf, wobei ein harter Steinkern zum Vorschein kommt. Der Steinkern ist von einem Samenmantel umgeben, der das kostbarste Erzeugnis der Pflanze ist; er ist rötlich gefärbt, in der Struktur fleischig und knorpelig. In getrocknetem Zustand wird der Samenmantel zum begehrten Handelsprodukt und Gewürz, der Muskatblüte oder Macis. Aus Macis gewinnt man ein ätherisches Öl, das Oleum Macidis der Apotheker. Der Steinkern hat eine harte Schale, deren Skulptur netzartig ist. Knackt man die Schale, so findet man in ihrem Inneren einen grauweiß marmorierten Kern, die sogenannte Muskatnuß. Die Muskatnuß enthält ähnliche ätherische Öle wie die Muskatblüte, doch nicht in so hoher Konzentration, und deswegen ist die «Nuß» auch nicht ganz so würzkräftig und teuer wie die «Blüte». Muskatnüsse kann man auf einer Gewürzreibe pulverisieren, man preßt aus ihnen auch die Muskatbutter oder das Muskatöl aus, eine sehr fettreiche Substanz.

Der Muskatbaum kommt ursprünglich von den Molukken, fernöstlichen Inseln, die heute zu Indonesien gehören. Banda und Ambon, die glücklichen Inseln, auf denen Muskatbäume in besonders großer Zahl wachsen, gingen als «Gewürzinseln» in die Geographiebücher und als hart umkämpfte Eilande in die Geschichtsbücher ein. Muskat als Gewürz ist im Fernen Osten schon lange bekannt. Chinesische Schriftquellen berichten darüber bereits im zweiten vorchristlichen Jahrtausend. Im Orient diente Muskat immer wieder als Rauschmittel; in großen Mengen wirkt Muskat ähnlich wie Haschisch. Von den Eingeborenen Inselindiens, die sehr reich gewesen sein müssen, erwarben arabische Händler das Gewürz; sie brachten es auf den indischen Meeren, auf den Gewürzstraßen Arabiens und über das Mittelmeer nach Europa. Das Gewürz wurde im Abendland im frühen Mittelalter bekannt. Wolfram von Eschenbach und Geoffrey Chaucer gehören zu den Dichtern, die dem kostbaren Gewürz die frühesten literarischen Denkmäler setzten.

Der Transport und Handel von Muskatnüssen und Macis von Hinterindien nach Europa war sehr teuer. Zwei Pfund Muskatblüte kosteten daher im Mittelalter genausoviel wie eine Kuh, für ein Pfund gab man drei Schafe. Das bedeutet, daß ein damaliger Bauer seinen gesamten Viehbestand für ein paar Muskatnüsse verhökern konnte. Trotz des hohen Preises gelüstete es die Europäer in immer stärkerem Maße nach dem

Erwerb des Gewürzes. Die europäischen Seefahrervölker des späten Mittelalters trachteten danach, in den Besitz der Gewürzhandels-Monopole zu kommen. Dieses Bestreben war mit der entscheidende Antrieb, Entdeckungsreisen nach West- und Ostindien durchzuführen. Die Suche nach den Gewürzinseln, von denen die arabischen Händler verständlicherweise nur eine vage geographische Beschreibung gaben, führte zur Entdeckung des Seeweges um das Kap der Guten Hoffnung nach Indien, zur Entdeckung Amerikas und zur Bestätigung der Theorie, daß unsere Erde ein Globus ist. Zur Kontrolle des Seehandelsweges nach Fernost und damit in den Besitz der Gewürzinseln kamen im 16. Jahrhundert zuerst die Portugiesen, die die Inseln 1512 entdeckten. Portugal war damals sehr reich, Lissabon der Haupthandelsplatz für Muskatnuß und Macis. Doch hatte sich das kleine Portugal mit dem Aufbau eines Weltreiches erheblich übernommen. Der größte Teil der portugiesischen Besitzungen ging bald an die Niederlande und England. Die Gewürzinseln wurden um 1600 von den Holländern besetzt; an den Muskatnüssen, deren Handelsmonopol die Niederländer damals erwarben, haben sie bis heute zu knacken. Die neuen Kolonialherren gingen besonders rabiat gegen die Eingeborenen der Molukken vor: Sie alle wurden zu Sklaven gemacht. Der Muskathandel florierte gewaltig, holländische Händler kalkulierten mit einem Aufschlag von 200%. Die Gewürzhändler hießen Pfeffersäcke, über die man ein Spottlied sang:

> Sein Siegel macht ihn groß und schwere
> Mit einem herrlichen Schein.
> Der Adel kommt ihm here
> Aus India über Meere
> Von Muskaten und Nägelein.

Um die Preise künstlich hoch zu halten, vernichteten die «Pfeffersäcke» im 18. Jahrhundert mehrmals große Mengen an Muskatnüssen. In Amsterdam zündeten sie ihre Speicher an; die Schaulustigen konnten in der ausgeflossenen Muskatbutter waten. Ein andermal warfen die Holländer das Gewürz tonnenweise ins Meer. Es war bei Todesstrafe verboten, heimlich Muskatbäume zu kultivieren, um das Monopol zu umgehen. Die Muskatnüsse wurden vor dem Export aus Südostasien gekalkt, um sie vor Insektenfraß zu schützen und – vor allem – um ihre Keimfähigkeit zu zerstören. So wurde über lange Zeit erfolgreich verhindert, daß an einem anderen Ort als auf Ambon und Banda Muskatbäume gezogen werden konnten. Erst 1772 gelang es, das holländische Handelsmonopol zu unterlaufen. Dem als «Muskatentführer» bekannt gewordenen Pierre Poivre, dem französischen Statthalter von Mauritius, gelang es, einen Muskatbaum auf Réunion zu pflanzen. Der Muskatanbau auf Réunion war zwar nicht von Erfolg gekrönt, aber auf der Insel Cayenne vor der Küste von Guyana, wo Frankreich ebenfalls tropische Ländereien besaß, hatte man mehr Glück damit. So kam der Muskat nach Westindien, wo man ihn heute noch anbaut.

Muskat von bester Qualität kommt aber wie in alten Zeiten von den Molukken. Dort werden die Muskatbäume heute in großen Plantagen kultiviert. Natürlich zieht man fast nur die weiblichen, fruchttragenden Bäume; einige wenige männliche Bäume reichen für die Bestäubung aus. Die Bäume wachsen im Schatten und Windschutz der höheren Canarienbäume. Die besten Früchte gibt es im März, die meisten im Juli, die minderwertigsten im November. Man schüttelt die Nüsse von den Bäumen oder schlägt sie mit Bambusstangen herunter. Die Bäume tragen vom achten Jahr an, höchste Erträge liefern sie ab einem Alter von fünfzehn Jahren für rund ein Jahrhundert. Von einem guten Muskatbaum lassen sich pro Jahr etwa 2000 Nüsse ernten.

Die Gewürzinseln gehören heute zum unabhängigen Staat Indonesien. Probleme gibt es dort immer wieder mit den Bewohnern der Insel Ambon, die durch Terroraktionen sowohl in Indonesien als auch in Holland ihre Autonomie erreichen wollen. Wenn man so will, sind die Konflikte mit den Ambonesen späte Auswirkungen des früheren niederländischen Bestrebens, Gewürzmonopole zu besitzen.

Muskat hat in den Küchen große Bedeutung. Besonders

beliebt ist seine Verwendung in verschiedenen Süßspeisen, Würsten und Gemüse. In Italien wurde Muskat ein wichtiges Gewürz für Käse, Spinat und die Füllungen von Ravioli. Der berühmte Nürnberger Lebkuchen ist ohne Muskat nicht denkbar. Muskatnuß und -blüte werden in zahlreichen weiteren Rezepten für weihnachtliches Gebäck verlangt. Schließlich gibt es Liköre, die Muskatwürze enthalten (Chartreuse, Cordial, Médoc, Sangria). Die Wirkung von Alkohol wird durch das Gewürz gesteigert. Die Pharma-Industrie setzt Wirkstoffe der Muskatnuß verschiedenen Arzneimitteln zu, die gegen Magenkrankheiten, Erkältung und Rheuma verschrieben werden.

Muskatsalbei

Der Muskatsalbei (Salvia sclarea), auch als Scharlei oder Muskatellerkraut bekannt, ist ein Lippenblütler (Lamiaceae oder Labiatae). Die zweijährige Pflanze bildet im ersten Jahr eine Rosette eiförmiger Blätter, im zweiten Jahr einen bis zu meterhohen Stiel, an dem außer Blättern im Sommer die Blütenstände zu sehen sind. Die Blüten haben eine breite Unterlippe und eine helmförmige Oberlippe. Ihre Farbe ist rosa-lila, die der Unterlippe auch oft gelblich.

Die Pflanze ist im Mittelmeergebiet und in Vorderasien heimisch. Die Blätter haben zahlreiche Drüsen, denen duftendes ätherisches Öl entströmt. Muskatsalbei wurde daher zur Gewürz- und Zierpflanze, vielleicht schon zu antiker Zeit. Namentlich in den Weinbaugebieten gelang es, die wärmebedürftige Pflanze seit dem frühen Mittelalter einzubürgern. In Gärten, unter besonderem Schutz, kam sie zu noch weiterer geographischer Verbreitung. So kennt man sie heute an der Nordsee; 1562 wurde sie auf die Britischen Inseln gebracht. Das Muskatellersalbeiöl, aus den Blättern extrahiert, war früher eine wichtige Wein- und Bierwürze. Dem Wein verlieh sie den Muskatellergeschmack. Seit einigen Jahrzehnten ist es verboten, Muskatelleröl in den Wein zu gießen; Muskatwein wird heute allein aus besonders würzigen Reben bereitet. Das früher bekannte Bier aus Gardelegen in der Altmark hieß «Scharlei» nach dem Kraut, mit dem es gewürzt war. Eine eigentümliche Verwendung fand die Pflanze in der Medizin, und zwar anscheinend bereits seit dem Altertum. Ihre Samen, kleine Nüßchen, verschleimen, wenn man sie befeuchtet. Sie wurden daher unter das Augenlid geklemmt, wenn durch Schleimabsonderung Fremdkörper aus den Augen gebracht werden sollten. Der Schleim wurde auch für die Gewinnung von Augentropfen extrahiert. In der Volksmedizin band man das Kraut auf die Pulsadern, um Fieber zu lindern.

Myrrhenkraut

Das Myrrhenkraut (Smyrnium olusatrum), ein Doldenblütler (Apiaceae oder Umbelliferae), hat dreizählig gefiederte Blätter und im Sommer gelbgrüne Blütendolden. Aus den Blüten werden etwas mehr als halbzentimeterlange schwarzglänzende Früchte. Die fruchtende Pflanze ist meist schon abgestorben und bleich; sie hat daher auch den Namen Gespenst-Gelbdolde erhalten. Die ganze Pflanze duftet und schmeckt ähnlich wie der verwandte Sellerie. Die Blätter und jungen Triebe scheinen während des Altertums viel anstelle von Sellerie gegessen worden zu sein. Aus seiner mediterranen Heimat wurde das Kraut in kühlere Gegenden gebracht, nach Deutschland und England. Bis zum Ende des Mittelalters scheint Myrrhenkraut viel angebaut worden zu sein, danach verschwand es aus Gärten und Kochrezepten. In Deutschland ist die Pflanze heute so gut wie ausgestorben, in England hielt sie sich als verwildertes Gewächs an Schuttplätzen – Relikt aus Zeiten, in denen das Kraut große Bedeutung gehabt hatte.

Myrte

Die Myrte, genauer: die Echte Myrte (Myrtus communis), gehört der Familie der Myrtengewächse (Myrtaceae) an. Sie ist ein strauch- oder bäumchenförmiges Gewächs mit dicklichen, beidseits zugespitzten Blättern und weißen, fünfzähligen Blüten, aus denen zahlreiche lange Staubblätter hervorragen. Myrten blühen in einer für eine Mittelmeerpflanze ungewöhnlichen Zeit, nämlich im Sommer, wenn eigentlich alles von der heißen Sonne bereits versengt ist; die blauschwarzen Beeren sieht man den ganzen Winter über. Kälte und Frost kann die Myrte unter keinen Umständen vertragen. Daher wächst sie nur in den wärmsten Gegenden der Mediterraneis, vor allem dicht an der Küste, wo winterliche Minusgrade so gut wie nie gemessen werden und wo Boden- und Luftfeuchtigkeit die Sträucher am besten gedeihen lassen. Der Duft der Myrte ist einer der köstlichsten südlicher Breiten. Hervorgerufen wird er von ätherischen Ölen der Blätter und Früchte. Die Öldrüsen der Blätter kann man im Gegenlicht als dunkle Punkte erkennen. Nach mythologischer Vorstellung soll Phädra im Liebeskummer die Blätter mit Nadeln perforiert haben, ehe sie sich an einem Myrtenbaum erhängte. Dies ist nur eine der unzähligen antiken Myrten-Mythen, über die man ein besonderes Buch schreiben könnte. Sehr oft wird die Myrte in kultischem Zusammenhang erwähnt, sei es in der Bibel, sei es in religiösen Zeugnissen Ägyptens, Griechenlands oder Roms. Immer galt sie, die stets Blätter trug und dazu noch duftete, als Symbol ewiger Jugend und Unvergänglichkeit. Sie war sowohl die Pflanze antiker Brautkränze als auch eine häufige Grabbeigabe.

Nicht nur Schriftquellen beweisen die frühe allgemeine Verbreitung der Myrte im Mittelmeergebiet, sondern auch archäologische Funde. Die Pflanze wurde auf antiken Münzen abgebildet; in einer Begräbnisstätte, die man in Mazedonien entdeckte, lag ein goldener Myrtenkranz. Bei vielen Krankheiten wurde Myrtus communis als Heilmittel verordnet (heute noch gegen Bronchitis). Seit sehr langer Zeit wird Myrte als Gewürz verwendet, doch ist sie nie zu einem besonders wichtigen Würzregister geworden. Die Griechen aromatisierten damit Wein, die Römer benutzten die Beeren wie Pfefferkörner, im Apicius-Kochbuch wird Myrtengewürz für die Zubereitung von Würsten empfohlen, und Plinius aß Wildschweinbraten mit Myrtensoße. Das Gewürz ist heute noch besonders in Südeuropa bekannt, traditionell vor allem bei den Hirten, die Hammelfleisch damit zubereiten.

Der antike Brauch, Myrtenzweige zu Braut- und Grabkränzen zu winden, war bis zur Renaissance in Mitteleuropa unbekannt. Erst zu Ende des Mittelalters wurde diese Tradition wieder ins Leben gerufen, und zwar durch Nürnberger und Augsburger Kaufleute wie die Fugger, die intensive Handelsbeziehungen ins Land der Myrten unterhielten. Myrten kamen zu immer größerer Beliebtheit, und im letzten Jahrhundert scheinen sie eine der wichtigsten Zimmerpflanzen gewesen zu sein. Einfach zu ziehen, lediglich empfindlich gegen zu kalte, aber auch überheizte, trockene Räume im Winter, waren die Topfpflanzen bei Reich und Arm gleichermaßen beliebt. Heute sieht man nicht mehr häufig Myrten im Blumenfenster – ob dies etwas mit dem für das Gewächs ungünstigen «Zentralheizungsklima» zu tun hat? Die «Myrten», die wir heute oft in Brautsträußen und Gasthaus-Blumensträußen finden, sind tatsächlich unvergänglich: Sie sind meistens Plastikerzeugnisse der Kunstblumenindustrie.

NARDE

Die Narde oder der Nardenbaldrian (Nardostachys jatamansi) ist ein ausdauerndes Gewächs aus der Familie der Baldriane (Valerianaceae) mit dicht behaarten Blättern und Stämmchen. Die ganze Pflanze enthält ätherische Öle, vor allem der Wurzelstock: Aus ihm wird seit alters das Nardenöl gewonnen, ein besonders kostbares Handelsgut und das «Lavendelöl» der Antike.

Wild wächst die Pflanze in Ostasien und im Himalaya. Von dort wurde das Öl über Indien und den Orient bis nach Rom exportiert. Die Händler gaben dabei den Pflanzennamen beinahe unverfälscht in den Westen: Aus dem «Narada» Nepals wurde das «Nard» der Bibel und das «Nardus» der Römer. In der Antike wurden allerdings mehrere Pflanzen Narde genannt – einfach als Bezeichnung für ein angenehm duftendes Gewächs. In der wissenschaftlichen botanischen Terminologie ist «Nardus» der Name einer ganz anderen Pflanze, des Borstgrases, das auf kurzrasigen Heiden armer Böden zu Hause ist. Wir können nicht immer ganz genau sagen, welches Gewächs im Einzelfall in antiker Zeit Narde genannt wurde. Sicher ist aber, daß man das Öl von Nardostachys jatamansi in antiker Zeit tatsächlich zu Schönheitssalben verarbeitete und daß Nardenöl sehr kostbar war und bis nach Rom gelangte. Mit großer Wahrscheinlichkeit stammt auch das Nardengewürz antiker Autoren von dieser Pflanze. Es war in römischer Zeit nicht einmal unbedeutend; es wurde zum Beispiel – milde, wie es ist – zu mildem Fleisch empfohlen: zu Geflügel. Heute ist diese Verwendung der Pflanze vergessen, Narde ist längst nicht mehr kostbar. Medizinisch wird das Öl als Beruhigungsmittel empfohlen.

Nelken

Die Nelken oder Gewürznelken wachsen am Gewürznelkenbaum (Syzygium aromaticum) heran, einem Myrtengewächs (Myrtaceae). Der Baum wird über zehn Meter hoch, seine Krone ist sehr dicht belaubt. Die immergrünen, duftenden Blätter sind lederig und dicklich, von Öldrüsen punktiert. Die Blüten sind weiß gefärbt, vierzählig, die Früchte oliv. Alle Teile der Pflanze enthalten ein ätherisches Öl, das Nelkenöl. In größter Konzentration ist es in den Blütenknospen enthalten. Die Knospen werden daher seit Jahrtausenden als Gewürz verwendet, sie kommen als «Nägelein» oder «Nelken» in den Handel. Ihren Namen erhielten sie, weil sie tatsächlich wie kleine Nägel aussehen. Mit den Garten-, Licht-, Pracht- und

Felsennelken besteht übrigens keinerlei Verwandtschaft. Diese Blumen bringen auch keine «Nägelein» hervor, doch ist ihr Duft dem der Gewürznelke ähnlich. Daher heißen heute auch diese Pflanzen Nelken.

Der Nelkenbaum stammt von den hinterindischen Gewürzinseln, die heute zu Indonesien gehören. Er hat die gleiche Heimat wie der Muskatbaum. Die Geschichte von Nelken und Muskat ist in vieler Hinsicht die gleiche, und im mittelalterlichen Westeuropa wurden Nelken und Muskat oft in einem Atemzuge genannt, nämlich als exquisite Luxusgüter. Eine Kostbarkeit waren die Nelken seit dem Altertum. Auf ihrem langen Handelsweg steckte jeder Zwischenhändler seine Gewinnspannen ein. Nelken wurden schon sehr frühzeitig in ihren Heimatländern als Gewürz verwendet. Die Ausfuhr nach China und Indien ist durch schriftliche Quellen bereits in vorchristlicher Zeit bezeugt. Die ersten Abendländer, die mit dem Gewürz in Berührung kamen, waren die Römer. Sie erhielten Nelken über den bedeutenden Handelsplatz Alexandria an der ägyptischen Küste. Es gibt eine ganze Reihe römischer Kochrezepte, in denen Nelken gefordert werden, besonders für diverses Geflügel. Als die Macht des Römischen Reiches abnahm und die politische Lage am Mittelmeer instabiler wurde, blieb der Handel mit Gewürznelken dennoch kontinuierlich bestehen. Immer wieder gibt es Berichte über die Nelken, so aus dem vierten Jahrhundert, als Kaiser Konstantin dem Bischof Sylvester 150 Pfund davon schenkte (welchen Wert muß dies dargestellt haben!), genauso aus dem 6. und 7. Jahrhundert. Die Handelsroute blieb im Ostteil jahrhundertelang die gleiche: Malaien brachten das Gewürz nach Ceylon, von dort transportierten es Inder und Araber ans Rote Meer, Karawanen trugen es auf den Gewürzstraßen nach Unterägypten, und weiter ging's wieder zu Schiff über das Mittelmeer. Für den Nelkenhandel wurde später Venedig immer wichtiger, die mediterrane Handelsstadt, die Mitteleuropa am nächsten lag. Dort gab es das Gewürz seit dem frühen Mittelalter. Der älteste Bericht darüber stammt aus dem Todesjahr Kaiser Ottos des Großen, 973, und zwar eigenartigerweise aus der Hand eines Orientalen. Der arabische Heilkundige und Kaufmann Ibrahim Ibn Jaqub war auf einer Handelsreise nach Mainz gekommen; er wunderte sich darüber, daß auf dem dortigen Markt Nelken angeboten wurden, die er doch aus ganz anderen Weltteilen kannte. Zur Zeit der Kreuzzüge wurden die Gewürznelken in Mitteleuropa bekannter. Sie tauchten nun in Rezepten für Lebkuchen und Wildbret auf.

Bis zum Anfang des 16. Jahrhunderts blieb die antike Form des Nelkenhandels bestehen. Dann wurden die Portugiesen Kolonialherren der Gewürzinseln und Lissabon der europäische Nelken-Umschlagplatz. Als kurz darauf die Holländer den Portugiesen große Teile ihres Kolonialreiches entrissen, wurde die Handelsroute erneut verlegt: Nun versorgte sich Mitteleuropa über Amsterdam mit dem begehrten Gewürz. Die Holländer sind als besonders harte Beherrscher der Gewürzinseln in die Geschichte eingegangen. Es lag ihnen unter allen Umständen daran, den Gewürzhandel zu monopolisieren und zu begrenzen, um ihn allein kontrollieren und die Preise hoch halten zu können. Auf den großen Tropeninseln war dies nicht einfach, die Bewachung der Kulturen aufwendig. Eine kleine Armada kreuzte ständig vor den Inseln, um die unerlaubte Ausfuhr von Nelken zu verhindern. Die «Nelken-Schleichhändler», die inoffiziell mit dem Gewürz handelten, wurden erst an den Pranger gestellt und dann in Ketten auf eine einsame Zuchthausinsel verbannt. Wer allerdings versucht haben sollte, Samen oder Pflanzen zu exportieren, der hatte sein Leben verwirkt. Die schlimmsten Nelken-Schmuggler waren jedoch Vögel, die Samen auf Inseln trugen, die die Holländer «nelkenfrei» halten wollten. Jahr für Jahr wurden Truppen aufgeboten, um die Inseln Hinterindiens nach Nelkenbaum-Schößlingen abzusuchen. Jeder Wildwuchs wurde rigoros weggerissen. Erstaunlicherweise gelang es den Holländern trotz aller Schwierigkeiten, das Gewürznelkenmonopol über beinahe zwei Jahrhunderte aufrechtzuerhalten. Erst um 1770 wurden die ersten Nelkenbäume «entführt», und zwar brachte sie der Franzose Pierre Poivre nach Mauritius. Wenige Jahre später schenkte er dem französischen König die ersten französischen Nelken. Die Pflanzen wurden kurz darauf auch in den französischen Besitzungen in Südamerika eingeführt. 1793 brachte ein Araber den Nelkenbaum nach Sansibar, wo ausgedehnte Kulturen entstanden, die später für einige Jahre unter deutsche Oberhoheit kommen sollten. 1890 ging Sansibar im Tausch gegen Helgoland an England. Alle Staatsdiener, die bei dieser Transaktion beteiligt gewesen waren, erhielten eine goldene Krawattennadel in Form einer Nelke. Tansania, der Staat, zu dem Sansibar heute gehört, führt Nelken in seinem Staatswappen. Dort steht heute der unerlaubte Export von Nelkenbäumen unter Todesstrafe.

Sansibar und die südostasiatische Insel Ambon sind heute die wichtigsten Anbaugebiete für Gewürznelken. Durch jahrtausendelange Kultur sind Sorten entstanden, die sich von den Wildformen völlig unterscheiden. Kultursorten haben einen erheblich höheren Gehalt an Eugenol, dem ätherischen Öl der Nelken. In den Nelkenplantagen, in denen heutzutage weltweit Millionen von Bäumen stehen, werden die Knospen von den Bäumen geschlagen. Die Knospen sind bei der Ernte rötlich, sie werden einige Tage im Rauch getrocknet, wobei sie ihre bekannte braune Farbe annehmen. Sie trocknen dann noch weiter an der Sonne, ehe sie in den Handel kommen. Im Laden kann man ganze Nelken bekommen; auch in gemahlener Form gibt es das Gewürz, es hält sich dann aber nicht so lange.

Nelken sind ein vielseitiges Gewürz. Man gibt es an viele Sorten von Fleisch und Fisch, an Suppen, Soßen und Gemüse (vor allem an Rotkohl). Man würzt damit Kompott, Weihnachtsgebäck, Bratäpfel, Mixed Pickles und Zahncreme. Ganze Nelken begegnen einem beim Trinken von Punsch, Glühwein und Feuerzangenbowle – ohne Nelken würden diese Getränke fade schmecken. In Südasien sind Nelken ein wichtiger Bestandteil von Currypulver, in Indonesien würzen sie Zigarettentabak. Nelken sind auch ein Rohstoff für Arzneimittel, die bei Verdauungsstörungen helfen.

Nelkenwurz

In der Gattung Nelkenwurz (Rosengewächs, Rosaceae) gibt es eine Pflanze, die Echte Nelkenwurz genannt wird (Geum urbanum). «Echt» besagt, daß die Pflanze als Gewürz und Heilmittel gesammelt werden kann. Echte Nelkenwurz ist ein fast weltweit in Wäldern, Gärten und an Wassergräben verbreitetes Gewächs. Ihren lateinischen Namen erhielt sie, weil sie sogar in den Städten wächst. Die Pflanze kann bis zu einen Meter hoch werden, ist stark verästelt, hat dreizählige, erdbeerähnliche Blätter und gelbe Blüten, die man jederzeit im Sommer offen finden kann: Wären sie nicht gelb, so könnte man sie für Erdbeerblüten halten; stünden die Blütenblätter nicht deutlich getrennt voneinander, für die des Hahnenfuß. Die Früchte haben einen langen, borstigen Haken, der im Fell von Tieren und in menschlicher Kleidung hängenbleibt. Die Früchte werden dorthin transportiert, wo Mensch und Tier es am schönsten finden; es ist also kein Wunder, wenn die Pflanze in Gärten und an Viehlägerplätzen so häufig vorkommt.

Der Name Nelkenwurz ist eine durchaus logische Bildung: Die ausdauernden Wurzelstöcke enthalten zu geringen Teilen das ätherische Öl der Gewürznelken, das Eugenol, und haben daher einen ähnlichen Geruch wie das exotische Gewürz. Man verwendete früher, als Gewürznelken ungemein teuer waren, gerne an deren Stelle die pulverisierten Wurzeln der Nelkenwurz. Die Pflanze, die auch Benediktenwurz heißt, ist sehr heilkräftig. Ihre Inhaltsstoffe hemmen die Vermehrung von Bakterien. Man machte Bier mit Nelkenwurz haltbar, und es gab eine Fülle von Verwendungsmöglichkeiten in der volkstümlichen Heilkunde. Benediktenwurz half gegen Erkältungen, Durchfall, Ruhr, Syphilis und Malaria. Heute noch ist Geum urbanum in Magentees enthalten. Die Blätter der Pflanze kann man als Gemüse, Salat oder auch als Zutat zu Kräutersalat verwenden.

Nelkenzimt

Nelkenzimt oder Nelkenrinde (Dicypellium caryophyllatum) ist das Gewürz eines Lorbeergewächses (Lauraceae) aus dem tropischen Brasilien. In den Handel kommt die Rinde des kleinen Baumes – das Produkt sieht den Zimtstangen ähnlich, doch schmeckt das Gewürz, wie der Name sagt, nelkenähnlich. Außer als Gewürz wird die getrocknete Rinde zur Herstellung von ätherischem Öl und als Grundstoff für Medikamente verwendet.

Olive ✕

Die Olive ist die Frucht des Ölbaums (Olea europaea), des namengebenden Gewächses der Ölbaumfamilie (Oleaceae). Sein knorriger, oft sehr dicker, felsenähnlicher Stamm erhebt sich mit breiter Krone zu einer Höhe von bis zu fünfzehn Meter. Die immergrünen Blätter sind schmal und länglich, oberseits dunkel, unterseits weißlich gefärbt. Die weißen Blüten erscheinen im Frühsommer, sie stehen in Rispen oder Trauben. Die Oliven werden im Herbst und Winter reif; ihr Aussehen variiert nach Farbe und Größe sehr stark, sie sind bald gelbgrün, bald fast schwarz, ihre Größe reicht von der einer kleinen Kirsche bis zu der einer Aprikose. Die Früchte enthalten sehr viel fettes Öl, das Olivenöl. Der Begriff «Olivenöl» ist eigentlich redundant, denn «Öl» und «Olive» entstammen dem gleichen Wortstamm; «Öl» kam zu alter Zeit nur von der Olive. Erst später entdeckte man auch andere Ölsorten, und somit mußte man das «echte» Öl mit dem Praefix «Oliven-» kenntlich machen.

Wo der Ölbaum erstmals in Kultur genommen wurde und die Züchtung zum Baum mit wohlschmeckenden Ölfrüchten begann, ist schwer zu sagen. Sicher ist, daß es wohl keine Hochkultur am Mittelmeer gegeben hat, die ohne Ölbäume existierte. Weil die östlichen Hochkulturen älter sind, nimmt man an, auch der Ölbaum habe sich von Osten her ausgebreitet, doch gab es auch schon in der Steinzeit Oliven im westlichen Mittelmeergebiet. Aus jahrtausendelanger enger Bindung zwischen Mensch, Umwelt und Ölbaum resultiert, daß die Verbreitungsgebiete von mediterranen Hochkulturen, Ölbaum, Mittelmeervegetation und Mittelmeerklima weitgehend identisch sind. Die oft uralten Ölbaumstämme von malerischem Aussehen – sie können über tausend Jahre alt werden – wurden zu einem Sinnbild mediterraner Landschaft.

Die Bibel berichtet an vielen Stellen von der Wertschätzung der Olive im Heiligen Land. Getreide, Wein und Oliven waren Statussymbole der besitzenden Klasse. Die Hoffnung auf Frieden knüpfte sich immer schon an den Ölzweig – etwa an jenen, den die Taube dem landsuchenden Noah brachte, genauso wie heute an die, welche die Weltkugel auf dem Emblem der Vereinten Nationen umrahmen. Im christlichen Glauben kommt dem Öl und dem Ölbaum hohe Bedeutung zu. «Messias» bedeutet «der (mit Öl) Gesalbte», in der griechischen Übersetzung hat «Christus» die gleiche Bedeutung. Christi Kreuzigung fand auf dem Ölberg statt. Ölungen waren stets wichtige Zeremonien des Christentums, besonders die Letzte Ölung. Eine hohe kultische Bedeutung hatte der Ölbaum auch in Hellas. Im griechischen Kulturraum ist sein Anbau seit den Zeiten belegt, als sich das Leben auf den Inseln aus dem Dunkel der Urgeschichte hob. Bedeutungsvoll ist die Sage, nach der Athene ihrer Stadt in früher Zeit den Ölbaum schenkte; es scheint so, als sei Athen erst dann zur richtigen Stadt geworden, als sie auch den Ölbaum, das göttliche Geschenk, besaß. Griechen und Römer verdanken dem Ölbaum einen Teil ihres Reichtums und ihrer Macht. In der römischen Literatur wird immer wieder über Einzelheiten der Ölbaumkultur berichtet. Man pfropfte Edelreiser auf Wildlinge. Die Anlage und Pflege der Olivenhaine war zeit- und kostenintensiv. Bis sich eine Olivenpflanzung amortisierte, vergingen gut und gerne zwei Jahrzehnte. Besonders zu berücksichtigen war, daß Olivenbäume nur in jedem zweiten Jahr Früchte trugen; Columella empfahl daher, die Pflanzungen so anzulegen, daß in jedem Jahr jeweils die Hälfte der Bäume Früchte hatte. Ölpressen, in die die Oliven nach der Ernte gegeben wurden, sind bei Ausgrabungen im Mittelmeergebiet an vielen Plätzen gefunden worden. Oliven und das daraus gepreßte Öl waren ein Volksnahrungsmittel. Es war nahezu das einzige Pflanzenfett, das die Menschen damals aßen, oft sogar überhaupt das einzige Nahrungsfett, denn Fleisch war keine Alltagsspeise, und das bei uns so wichtige Fett, die Butter, gab es am Mittelmeer früher nicht (wie sollte man sie dort auch aufbewahrt haben?). Oliven wurden in römischer Zeit vom Mittelmeer bis an den Niederrhein exportiert. Olivenöl war ein Universalmittel, das man nicht nur in der Küche verwendete, sondern auch zur Beleuchtung, zu kosmetischen und zu technischen Zwecken.

Der Ölbaum blieb der wichtigste Öllieferant bis in die Neuzeit hinein. Andere wichtige pflanzliche Öle wie zum Beispiel das Sonnenblumenöl kamen erst vor wenigen Jahrzehnten in Gebrauch; und das heute wichtigste Öl, das Erdöl, wird auch erst seit dem 19. Jahrhundert in großem Umfang genutzt. Ölbäume wurden wegen ihrer ungeheuren Bedeutung an alle Flecken der Erde verpflanzt, an denen die klimatischen Bedingungen auch nur annähernd denen des Mittelmeeres ähnlich waren, vor allem in die Gebiete nördlich und südlich der amerikanischen Tropen. Schon wenige Jahrzehnte nach der Entdeckung der Neuen Welt wurden dort die ersten Oliven geerntet. Heute wird Olivenöl für technische Zwecke kaum noch verwendet, und in den Öllampen dürfte es nur noch selten brennen. Aber an einer Stelle konnte man auf Olivenöl unter keinen Umständen verzichten: in der Küche. Mediterrane Gerichte ohne Olivenöl gibt es nur wenige; das Öl verleiht allen Speisen einen charakteristischen Geschmack, der allerdings variabel ist – in Abhängigkeit von der Qualität des verwendeten Olivenöls: Das beste Öl ist das Jungfernöl, das Oleum virgineum, das zumeist durch die Bezeichnung «virgine» gekennzeichnet ist. Es wird bei geringem Druck aus den Oliven gepreßt und ist beinahe farblos. Jungfernöl ist sehr teuer und um vieles besser als «Oleum optimum», das in den landläufig verkauften Flaschen und Kanistern enthalten ist: eine gelbliche Flüssigkeit, die man mit größerem Druck aus den Oliven preßt. Das unter

Hochdruck gewonnene Oleum commune dagegen ist das Öl, das fast ausschließlich technischen Zwecken zugeführt wurde.

Einen noch charakteristischeren Geschmack als das Öl haben die Oliven selber, die grün, also unreif, oder schwarz (reif) geerntet, anschließend sauer oder salzig eingelegt und als würzende Garnierung auf kalte Platten, belegte Brote, Geflügel, Fleisch und in Salate gelegt werden. Viele Oliven werden entkernt und anschließend mit Kapern oder Anchovis wieder gefüllt. In der Heilkunde verwendet man außer dem Olivenöl der Früchte die Blätter. Olivenöl wirkt blutdrucksenkend; die Droge wird außerdem verordnet, wenn man Gallensteine abtreiben will.

Orange ×

Die Orange, Süße Orange oder Apfelsine (Citrus sinensis) und die Pomeranze oder Bitterorange (Citrus aurantium) sind die Früchte von Bäumen aus der Familie der Rautengewächse (Rutaceae). Die Blattstiele sind geflügelt, sehen also breitgedrückt aus, die beidseitig zugespitzten Blätter sind fein gezähnt. Die weißen, duftenden Blüten und die allbekannten «orange»-farbenen Früchte sieht man zur selben Jahreszeit nebeneinander. Blüten und Früchte werden nämlich nicht zu bestimmten Jahreszeiten, sondern das ganze Jahr über gebildet. Orangen und Pomeranzen stammen aus einer Gegend, in der es kaum jahreszeitliche Unterschiede des Klimas gibt: aus dem tropischen Südostasien.

Die bitteren Orangen kamen früher ins Abendland als ihre süßen Verwandten. Auf ihrem weiten Handelsweg gingen die Früchte durch viele verschiedene Hände, und durch viele Sprachen lassen sich Abwandlungen ihres Namens verfolgen: «nagrunga» (Sanskrit), «narungschi» (indisch), «naranschi» (arabisch), «nerantzi» (byzantinisch), «naranci» (italienisch). Als in der italienischen Sprache der Anfangsbuchstabe unter den Tisch fiel, war der Weg von «aranci» zu anderen Namen der Frucht nicht mehr weit: zum französischen «orange», zum latinisierten «aurantium» (worin rein zufällig ein Anklang an «aurum», das Gold, enthalten ist) und über den Begriff «poma aurantia» zu «pomeranze». Allgemein wird angenommen, daß die Pomeranze um das Jahr 1000 durch die Vermittlung der Araber im Mittelmeergebiet fest angesiedelt wurde. Die süßen Orangen kamen erst 1548 auf den europäischen Markt, und zwar durch portugiesische Händler, die als erste Abendländer den südostasiatischen Raum wirtschaftlich in die Hände bekamen. «Apfelsine» bedeutet «Apfel aus China», die süßen Früchte erhielten daneben aber ebenfalls den Namen Orange, den wir heute im allgemeinen für die Pomeranzen nicht mehr verwenden. Wie die bitteren werden auch die süßen Orangen überall am Mittelmeer angebaut; die Apfelsinen wurden die wichtigsten «Südfrüchte» aus dem Mediterrangebiet. Auch in Mittelamerika wurden sie heimisch gemacht.

Orangenbäume können nur an windgeschützten Stellen gedeihen, in den Kulturen oft im Windschatten von Zypressenhecken. Die Kulturen müssen bei sehr trockener Witterung künstlich bewässert werden. Für den Orangen-Anbau ist es in Mitteleuropa zu kalt. Weil die Pflanzen aber im sonnenhungrigen Norden nichtsdestoweniger begehrt waren, wurde im Zeitalter des Sonnenkönigs Ludwig XIV. in Frankreich die Orangerie erfunden, eine Frühform des Gewächshauses. Orangerien mit all ihren frostempfindlichen Gewächsen galten bald auch in Deutschland als der letzte Schrei, wie wir zum Beispiel aus Mörikes Novelle «Mozart auf der Reise nach Prag» wissen.

Süße und bittere Orangen, also Apfelsinen und Pomeranzen, werden in sehr unterschiedlicher Weise der menschlichen Ernährung zugeführt. Die vitaminreichen süßen Apfelsinen, von denen es zahlreiche, teils kernlose Sorten gibt, sind unser Hauptlieferant an Vitamin C im Winter, seitdem transalpine Eisenbahnlinien die mediterranen Produktionsgebiete und die mitteleuropäischen Absatzgebiete einander nahe gebracht haben. Daß man kranken Menschen im Winter Apfelsinen schenkt, ist in vielen Gegenden bereits zur Tradition geworden. Bittere Orangen werden aus Spanien vor allem ins schottische Dundee transportiert, ins Zentrum der britischen Marmeladenindustrie. Die englische «Orange Marmalade» wird hauptsächlich aus den bitteren und dickschaligen, aber würzigeren Pomeranzen eingekocht. Säfte und Limonaden stellt man aus süßen oder bitteren Früchten oder aus Mischungen der beiden her, Liköre überwiegend aus Pomeranzensaft. Am würzkräftigsten ist die Schale der Orangen. Unter dem Mikroskop kann man erkennen, daß jede grubige Vertiefung auf der Schale ein kleiner Behälter mit ätherischem Öl ist. Das Öl nutzt man gerne als Würze. Reibt man süße Orangenschale ab, so erhält man eine mildere Würze. Kräftiger schmeckt die abgeriebene Schale von Pomeranzen. Den Geschmack von Geflügel, Gemüse und Gebäck kann man mit zerriebenen Schalen der Orangen veredeln. Das bekannteste Orangengewürz ist das Orangeat, die kandierte Schale, die zumeist von Pomeranzen stammt. Orangeat ist essentiell für mancherlei Gebäck, besonders weihnachtliches Backwerk wie Stollen und Früchtebrot, außerdem verschiedene Arten von Pudding, Konfekt und Süßspeisen. Pomeranzenöl findet ferner in der Parfümindustrie Verwendung. Aus den Blättern des Baumes wird der Orangentee bereitet, den man rein oder in Mischung mit anderen Teesorten trinken kann.

Oregano ✕

Oregano, Wintermajoran oder Dost (Origanum vulgare) heißt ein Lippenblütler (Lamiaceae oder Labiatae) mit halbmeter- bis meterhohen Stengeln, unten abgerundeten, vorne zugespitzten Blättern und roten Blüten, die sehr klein sind und zu mehreren an den Spitzen der Stiele stehen. «Dost» bedeutet «buschiges Gewächs», und damit ist Oregano trefflich charakterisiert. Er ist ein kleiner Busch, dessen untere Teile verholzen. Die ganze Pflanze ist mehr oder weniger stark violett überhaucht. Das von Bienen sehr gerne besuchte duftende Kraut blüht im Spätsommer. Der Dost ist eine bei uns heimische Pflanze. Er wächst nicht nur in Mitteleuropa wild, sondern in fast allen Teilen Europas und Asiens. Nach Nordamerika brachte ihn der Mensch. Weil ihm das Klima dort genauso zusagt wie in der Alten Welt, breitet er sich in der Neuen vehement aus. Die typischen Wuchsorte sind Trockenrasen und lichte Gehölze. Je rauher das Klima ist, desto mehr Licht braucht das Gewächs; in südlichen Breiten verträgt es ziemlich viel Schatten.

Seine weite geographische Verbreitung hatte der Dost offenbar schon gefunden, ehe der Landwirtschaft und Handel treibende Mensch in Erscheinung trat. Dies können Funde fossiler Samen zeigen. Was alte Schriftquellen über Oregano und Dost berichten, ist mit Vorsicht zu interpretieren. Das Wort «Origanum» konnte auch den nahe verwandten, aber im Geschmack viel milderen Majoran bezeichnen, oft wird Oregano heute noch Majoran genannt. Dost ist die Bezeichnung für mehrere buschförmige Kräuter. Die Römer bauten ein «origanum» in ihren Gärten an, sie beschrieben seinen Geschmack als herb und bitter (was auf Oregano zutrifft!). Mit diesem Gewürz schmeckte man unter anderem Braten und Wein ab. Die Pflanze galt damals schon als heilkräftig, ein Ruf, der ihr besonders seit dem Mittelalter anhängt. Dost wurde bei Ohrenerkrankungen, zum Beispiel bei Ohrensausen, aus der Lade des Apothekers genommen. Wie viele andere Gewürze wirkt er gegen Entzündungen sowie bei Erkrankungen des Verdauungstraktes (Magen, Galle, Darm). Wegen seines starken Geruchs nach ätherischem Öl und/oder seiner roten Farbe hielt man ihn für hexenabwehrend. Man hängte ihn in der Walpurgisnacht auf. Andererseits steht der Dost auch in besonderer Beziehung zur Jungfrau Maria, die daraus ein Bett für das Jesuskind bereitet haben soll. Allgemein galt Dost als ein Kraut, das den Lebensmut der Schwermütigen wieder herstellte – es hieß daher auch Wohlgemut.

Interessanterweise gibt es bis in neueste Zeit hinein kaum einen sicheren Hinweis auf die Verwendung von Oregano als Gewürz. Abgesehen von den nicht ganz eindeutigen römischen Quellen kann nur ein Basler Rezept aus dem 17. Jahrhundert angeführt werden, in dem Oregano als Zutat zu Pfannkuchen erwähnt wird. Ansonsten lassen sich botanische Bücher selbst noch zu Beginn dieses Jahrhunderts lediglich darüber aus, daß

Oregano Heil- und Zauberpflanze sei und daß man mit seinem roten Farbstoff Wolle färben könne. Das Gewürz Oregano wurde erst in allerjüngster Zeit weitbekannt. Es gibt zahlreiche Sorten der Pflanze, die sich unter anderem nach dem Gehalt an ätherischem Öl voneinander unterscheiden. In Süditalien ist der Dost ganz besonders würzkräftig, weshalb seine Blättchen und Sprosse besonders dort gesammelt werden. Von Neapel aus begann sein Siegeszug über die Welt, und zwar zusammen mit dem dortigen Nationalgericht, der Pizza. Eine richtige Pizza muß einfach mit Oregano gewürzt werden. Überall auf der Welt, auch in Amerika, gibt es heute von Italienern geführte Pizzerias.

Oregano ist aber nicht nur das Pizzagewürz schlechthin, sondern man gibt es auch zu anderen typischen italienischen Gerichten wie Sardellen, Auberginen und Zucchini. Hierzulande bezieht man Oregano in getrocknetem und zerriebenem, gerebeltem oder zermahlenem Zustand aus Unteritalien. Durch das Trocknen wird bei diesem Gewürz die Würzkraft intensiviert. Weil Oregano ein ausgesprochen kräftiges Gewürz ist, sollte man ihn nur in kleinen Dosen über die Speisen streuen. Aber man muß ihn schon verwenden, wenn die Gerichte nach dem sonnigen Süden schmecken sollen. Die Medizin empfiehlt den Dost heute noch gegen Husten und Asthma.

Pandanus-Baum

Der Pandanus-Baum, Schraubenbaum oder Kewra (Pandanus tectorius) aus der Familie der Pandanusgewächse (Pandanaceae) wächst in tropischen Sumpfgebieten Südasiens. Das Gewürz Pandanus, das übrigens keine Nuß ist und ja auch nur mit einem «s» geschrieben wird, gewinnt man aus den duftenden Blättern, Früchten und besonders den Blüten des palmenförmigen Baumes. Kewra ist fast nur in seinen Ursprungsländern Indien und Ceylon bekannt. Sein Duft, der als eine Mischung aus dem von Rosen und von Äther beschrieben wird, würzt indische Reisgerichte und Süßspeisen. Pandanus ist vor allem auf Ceylon ein wichtiger Bestandteil von Currypulver. Wo indische Kultur und indische Küche in Europa Eingang fanden, kam auch Pandanus zu einer gewissen Bekanntheit als Gewürz, vor allem in England.

Paprika

Der Paprika (Capsicum annuum) ist die Frucht eines Nachtschattengewächses (Solanaceae). Oft hört man den Artikel «die» vor Paprika, doch weiß jeder Kundige, daß dies falsch ist. Der Duden läßt allein den maskulinen Artikel zu. Die einjährige Paprikapflanze wird bis zu meterhoch, ist meistens aber kleiner. Die lang gestielten Blätter könnte man als eiförmig beschreiben, wären sie nicht beidseits zugespitzt. Die normalerweise weißen oder gelblichen Blüten ähneln denen von Kartoffel und Tomate. Die Staubblätter sind violett. Die Blüten stehen im Sommer offen. Nach ihrer Bestäubung wächst aus ihren Fruchtknoten rasch eine große Beerenfrucht heran, die sogenannte Paprikaschote (die nach exakter botanischer Terminologie keine Schote, sondern – wie gesagt – eine Beere ist). Es gibt schmale und breite Paprikaschoten, rote, gelbe, schwarze und weiße (sowie unreife grüne), solche mit einem großen oder kleineren inneren Luftraum, Paprikas mit mehr oder weniger Samen und, was das Entscheidende ist, von sehr unterschiedlich scharfem Geschmack. Die Schärfe ruft das Alkaloid Capsaicin hervor, das vor allem in den Samen und in den Fruchtscheidewänden enthalten ist, d. h. in den Wänden, die das Innere der Paprikabeere in Kammern teilen. Jede Sorte enthält unterschiedlich viel Capsaicin und ist daher unterschiedlich scharf. Der Anfänger unter den Paprika-Kundigen wird zunächst die länglichen, schärferen «Pepperoni» von den breiteren, weniger scharfen unterscheiden, aber diese Klassifikation ist viel zu einfach, wie man bei Geschmacksproben leicht herausfinden wird. Die Schärfe hängt überdies noch vom Reifezustand der Früchte ab, und bei der Herstellung des gemahlenen Pulvers aus getrockneten Früchten außerdem von der Menge an Samen und Fruchtscheidewänden, die man in die Gewürzmühlen gibt.

Die Paprikapflanze stammt aus dem tropischen Amerika und wurde dort von den Indianerstämmen längst vor der Ankunft der Europäer kultiviert. Die Indianer färbten und würzten ihre eintönige Breinahrung mit Paprika. Als 1492 die ersten Europäer das tropische Amerika betraten, lernten sie rasch den Paprika kennen. Offenbar hat bereits Dr. Chanca, der Leibarzt des Columbus, Samen und Früchte zur Aussaat nach Europa mitgenommen. Spanien wurde das erste europäische Zentrum seiner Kultur; weil man seine Schärfe für ähnlich wie die des Pfeffers hielt, kam Paprika zunächst als «Spanischer Pfeffer» ins Gerede. Schon 1542 wurde Paprika in Mitteleuropa als Ziergewächs gezogen, und der Nürnberger Apotheker Georg Oellinger veröffentlichte 1553 eine gute Abbildung der Pflanze in seinem Kräuterbuch. Obwohl die Paprikapflanze geringen Frost überstehen kann, blieb ihre Kultur doch insgesamt auf südliche Länder beschränkt, wo sie als nächstes von den Türken entdeckt wurde. Nun galt der Paprika allerorten als der Türkische Pfeffer. Erst durch die Vermittlung der Türken kamen die Pflanzen in ein Gebiet, das heute als das klassische Paprikaland gilt: ins südliche Ungarn. In einer Sage wird erzählt, ein ungarisches Dienstmädchen habe die Früchte aus dem Garten des Paschas Mehmed zu Buda geschmuggelt, wo Paprika als Ziergewächs angepflanzt gewesen sei. Weil die Türken 1687 aus Ungarn verdrängt wurden, muß das Gewächs also zuvor in Ungarn heimisch gemacht worden sein. Allerdings stammen früheste Nachrichten über den Paprika-Anbau in Ungarn erst aus dem beginnenden 18. Jahrhundert. Nun wurde Paprika sehr rasch das Nationalgewürz der Magyaren. Ihre Nationalgerichte, Gulasch und Salami, verlangen unbedingt nach Paprikawürze, die zumeist als fein gemahlenes Pulver in den Handel kommt. Die Ungarn züchteten außerdem alle möglichen Formen des Gemüsepaprikas.

In Mitteleuropa war der Paprika wie gesagt seit dem 16. Jahrhundert bekannt, aber ein wichtiges Gewürz war er selbst zu Ende des 19. Jahrhunderts noch nicht. Als 1889 der

Band des Deutschen Wörterbuches erschien, der den Buchstaben P enthielt, war das Wort Paprika nicht der Aufführung für wert befunden worden, auch die Begriffe «Spanischer» und «Türkischer Pfeffer» waren bis dahin nur selten verwendet worden. Dann aber, als der Eisenbahnverkehr den innereuropäischen Handel mehr und mehr erleichterte, hielten Gemüse- und Gewürzpaprika auch endlich ihren Einzug in die Küchen Mitteleuropas. Heute ist Paprika eines unserer allerwichtigsten Gewürze und ist sogar dabei, den Pfeffer, der jahrtausendelang so große Bedeutung hatte, an Wichtigkeit zu übertrumpfen. Jeder Bundesbürger verbraucht etwa 140 Gramm Paprikagewürz pro Jahr (der Verbrauch an Gemüse ist nicht mitgerechnet). An der Paprikawürze schätzt man zum einen ihre Schärfe; zum anderen hat sie gegenüber dem Pfeffer den Vorzug, auch – in manchen Varietäten zumindest – eine köstliche Süße auszustrahlen. Paprika gehört an Fleisch, vor allem an Kurzgebratenes, in Soßen und Suppen, an Gemüse, es gibt Paprikabrot und Paprikabrötchen, Paprikakäse und Senf, der mit Paprika scharf gemacht wurde. Aber aufgepaßt beim Braten: Heißes Fett zerstört die Würzkraft von Paprika, deshalb würzt man Fleisch am besten erst kurz vor dem Servieren. Besondere Fleischgerichte, die mit Paprika gewürzt und dazu noch garniert werden, sind der Zigeunerbraten und das Zigeunerschnitzel.

Paprika enthält große Mengen an Farbstoff in Form von Carotin. Man füttert daher Hühner in ihren düsteren Legebatterien mit Paprika, um das Eidotter zu färben. Paprika enthält auch sehr viel Vitamin C – ein Grund, weshalb er als so gesund gilt. Fructus Capsici verordnen die Ärzte nicht nur als Vitaminpräparat, sondern auch zur Anregung der Magensaftbildung oder bei Verdauungsschwäche. Capsaicin ist ein Wirkstoff von speziellen Pflastern, die gegen Rheuma wirken. Hohe Dosen der Droge und des scharfen Gewürzes sollte man nicht einnehmen, weil dies im Extremfall zur Bildung von Hautgeschwüren und Magenschleimhautentzündung führen kann.

Paradieskörner

Die Paradieskörner, auch als Melegueta-, Malaguetta-, Guinea- oder Afrikanischer Pfeffer bekannt, sind die scharf gewürzhaften, braunen Samen des Ingwergewächses Aframomum melegueta (Zingiberaceae), einer nahe mit dem Kardamom verwandten Pflanze. Sie wird über zwei Meter hoch, hat lange Blätter und orchideenähnliche gelbe Blüten. Paradieskörner stammen aus den tropischen Küstenländern Westafrikas, wo sie einem ganzen Landstrich den Namen «Pfefferküste» gaben. Weil im Mittelalter der echte Pfeffer sehr teuer war, bediente man sich gerne der billigeren Paradieskörner, auch in Mittel- und Westeuropa, wo das Gewürz im 15. Jahrhundert allgemein als Pfefferersatz bekannt war. Nach den Entdeckungsreisen kamen andere scharfe Gewürzregister in die heimischen Küchen, und die Paradieskörner verschwanden. Im 19. Jahrhundert mischte man in Deutschland das Gewürz noch in minderwertigen Essig, um seinen Geschmack pikanter werden zu lassen, in England wurden bis vor wenigen Jahren scharfe Getränke damit noch schärfer gemacht (was durch das Reinheitsgebot für Whisky und Brandy allerdings untersagt ist). Trotz seiner klangvollen Namen kennt heutzutage hierzulande kaum mehr jemand das einst so berühmte Gewürz Westafrikas. Will man es heute kaufen, soll man es am ehesten noch in englischen Gewürzläden bekommen können oder natürlich in Westafrika selbst, wo die Paradieskörner wie einst in den Küchen Verwendung finden.

Pastinak

Der Pastinak oder die Pastinake (Pastinaca sativa) ist ein Doldengewächs (Apiaceae oder Umbelliferae). Sein Erscheinungsbild ist stattlich – er wird bis zu meterhoch. An den gerillten, etwas sparrigen Stengeln stehen Blätter, deren weit voneinander entfernte Fiedern wiederum wie einzelne Blätter aussehen,

Pastinak
Zam Pastiney.

die – bis auf die Endfieder – einander paarweise gegenüber stehen. Die kleinen Doldenblüten sind intensiv gelb gefärbt. Pastinak blüht im Hochsommer. Die Pflanze ist meistens zweijährig; im ersten Jahr hat sie nur Blätter. Für den Winter bildet sie eine Speicherwurzel aus, die gegen Frost unempfindlich ist. Daraus treibt sie im zweiten Sommer den außer Blättern auch Blüten und Früchte tragenden Sproß.

Der Pastinak ist eine in fast ganz Europa und Westasien verbreitete Wildpflanze, die man einerseits auf Wiesen, andererseits an Schuttplätzen und Wegrändern findet. Die Wildformen haben meist keine verdickten Wurzeln. Die Kulturform dagegen besitzt diese aromatisch, süß oder bitter schmeckende dicke Wurzel von hohem Nährwert, die bis zu vierzig Zentimeter lang wird und einen Durchmesser von bis zu acht Zentimeter erreicht.

Man kann nicht sagen, wer den Pastinak zuerst kultivierte. Möglicherweise waren es die Griechen oder die Römer, vielleicht auch noch früher lebende Bauern. Früchte des Pastinaks hat man nämlich in jungsteinzeitlichen Siedlungsschichten gefunden, doch verraten uns die Früchte leider nicht, ob sie von Wild- oder von Kulturpflanzen stammen. Wohl bekannt ist uns, daß der Pastinak das ganze Mittelalter hindurch eine wichtige Garten- und Nahrungspflanze gewesen ist. Bis ins 18. Jahrhundert hinein war er als Gemüse populärer als die nahe verwandte Gelbe Rübe oder Möhre. Ernährungsphysiologisch kam ihm große Bedeutung zu, weil er in den Zeiten, als es noch keine Kartoffeln gab, eine sättigende Nahrung für jedermann darstellte. Allerdings ist sein Geschmack nicht jedermanns Sache.

Heute wird Pastinak als Gemüse so gut wie nicht mehr verwendet, und aus den Gärten ist er verschwunden. An vielen Schuttplätzen und Straßenrainen hat er sich aber wohl als «Flüchtling» aus alten Gartenkulturen angesiedelt. Seit Jahrzehnten erwähnen verschiedene Autoren, «neuerdings» nähme man sich der Kultur des Pastinaks wieder an, in den letzten Jahren vor allem auf Initiative der Heimatvertriebenen aus dem Osten. Aber der Bekanntheitsgrad des Krautes ist dadurch nicht nachhaltig gestiegen. Vielleicht hat man ihn als Gewürz eher im Gedächtnis behalten. Recht verbreitet ist es noch, seine Wurzeln in Suppen und in Fleischspeisen zu geben, vor allem in Osteuropa. Manchenorts gebraucht man die Früchte wie die des Dill. Als Gewürz kann man übrigens auch die Wurzeln des wilden Pastinaks verwenden. Weil sie in frischem Zustand scharf schmecken, muß man sie lange abkochen, bis sich die Schärfe allmählich verflüchtigt.

Pelargonien

Die Pelargonien (Pelargonium) bilden eine Pflanzengattung innerhalb der Familie der Storchschnabelgewächse (Geraniaceae), die jeder kennt, doch meist unter dem falschen Namen «Geranie». Die sogenannten «Geranien» mit ihren intensiv grünen Blättern und den farbenfrohen Blüten (am beliebtesten sind die roten) stammen fast alle aus Südafrika. Seit 1690 wurden zahlreiche Arten nach Europa gebracht, wo ein bis heute andauernder Wettstreit der Gärtner einsetzte, wer die schönsten Pelargonien züchten könne. Enormen Auftrieb erhielt das «Geranien»-Züchten zuerst im biedermeierlichen Europa, dann vor allem wieder in den letzten Jahren, denn die roten Farbtupfer in den Balkonkästen passen exzellent ins Konzept der Dorfverschönerungsvereine. Der jährliche Absatz von Pelargonium zonale, der wichtigsten «Geranie», steigerte sich in den letzten fünfzehn Jahren aufs Dreifache: Über 70 Millionen Stück pro Jahr verlassen jetzt die deutschen Gärtnereien.

Unter den «Geranien» gibt es eine, die besonders schmal zerschlitzte Blätter und einen rosenähnlichen Duft hat, das sogenannte «Rosen-Geranium» (Pelargonium graveolens). Aus dem Gewächs und einigen nahe verwandten Bastarden gewinnt man ein Duftöl, das für Seifen und Parfüms gerne verwendet wird. Daß man mit dem Öl auch Speisen würzen kann, erfährt man in Englands Küchen: Süße Fruchtspeisen, Fruchteis, Süßigkeiten und Gelee erhalten dadurch einen exotisch anmutenden Duft und Geschmack.

Petersilie

Die Petersilie oder der Peterling (Petroselinum crispum) entstammt der Familie der Doldengewächse (Apiaceae oder Umbelliferae). Das Gewächs ist im allgemeinen zweijährig. Das erste Grün der Pflanze wird erst etwa sieben Wochen nach der Aussaat sichtbar. Nach heidnischer Vorstellung wandert der Samen in dieser Zeit sieben Mal zum Teufel und wieder zurück, nach christlicher Meinung zum heiligen Peter nach Rom, um zu fragen, ob das Keimen erlaubt sei. Wenn man einem anderen Aberglauben folgt und die Petersilie erst am Sankt-Peters-Tag (29. Juni) aussät, bleibt dem Würzkraut nur eine kurze Zeit, um im Verlauf von Spätsommer und Herbst Blätter und lange Pfahlwurzeln auszubilden. Die intensiv dunkelgrünen Blätter sind in viele Abschnitte untergliedert. Es gibt zahlreiche Formen der Blätter, die völlig glatt sein können und dann stärker würzen sollen, allerdings aber leicht mit dem giftigen Schierling und der Hundspetersilie verwechselt werden, oder auch mehr oder weniger stark gekräuselt sind – krausblättrige Petersilie wirkt dekorativer und ist mit dem Laub keiner anderen Pflanze zu verwechseln. Obwohl Petersilienblätter dem Frost recht gut widerstehen können, wird doch ein Teil der Biomasse während des Winters in der verdickten Wurzel aufbewahrt. Der Petersilienpflanze stehen im zweiten Lebensjahr diese Reservestoffe zur Verfügung, wenn sie die gerillten Stengel mit mehreren Blättern und die Blütendolden ausbildet, die sich aus sehr zahlreichen winzigen grünlich-gelben Blüten zusammensetzen. Zur Blütezeit im Hochsommer kann eine Petersilienpflanze – läßt man sie wachsen, wie sie will – die stattliche Höhe von fast einem Meter erreichen. Die typischen, paarweise, gewissermaßen Rücken an Rücken aufgehängten Teilfrüchte sind zugespitzt eiförmig und haben nur wenig hervortretende Rippen.

Die Petersilie stammt aus dem Mittelmeergebiet. Weil sie sehr frühzeitig in Kultur genommen wurde, ist nur schwer zu entscheiden, welcher Bezirk der Mediterraneis als ihre engere Heimat in Frage kommt. Für eine ostmediterrane Herkunft könnte ihr griechischer Name sprechen. Mit sélinon bezeichneten die Griechen eine ganze Reihe von Doldengewächsen, und darunter war die Petersilie das auf den Felsen wachsende (petrós – der Felsen). Ob das petroselinon der Griechen (der Name stand bei allen späteren Taufen Pate) aber wirklich unsere Petersilie bezeichnete, ist nicht sicher. Und als die Griechen die Pflanze benannten, war sie auch schon viele Jahrhunderte in Kultur. Für eine westmediterrane Abstammung der Petersilie spricht dagegen, daß sie an der asiatischen Ostküste des Mittelmeeres, in Ägypten und auf dem Balkan nicht wild wächst, dafür aber an allen weiter im Westen liegenden Gestaden des Meeres und auf den Kanaren. Wie dem auch sei – die Petersilie ist sicher schon vor mehr als 5000 Jahren kultiviert worden. Denn um 3000 vor Christus wurde das Kraut bereits im südlichen Mitteleuropa angebaut, in einer Gegend, in der die Petersilie keinesfalls wild wächst. Die archäologischen Funde von dort belegen somit den Anbau der Pflanze nördlich der Alpen während der Jungsteinzeit, was eine zeitlich davor liegende Kultivierung im Herkunftsland voraussetzt. Aus vorgeschichtlicher Zeit gibt es immer wieder archäologische Funde von Früchten der Petersilie. Die ersten zuverlässigen schriftlichen Quellen über die Pflanze lieferten die Römer: Plinius erwähnte die krausblättrige Petersilie. Weil unter den Doldengewächsen nur die Petersilie krause Blätter hervorbringen kann, ist das Petroselinum des Plinius tatsächlich unsere Petersilie. Sie scheint in römischen Küchen viel verwendet worden zu sein. Außer den Blättern wanderten auch die Früchte in die Kochtöpfe, um Speisen zu würzen. Die römischen Truppen besaßen selbst im fernen Xanten Petersilie, was wiederum archäologische Funde belegen.

Im Mittelalter war die Pflanze ein verbreitetes Gartenkraut. Man schien sie aber in erster Linie nicht als Gewürz, sondern zunächst als Heilpflanze zu schätzen, die man vornehmlich bei Verdauungsstörungen und Erkrankungen der Harnwege gebrauchte. Hinzu kam, daß Petersilie damals als Zauberkraut bekannt war, das Glück und Unheil bringen konnte. So existierte der Aberglauben, daß man beim Petersilie-Säen den

Namen einer Person aussprechen konnte, die man innerhalb von wenigen Tagen unter die Erde bringen wollte. Aus der Sage, daß die Petersilie durch die Verschmelzung des Knaben Peter, der Wurzel, mit dem Mädchen Silie, dem grünen Kraut, entstand, könnte eine erotische Bedeutung erkennbar werden. Diese Bedeutung wird klarer in dem Satz: «Petersilie hilft dem Mann aufs Pferd, den Frauen unter die Erd'.» Dies bezieht sich darauf, daß Männer durch Verspeisen von Petersilie ihre sexuellen Gelüste anregten, Frauen das Kraut für Abtreibungen nutzten. In der mittelalterlichen Medizin wurde Petersilie ferner gegen Syphilis und Tripper verordnet. In vielen mittelalterlichen Städten, so in Braunschweig und Lübeck, gibt es eine Petersilienstraße; sie war der Bezirk, in dem man die Petersilie nach allgemeiner Ansicht besonders benötigte, die Meile der leichten Mädchen.

Die Bedeutung der Petersilie als Gewürz nahm im Verlauf der Jahrhunderte stetig zu. Eine Richtschnur für ihre Verwendung hatte im 12. Jahrhundert die heilige Hildegard von Bingen gegeben: Petersilie sollte nicht mitgekocht werden, sondern erst kurz vor dem Auftragen an die Speisen kommen, was die Würzkraft des Krautes besser zum Vorschein bringt. Obwohl das nicht unbedingt stimmt, halten sich die meisten Hausfrauen noch heute an diese Regel. Mittelalterliche Kochrezepte empfehlen Petersilie vor allem zu fetthaltigen Speisen, Fleisch, Geflügel und Fisch; Petersilie sollte die schwere Kost besser verdaulich machen. Zu Ende des Mittelalters war Petersilie ein allbekanntes Würzkraut; bis zum heutigen Tage ist sie eines der allerwichtigsten Küchenkräuter geblieben.

Petersilie wird auf Feldern angebaut (den Landwirten wird eine Saatmenge von etwa zehn Kilogramm pro Hektar empfohlen). Traditionell gibt es diese Felder in der Umgebung von Frankfurt, wo man Petersilie für die berühmte Grüne Soße in Mengen benötigt. Vor allem findet man Petersilie aber in Gärten. Der Gärtner muß darauf achten, daß er jeder Pflanze genug Platz zum Wachsen läßt, daß sie in guten Boden kommt und daß man die Samen zeitig im Frühjahr ausbringt. Man erntet am besten immer die jeweils am weitesten entwickelten

Blätter, dann können die jüngeren besser nachwachsen. Das Grün von blühenden oder fruchtenden Pflanzen ist längst nicht so würzig wie das von blütenlosen, daher muß die Ernte von Petersilienblättern bis zur Blüte abgeschlossen sein. Petersilie kann man nicht nur im Freien, sondern auch im Blumentopf ziehen. Man kann sich auf diese Weise frischen Peterling auch im Winter verfügbar halten. Doch steht auch die überall erhältliche Gefrierpetersilie dem frischen Kraut in nichts nach. Frische Petersilienblätter werden entweder in der Petersilienmühle oder mit einem Wiegemesser auf einem bald intensiv grün gefärbten Holzbrett zerkleinert. Mit Petersilie kann man so gut wie jede salzige Speise würzen, die bei uns auf den Tisch kommt: Fleisch, Gemüse, Kartoffeln – hier sei an die bekannten Petersilienkartoffeln erinnert –, Reis, Soßen, Salate, Suppen (Petersilie gehört zum Suppengrün), Kräuterbutter, Eierspeisen, Semmelknödel, Würste. Nur mit Süßspeisen verträgt Petersilie sich nicht. Mindestens ebenso wichtig wie das Gewürz sind ganze Petersilienblätter als Garnierung oder Dekoration, die die meisten Restaurantgäste beim Abtragen des Geschirrs wieder mit hinausgehen lassen. So kommt es, daß immer nur ein Teil der angebauten Petersilienmenge auch tatsächlich gegessen wird.

Weniger bekannte Würzen sind Petersiliensamen und die verdickten Wurzeln, wobei letztere auch von der besonders gezüchteten Wurzelpetersilie stammen können, die man als Gemüse verzehren kann. Die Petersilienwurzel kennt man heute noch als Heilmittel bei Blasenerkrankungen und Verdauungsstörungen. Experimentell konnte an Meerschweinchen gezeigt werden, daß die Gebärmutteraktivität durch Petersilie gesteigert wird. In sehr großen Mengen kann das Kraut Rauschzustände hervorrufen, womit ein Teil des mittelalterlichen Petersilien-Aberglaubens eine Begründung erhält.

Pfeffer ×

Der Pfeffer ist ein Gewürz, das am Pfefferstrauch (Piper nigrum) heranreift, der namengebenden Pflanze der Pfeffergewächse (Piperaceae). Der Strauch wird bis zu fünfzehn Meter hoch. Seine unteren Teile verholzen, und die oberen ranken sich um Bäume oder – in der Kultur – an Stangen und Drähten entlang. Die Stengel haben Knoten, denen sowohl Luftwurzeln als auch gestielte, verkehrt herzförmige Blätter entspringen. An manchen Knoten hängen auch die Blütenähren und später die Fruchtstände mit den Beeren, den Pfefferkörnern. Sie sind zunächst grün, in reifem Zustand rot. Sie werden in verschiedenen Reifezuständen geerntet und unterschiedlich weiterverarbeitet; allein davon ist abhängig, in welcher Form Pfeffer in den Handel und in den Kochtopf kommt. Wir unterscheiden die Sorten des Pfeffers nach der Farbe, der Würzigkeit und der Schärfe. Grüner Pfeffer wird unreif geerntet. Die Körner behalten die grüne Farbe nur, wenn man sie in Essig sauer oder in Lake salzig einlegt. Grüner Pfeffer schmeckt besonders fruchtig. Trocknet man die unreifen grünen Pfefferkörner, so werden sie leicht schrumpelig auf der Oberfläche und schwarz. Die trockenen Körner kennt man als Schwarzen Pfeffer, der am schärfsten ist. Man kann die Beeren aber auch vor der Ernte völlig ausreifen lassen. Die roten Körner läßt man einige Tage gären oder in Wasser aufweichen. Danach kann man ihnen leicht die rote Fruchtschale abziehen. Die Körner kommen dann als Weißer Pfeffer in den Handel. Weißen Pfeffer kann man auch herstellen, indem man reife Körner maschinell schält, doch ist dies unter Kennern verpönt. Weißer Pfeffer ist die mildeste Handelsform des Gewürzes, denn die scharf schmeckende Substanz Piperin ist vor allem direkt unter der Fruchtschale gespeichert. Noch einmal soll aber betont werden: Grüner, Schwarzer und Weißer Pfeffer stammen von der gleichen Pflanze.

Diese ist im tropischen Indien zu Hause, wahrscheinlich vor allem an der südwestindischen Malabarküste, wo ihr Anbau offenbar auch die längste Tradition hat. Schon längst vor der Zeitenwende war der Pfeffer in Indien bekannt, kultiviert und als Gewürz in Gebrauch. Sein scharfer Geschmack war den alten Indern sehr willkommen, bot Pfeffer doch die Möglichkeit, die fade tropische Breinahrung interessanter schmecken zu lassen. Die Mannen Alexanders des Großen, die im vierten Jahrhundert vor Christus auf ihren Feldzügen weit nach Osten vorstießen, lernten den Pfeffer kennen und brachten ihn nach Hause mit. Dort wurde Pfeffer bald sehr bekannt, wie wir aus literarischen Quellen wissen. Schnell etablierte sich ein reger Pfefferhandel, der jahrhundertelang, bis ans Ende des Mittelalters, in nahezu unveränderter Form Asien und Europa miteinander verband. Die südarabischen Küstenstriche, Unterägypten (vor allem Alexandria), zunächst Rom, später Venedig und Genua, im Mittelalter auch Augsburg und Nürnberg – das waren die Plätze, an denen der sehr profitable Pfefferhandel abgewickelt wurde. Auch der Grund für die Nutzung des Pfeffers im Abendland blieb bis zur Erfindung des Kühlschrankes der gleiche: Natürlich spielte der Reiz des Exotischen eine Rolle, natürlich machte Pfeffer fettes Fleisch bekömmlicher, aber den eigentlichen Sinn der Pfefferwürze nennt Johann Fischart in seiner Gargantua-Übertragung aus der zweiten Hälfte des 16. Jahrhunderts: «Über ein stinkend Fleisch macht man (...) gern ein (...) Pfeffer.» Selbstverständlich war es ein Problem, vor allem Fleisch frisch zu halten. Hatte es dann schon seinen gewissen «haut-goût» angenommen, dann half nur noch ein scharfes, intensiv schmeckendes Gewürz, das den Geschmack des Fleisches ganz und gar zudecken mußte. Es verwundert nicht, daß diejenige Küche als die beste galt, die am meisten Pfeffer verwendete.

Schon in römischer Zeit war Pfeffer das mit Abstand am meisten genutzte Gewürz. Im bekanntesten römischen Lehrbuch der Gourmets, im Apicius-Kochbuch, wird Pfeffer nahezu in jedem Rezept für salzige Speisen erwähnt. Dies setzte natürlich ein großes Handelsvolumen voraus. In Rom standen besondere Pfeffer-Speicher, damit vor allem die reiche Bevölkerung jederzeit mit Pfeffer versorgt werden konnte. Denn natürlich galt es als unfein, verdorben schmeckendes Fleisch zu essen oder gar seinen Gästen vorzusetzen. Für Pfefferkörner wurden hohe Preise gezahlt, sie wurden Stück für Stück verkauft. In den Abfallschichten römischer Siedlungen, die man bei Ausgrabungen untersucht, sind Pflanzenreste meist in sehr großer Zahl enthalten. Doch Pfefferkörner, obwohl sie so viel benutzt wurden, fanden sich so gut wie nie (nur im Römerlager Oberaden an der Lippe entdeckte man sie bisher). Das zeigt, wie sorgsam Pfefferkörner geschützt wurden. Sie versehentlich in den Abfall wandern zu lassen, wäre eine Sünde gewesen. In der Spätzeit römischen Pfefferhandels wechselte einmal eine ungeheure Menge des Gewürzes den Besitzer: Alarich, der König der Westgoten, belagerte im Jahre 408 nach Christus die Ewige Stadt. Als Tribut forderte er vor seinem Wiederabzug von den Römern 3000 Pfund Pfeffer.

Später übernahmen die Venezianer und Genuesen den Pfefferhandel. Diesem wichtigen Handelszweig verdankten die oberitalienischen Stadtrepubliken einen großen Teil ihres unermeßlichen Reichtums. Pfeffer blieb das wichtigste Gewürz auch im Mittelalter. Er war aber so teuer, daß ihn sich nur die allerreichsten Leute leisten konnten, diese aber in großen Mengen: Als Herzog Karl der Kühne von Burgund, der als der reichste Fürst seines Zeitalters galt, im Jahre 1468 Hochzeit hielt, kamen insgesamt 380 Pfund Pfeffer auf die Tische. Ein anderer mächtiger Mann, Friedrich der Große, pfefferte seinen Kaffee. Die Augsburger und Nürnberger Kaufleute, die den Pfeffer auf dem Rücken ihrer Maultiere über die Alpen brachten, verkauften das Gewürz mit 600prozentigem Aufschlag. Kein Wunder, daß diese «Pfeffersäcke», wie man sie gleichzeitig voll Bewunderung und voll Verachtung nannte, für ihren Wucher verrufen waren. Fälscher versuchten, Ersatzpfeffer auf den Markt zu bringen. Manche Arten von Ersatzpfeffer kamen auch ganz legal in den Handel, zum Beispiel die afrikanischen Paradieskörner, auch Afrikanischer «Pfeffer» genannt, der Kubeben-«Pfeffer» und später der «Spanische Pfeffer», alias Paprika.

In manchen europäischen Ländern wurde die Forderung

laut, den Pfefferhandel selbst in die Hand zu nehmen und dabei wenigstens einige der wuchernden Zwischenhändler auszuschalten, um das wichtigste aller Gewürze einerseits zu verbilligen, andererseits selbst daran zu verdienen. So begann man, sich immer mehr für jenes Land zu interessieren, «wo der Pfeffer wächst» (diese Redewendung wurde um 1500 erstmals aufgezeichnet, ist aber wahrscheinlich älter). Den Handel mit Pfeffer in die Hand zu bekommen, war einer der wichtigsten Beweggründe für die Entdeckungsreisen. Der Venezianer Marco Polo und einige wenige andere Reisende hatten erste Beschreibungen von den Herkunftsländern des Pfeffers gegeben, die teils korrekt, teils beschönigt waren. Diese Reiseberichte gaben Anlaß zu ehrgeizigen Reiseplanungen. 1498 landete der in portugiesischen Diensten stehende Seefahrer Vasco da Gama in Calicut an der Malabarküste, mitten im Pfefferland. Er brachte ganze Schiffsladungen mit Pfeffer und anderen Gewürzen nach Lissabon. Da dieser portugiesische Seehandel ohne Zwischenhändler ablief, kam nun billigerer Pfeffer auf den europäischen Markt, obwohl die neuen Händler nicht mehr das Siebenfache, sondern das Elffache des Einkaufspreises in Rechnung stellten. Lissabon kam zu Reichtum und Glanz; einige Jahrzehnte später, als der Gewürzhandel in die Hände der Holländer kam, war es Amsterdam, danach bereicherte sich London an dem Luxushandelsgut. Obwohl die mitteleuropäischen Pfefferverbraucher ihren venezianischen und Genueser Handelspartnern noch jahrzehntelang die Treue hielten, sank die Bedeutung der oberitalienischen Häfen immer mehr, und Venedig bekam, sicher unter anderem durch die Verlagerung des Gewürzhandels, allmählich den Charakter der morbiden Lagunenstadt, die wir heute kennen.

Der Pfefferhandel nahm in den letzten Jahrzehnten an Umfang noch zu, und das Gewürz wurde dabei endlich merklich billiger. Im letzten Jahrhundert konnte sich jeder Mitteleuropäer den Kauf von Pfeffer leisten. Heute steht eine Pfeffermühle in fast jeder Küche wie auch auf dem gutbürgerlichen Wirtshaustisch. Pulverisierter Pfeffer verliert rasch an Aroma, so daß es besser ist, ihn immer frisch zu mahlen, wenn man die ganze

Kraft des Piperins im Gaumen spüren will. Jeder Bundesbürger verbraucht heute etwa 140 Gramm Pfeffer pro Jahr.

Die Schärfung der Speisen ist gewissermaßen ein Relikt aus dem Mittelalter. Natürlich muß man heute nicht mehr den Geschmack von faulem Fleisch durch Würzen verbergen. Aber es gibt schließlich auch noch andere Gründe, warum man Pfeffer an Speisen gibt: Seine Inhaltsstoffe machen fette Speisen bekömmlicher, so Fleisch, Fisch, Geflügel und Käse. In Soßen und Gemüse schmecken die Körner vortrefflich. Die weihnachtlichen Pfefferkuchen, mit denen die Hexe aus Hänsel und Gretel ihr Haus gebaut hatte, waren wohl nur früher mit Pfeffer gewürzt. Außerdem wird der Begriff «Pfeffer» oft synonym mit «Gewürz» im allgemeinen gebraucht, so daß hier auch dies gemeint sein kann. Stark gewürzt sind die Pfeffernüsse ja auf jeden Fall. Die wohltuende Wirkung des Pfeffers auf den Magen ist auch den Ärzten bekannt: Fructus Piperis nigri sind offizinell.

Pfeffer, langer

Der Lange Pfeffer (Piper longum), ein naher Verwandter des Schwarzen Pfeffers, der ebenfalls der Familie der Pfeffergewächse (Piperaceae) angehört, wächst wie sein Bruder in Indien und ähnelt ihm stark. Die Unterschiede zum Schwarzen Pfeffer: Die einzelnen Pfefferkörner wachsen so dicht gedrängt an der Rispe, daß sie nicht nur aneinanderstoßen, sondern sogar zu einem Gesamtgebilde miteinander verschmelzen, das eben «lang» aussieht. Die Körner des Langen Pfeffers haben zwar ein schwächeres Aroma als die des Schwarzen, aber sie sind ungleich schärfer. Ein gut Teil des im Altertum verwendeten Gewürzes soll nicht Schwarzer, sondern Langer Pfeffer gewesen sein, folgt man den in dieser Hinsicht nicht immer ganz zuverlässigen schriftlichen Quellen. Heute werden die Körner des Langen Pfeffers fast ausschließlich in den Küchen Südasiens verwendet, denn den meisten Europäern ist ihr Geschmack zu scharf.

Pfeilkresse

Die Pfeilkresse oder Graue Kresse (Cardaria draba) ist ein Kreuzblütler (Brassicaceae oder Cruciferae). Das ausdauernde Gewächs wird halbmeterhoch und ist leicht behaart. Die Blätter sitzen mit pfeilförmigem Grund direkt am Stengel, ähnlich wie eine Geige haben sie in der Mitte eine schmalere Stelle. Die weißen Blüten, im Frühsommer geöffnet, duften; sie stehen doldenähnlich zu mehreren beieinander.

Die Pfeilkresse ist noch nicht allzu lange Bestandteil der Flora von Deutschland, denn die Standorte, auf denen sie bei uns wächst, sind erst in jüngerer Zeit entstanden: Straßen- und besonders Eisenbahndämme, Schuttplätze. Die Pflanze Süd- und Osteuropas kam in vorindustrieller Zeit nur ganz selten an Donau und Rhein vor und breitete sich im Zeitalter des Eisenbahnbaus enorm aus, vor allem in Süd- und Mitteldeutschland und in der Schweiz. Die Samen der Pfeilkresse haben einen scharfen Geschmack. Sie lassen sich als Ersatz für Pfeffer verwenden. Früher sammelte man die Samen auch, wohl besonders in Osteuropa, und sicher deswegen, weil Pfeffer sehr teuer war. Als die Pfeilkresse in Mitteleuropa heimisch wurde, war der Pfeffer jedoch schon kein Luxusartikel mehr; ein Pfefferersatz war somit nicht notwendig, und die Pfeilkresse kam nie zu großer Bedeutung in den Küchen.

Pferdeminze

Die Pferdeminze (Monarda didyma), auch unter den Namen Bienenmelisse, Bergamotte, Scharlachmonarde und Goldmelisse bekannt, ist ein Lippenblütlergewächs (Lamiaceae oder Labiatae). Die ausdauernde, halbmeter- bis meterhohe Staude trägt gestielte und gekerbte Laubblätter und intensiv rote, fast fingerlange Blüten, die, wenn sie im Spätsommer offenstehen, von Bienen gerne besucht werden. Die Pferdeminze enthält große Mengen duftenden ätherischen Öles, vor allem Thymol, das ihr einen thymian- und minzenähnlichen Geruch und Geschmack verleiht.

Die Pflanze wächst wild in Flußauen Nordamerikas. Sie wurde als Nutzpflanze von den Indianern entdeckt, die aus den Blättern den beruhigenden Oswego-Tee brauten. Diesen Tee lernten die Weißen bei den Rothäuten kennen. Oswego-Tee erlangte geradezu weltgeschichtliche Bedeutung, als die nordamerikanischen Siedler im Vorfeld der Unabhängigkeitskriege den Handel mit dem englischen Mutterland boykottierten. Auf der berühmten «Boston Tea Party» wurde eine ganze Schiffsladung Schwarztee ins Meer geworfen – die selbstbewußten Nordamerikaner waren auf das englische Handelsgut nicht angewiesen, weil sie ihren heimischen Oswego-Tee hatten! Die Pferdeminze war bereits 1752 nach Europa gebracht worden, wo sie nun wegen ihres Duftes und als Bienenweide eine beliebte Zierpflanze ist. Ihre kleingehackten Blätter eignen sich als Würze für Salate, Fruchtspeisen und Drinks. Der beruhigende Tee bekam hierzulande jedoch nur wenige Anhänger.

Piment

Der Piment oder Nelkenpfeffer (Pimenta dioica) gehört in die Familie der Myrtengewächse (Myrtaceae). Das Gewürz stammt von einem breitkronigen, immergrünen, beinahe zwanzig Meter hohen Baum mit␣ledrigen, ganzrandigen Blättern und weißen Blüten, die in Rispen beieinander stehen. Der Baum blüht zweimal pro Jahr, aber nur die im April und Mai erscheinenden Blüten werden zu bräunlich-rötlichen Früchten, den bis zu acht Millimeter großen Gewürzkörnern. Die Früchte enthalten vor der Reife das ätherische, stark würzige Pimentöl, das zur Reifezeit nahezu ganz verschwindet. Aus diesem Grund wird Piment unreif geerntet. Die Körner müssen danach in Darröfen getrocknet werden.

Der Baum ist auf den tropischen mittelamerikanischen Inseln zu Hause, vor allem auf Jamaika. Fast ausschließlich auf dieser Insel wird er auch angebaut, denn nur dort erreicht das auch Jamaikapfeffer genannte Gewürz sein unvergleichliches Aroma. Der Piment wurde zunächst von den Indianern verwendet. Frühe Amerikareisende berichten, die Azteken hätten damit ihre Schokoladengetränke gewürzt. Nach Europa wird Piment seit 1601 exportiert. Das Gewürz, in dessen Geschmack man eine Mischung von Pfeffer, Nelken, Muskat und Zimt zu erkennen glaubte, kam im 17. Jahrhundert zu sehr großer Beliebtheit in Europa, meinte man doch, es wegen seiner Geschmacksvielfalt universell verwenden zu können. Ganz besonders populär wurde Piment offenbar in England, wo er «Allspice» genannt wurde (und wird), weil man alles damit würzte. Auch in der deutschen Sprache tauchte der Begriff «Allgewürz» auf, als man dieses «Englische Gewürz» oder «Neugewürz» übernahm.

Piment sollte man in gemahlenem Zustand nicht lange aufbewahren; man zerstößt ihn immer unmittelbar vor dem Würzen, damit sich seine Würzkraft nicht verflüchtigt. Bei uns ist er Bestandteil von Gebäck, vor allem weihnachtlichem. Man würzt auch verschiedene Fleischgerichte, Wurst und Soßen damit sowie marinierten Fisch, eine Sitte, die von Skandinavien ihren Ausgang nahm. Das Modegewürz des 18. Jahrhunderts hat aber heute längst nicht mehr die Bedeutung wie ehedem.

Pimpinelle

Die Kleine Pimpinelle oder Bibernelle (Pimpinella saxifraga) ist ein Doldengewächs (Apiaceae oder Umbelliferae). Sie besitzt eine ausdauernde Wurzelrübe, Grundblätter mit eiförmigen Fiedern, die sich – mit Ausnahme der Fieder an der Blattspitze – paarweise gegenüberstehen, und halbmeterhohe Doldenstiele. Die Stengelblätter haben viel feinere und schmalere Zipfel als die Grundblätter. Die kleinen Blüten, weiß oder rosa gefärbt, sind im Sommer oder auch noch im Frühherbst geöffnet.

Die Pimpinelle wächst wild auf Wiesen und Weiden sowie auf Ödländern in Vorderasien und fast ganz Europa, außer am

Mittelmeer. Daher ist es falsch zu behaupten, die Pimpinelle sei bereits den Hochkulturen am Mittelmeer bekannt gewesen. In Gebrauch kam das Kraut sicher nördlich der Alpen, wann, läßt sich jedoch schwer sagen. Was im Mittelalter Pimpinelle oder Bibernelle genannt wurde, ist nicht immer Pimpinella saxifraga; noch heute nennen wir ja auch den Kleinen Wiesenknopf Bibernelle, ein Rosengewächs, dessen Blätter eigenartigerweise denen der Pimpinelle zum Verwechseln ähnlich sehen. Die Pimpinelle war mit Sicherheit seit dem späten Mittelalter, wenn nicht schon früher, eine bekannte Heilpflanze gegen Pest und Cholera. Der Spruch «Esset Pimpernell', so sterbet ihr nicht äll!», wie er in der vorliegenden Form aus dem schwäbischen Weil der Stadt überliefert ist, war in mancherlei Abwandlungen praktisch überall im deutschen Sprachraum bekannt, in Posen, Wien, Tirol und in der Schweiz. Adalbert Stifter hat ihn in seiner im Böhmerwald spielenden Erzählung «Granit» vorkommen lassen. Charakteristisch für den Spruch ist, daß ihn eigenartigerweise fast immer ein Vogel verkündet. Als der Schwarze Tod aus Europa verschwand, geriet die Heilwirkung der Pimpinelle in Vergessenheit.

Die Blätter enthalten ein duftendes ätherisches Öl. Besonders die jungen Blätter des Frühjahrs haben einen vorzüglichen Geschmack, weswegen man sie als Gewürz verwendet. Man kann damit Salate, Soßen, Suppen, Mayonnaise, Quark, Butter, Fleisch, Fisch, Geflügel und Spinat geschmacklich veredeln. Die Blätter gehören an die berühmte Hamburger Aalsuppe, eine sehr fette Speise, deren Verdauung sie bestimmt erleichtern.

Die Blätter der sehr nahe verwandten Großen Pimpinelle (Pimpinella major) kann man ähnlich verwenden. Wie der Name sagt, ist die Große Pimpinelle in der Regel höherwüchsig. Außerdem sehen die Stengelblätter den Grundblättern sehr ähnlich. Es fällt jedoch auch den Spezialisten manchmal schwer, Große und Kleine Pimpinelle eindeutig auseinanderzuhalten.

Pinie ×

Die Pinie oder Nußkiefer (Pinus pinea) aus der Kiefernfamilie (Pinaceae) ist ein charakteristisches Gewächs der Mittelmeerländer, ein stattlicher Baum mit einer Krone, die wie ein Regenschirm aussieht, und langen Nadeln. In den Zapfen sind die wohlschmeckenden, ölhaltigen Samen enthalten. Die Samenschale muß man knacken, um die wohlbekannten Pinienkerne oder Pignolia-Nüsse zu erhalten, die in der Regel allerdings bereits ohne die Schale in den Handel kommen.

Pinien wachsen überall an den nördlichen und östlichen Küsten des Mittelmeeres, am Schwarzen Meer und an der iberischen Atlantikküste. Ob sie ursprünglich dort überall vorkamen, läßt sich schwer sagen. Manchmal stößt man auf die Vermutung, ihre Heimat sei nur im Osten zu suchen, von wo aus der Mensch sie erst in den Westen des Mittelmeergebietes gebracht habe. Pinien wurden jedenfalls sehr frühzeitig kultiviert. Spätestens seit der Zeit um 2000 vor Christus werden Pinienkerne an der Ostküste des Mittelmeeres genutzt. Angeblich von dort aus gelangte der Baum wenig später nach Ägypten, wo er ohne den Willen des Menschen nicht wachsen würde. In Hellas waren die Pinien gut bekannt. Die Kerne fand man in Siedlungsschichten des vierten vorchristlichen Jahrhunderts in Salamis auf Zypern. Es gibt zahlreiche Erwähnungen der Pinie in der Literatur. Der Pinienzapfen erhielt eine Bedeutung im Dionysos-Kult: Bei den Dionysos-Feiern stützte man sich – seit dem 5. Jahrhundert vor Christus durch Berichte und bildliche Darstellungen bezeugt – auf den Thyrsos-Stab, den Stengel des Riesenfenchels, auf den ein Pinienzapfen gesteckt war. Bei Ausgrabungen in Pompeji fand man die Zapfen auf Wandfresken dargestellt, die Kerne entdeckte man in antiken Abfallschichten Roms, und im römischen Apicius-Kochbuch sind Pinienkerne ein häufig empfohlenes Gewürz, zum Beispiel zu Erbsen und Dicken Bohnen, Fisch, Geflügel, Wurst und Fleischsoße. Wo die Römer die frostempfindliche Pinie nicht anbauen konnten, mußte man dennoch nicht auf die Kerne verzichten: Bei Ausgrabungen erwies sich durch Samenfunde, daß die römischen Legionäre auch in Mainz und London Pinien gegessen hatten. Diese Pinienfunde belegen einen Fernhandel von erstaunlicher Reichweite.

Natürlich hat man auch im Mittelalter in den mediterranen Ländern Pinien gezogen und ihre Kerne gegessen. Pinienkerne gelangten weiterhin als Luxusgüter aus dem sonnigen Süden in den rauhen Norden. Albertus Magnus schrieb über die Pflanze. Pinien sind auf dem Genter Altarbild der Brüder van Eyck von 1432 dargestellt. Überhaupt wurden sie in der bildenden Kunst immer wieder ornamental abgebildet, besonders in Kunststilen, die sich auf die Antike beriefen. In vielen romanischen Kirchen sind Kapitelle den Pinienzapfen nachgebildet; und ein Pinienzapfen bekrönt die berühmte Renaissance-Fassade des Augsburger Rathauses. Pinienzapfen haben neben der ornamentalen auch eine symbolische Bedeutung, etwa wegen ihrer vielen Kerne als Sinnbild der Fruchtbarkeit.

Pinien werden heute – wie seit langer Zeit – in Pinienhainen angebaut, so zum Beispiel bei Ravenna und in Südfrankreich. In der mediterranen Küche würzt man mit den Kernen Fleisch, Geflügel, Auberginen, Tomaten, Reis und süßsaure Speisen. Hierzulande kennt man Pinienkerne vor allem als Bestandteil von Nußmischungen wie dem Studentenfutter.

Pistazie ✕

Pistazien, Aleppnüsse oder Grüne Mandeln nennt man die Fruchtkerne des Pistazienbaumes (Pistacia vera) aus der Familie der Sumachgewächse (Anacardiaceae). Der Baum ist nicht allzu hoch, im allgemeinen nur ein paar Meter, seine Blätter haben zwei oder drei breite Fiederpaare und eine Endfieder. Der Baum ist streng zweihäusig, es wachsen also entweder nur männliche oder nur weibliche Blüten und später die Früchte auf einem Baum. Die Früchte haben eine harte Schale, die einen weichen, köstlich schmeckenden Kern umgibt. Der Geschmack des Kernes wird vom fettreichen Pistazienöl und anderen Substanzen hervorgerufen.

Die Heimat des Gewächses vermutet man im Zweistromland und in den angrenzenden Bergländern sowie an der Ostküste des Mittelmeeres. Dort ist die Pistazie auf jeden Fall schon seit Urzeiten genutzt worden. Reste von Pistazien wurden bei Ausgrabungen einer jungsteinzeitlichen Siedlung in Thessalien und bronzezeitlicher Monumente auf Zypern und Kreta gefunden. Wir wissen nicht, ob diese Funde bezeugen, daß Pistazien auch in diesen ostmediterranen Gegenden wild vorkamen, oder daß Pistazienbäume hier schon frühzeitig vom Menschen eingeführt und angepflanzt wurden. Es ist genauso möglich, daß lediglich die Nüsse als Handelsprodukt aus dem Osten, etwa aus Syrien, in die griechische Welt kamen. Daß während der Bronzezeit von der östlichen Mittelmeerküste Pistaziennüsse als Handelsprodukte nach Ägypten geliefert wurden, ist sowohl im Alten Testament als auch in zeitgenössischen ägyptischen Schriftquellen bezeugt. Die Brüder des Joseph nahmen unter anderem Pistazien nach Ägypten mit, als sie für ihre schwer von Hungersnot gebeutelte Heimat um Getreide bitten wollten. Beschrieben wird hier im Grunde genommen nichts anderes als Fernhandel und Tauschgeschäft mit Getreide und Pistazien während des zweiten vorchristlichen Jahrtausends. Obwohl die Ägypter damals Pistazien schon kannten, ist es bis fast auf den heutigen Tag unterblieben, dort die Bäume auch anzupflanzen. Pistazienkulturen brachten auch in anderen Ländern immer wieder Probleme mit sich, weil die Bäume sehr witterungsempfindlich sind. Die Griechen berichteten über die Bäume und Nüsse nicht viel. Die Römer dagegen brachten die Bäume ins westliche Mittelmeergebiet. Die ersten römischen Pistazienpflanzer sind sogar namentlich bekannt: Lucius Vitellius, der zwischen 20 und 30 nach Christus, also in tiberischer Zeit, syrischer Legat war, und der mit ihm dienende Ritter Flaccus Pompejus. Als beide aus dem Osten zurückkehrten und sich im Westen ansiedelten, pflanzten sie auf ihren Gütern Pistazienbäume, Vitellius bei Alba in Mittelitalien und Pompejus in Spanien. Es ist möglich, daß die von den Römern angelegten

Pistazienkulturen die Stürme der Völkerwanderung nicht überdauert haben. Aber spätestens seitdem die Araber sich in vielen Mittelmeerländern für den Pistazienanbau verwendet hatten, besteht dort eine kontinuierliche Pistazienkultur, also seit rund einem Jahrtausend.

In Mitteleuropa, wo es für den Anbau von Pistazien viel zu kalt ist, wurden die Nüsse erst spät bekannt. Immanuel Kant erwähnt, daß die Pistazien «in Persien als Beisätze zu Speisen gebraucht werden» (also nicht in Deutschland), einige Jahrzehnte später schrieb der Naturforscher Gotthilf Heinrich von Schubert in einem populären Pflanzenbuch, daß die Pistazie «wie Mandel gegessen oder eingemacht an allerlei Speisen gethan wird, zum Beispiel an Ragouts, Pasteten und Torten.» Damals also waren die Pistazien nicht nur zum Knabbern, sondern auch als Gewürz bekannt geworden. Pistazien als Würze zu Fleischgerichten begegnen einem heute nur noch am Mittelmeer und besonders im Vorderen Orient. Hierzulande würzt und dekoriert man damit Kuchen. Sehr bekannt wurde das italienische Pistazieneis, das auch in den Vereinigten Staaten gerne gegessen wird. Beliebt sind angeröstete und gesalzene Pistazien zum Knabbern, die in den seitlich aufgeplatzten Schalen verkauft werden.

Portulak

Der Portulak (Portulaca oleracea), im Deutschen auch zu «Burzelkraut» verballhornt, gab der Familie der Portulakgewächse (Portulacaceae) den Namen. Im Gegensatz zum nahe verwandten wilden Portulak, der als am Boden kriechendes Unkraut in Gärten und auf Äckern zu finden ist, erhebt die Kulturpflanze ihre Sprosse bis zu einen halben Meter in die Höhe. Die ganzrandigen Blätter der einjährigen Pflanze sind fleischig, die Blüten stehen dort, wo die Blattstiele vom Hauptstengel abzweigen. Botaniker nennen diese Blütenstellung blattachselständig. Die Blüten haben fünf Kronblätter, die gelblich gefärbt sind und im Hoch- und Spätsommer offen stehen. In den Blüten kommt es oft zu Selbstbestäubung. Die außerordentlich zahlreichen Samen werden von Ameisen verbreitet.

Der Portulak stammt wahrscheinlich aus Südasien. Er hat sich zunächst als Kulturfolger in vielen warmen Ländern der Erde ausgebreitet, und allmählich entstand dabei die kultivierte Rasse. Portulak war im Zweistromland schon 2000 Jahre vor Christi Geburt bekannt. In Griechenland wird er seit der Antike deshalb besonders geschätzt, weil seine sukkulenten Blätter auch bei größter Trockenheit noch immer Wasser enthalten und frisch schmecken. Archäologische Samenfunde bezeugen, daß Portulak seit der Römischen Kaiserzeit auch in Mitteleuropa wuchs. Ob es sich dabei um eine wilde oder eine kultivierte Rasse handelte, wissen wir nicht, da man dies den Samen nicht ansieht. Man kann aber davon ausgehen, daß spätestens im hohen Mittelalter Portulak auch hierzulande angebaut wurde, zum Beispiel in den Klostergärten. Die Pflanze wird im Parzival von Wolfram von Eschenbach erwähnt, und zwar als die Speise des edlen Ritters Gawan. Portulak war als Salat- und Heilpflanze geschätzt; wegen seines hohen Vitamin-C-Gehaltes aß man ihn, um nicht an Skorbut zu erkranken. Portulak blieb ein beliebtes Küchenkraut bis ins 19. Jahrhundert, als seine Verwendung vor allem in Deutschland und England aus der Mode kam, nicht hingegen in den südlichen Ländern und Frankreich.

Hierzulande ist Portulak jetzt wieder bekannter als vor hundert Jahren. Die jungen Blätter ißt man als Salat oder würzt mit ihnen Salate. Gewürz sind die gehackten Blätter für Suppen (zum Beispiel Hamburger Aalsuppe), Soßen, Mayonnaise, Kräuterbutter, Fleisch, Fisch und Gemüse. Weil die Blätter beim Kochen ihren Geschmack verlieren, darf man sie erst kurz vor dem Auftragen an warme Speisen geben. Ältere Blätter, die von Pflanzen stammen, die bereits blühen oder geblüht haben, ißt man als Spinat. In Salz und Essig eingelegt kann man Portulak für den Winter einmachen.

Nahe Verwandte des Portulaks bewundert man in Gärten und Balkonkästen als Zierpflanzen, so beispielsweise das weitbekannte Portulakröschen (Portulaca grandiflora) aus Brasilien.

Preiselbeere ✗

Die Preiselbeere oder Kronsbeere (Vaccinium vitis-idaea) ist ein Heidekrautgewächs (Ericaceae), ein Zwergstrauch mit eiförmigen Lederblättern, rosafarbenen glockenförmigen Blüten und zunächst weißen, später leuchtend roten Beeren. Wie alle Heidekrautgewächse ist die Preiselbeere eine Symbiose mit Wurzelpilzen eingegangen, die die Pflanze mit Stickstoff aus der Luft versorgen. Heidekrautgewächse sind daher in der Lage, auch auf sehr unfruchtbaren Böden fortzukommen. So wächst die Preiselbeere auf armen Sandböden und Hochmoorflächen, Heiden und nährstoffarmen, sauren Waldböden, in norddeutschen Ebenen und süddeutschen Gebirgen.

Die Preiselbeere ist in Nord- und Mitteleuropa, Nordasien und Nordamerika zu Hause. Ihre mehligen, saftigen, säuerlichen Früchte sind sicher schon sehr lange gesammelt und genutzt worden. Man kocht aus ihnen eine Marmelade, mit der Soßen abgeschmeckt werden und die als würzende Beilage zu Geflügel und Fleisch dient, vor allem zu Wildbret: Wildfleisch und wilde Beeren gesellen sich gern. Der überwiegend in Norddeutschland gebrauchte Name Kronsbeere ist germanischen Ursprungs, während das süddeutsche Wort Preiselbeere aus dem Slawischen entlehnt wurde. Hinter dieser merkwürdigen Tatsache verbirgt sich möglicherweise, daß die Beeren bis zum Mittelalter nur in Norddeutschland bekannt waren; denn dort hatten sich die Menschen in den Heidelandschaften, wo die Kronsbeere wuchs, schon längst angesiedelt. In Süddeutschland begegneten die Menschen erst im Mittelalter den Preiselbeeren häufiger, als sie deren dortige Wuchsgebiete, die Gebirge, als Wohnorte aufsuchten. Damals bestand ein lebhafter kultureller Kontakt mit den Slawen, und man übernahm den Namen der roten Beeren von den östlichen Völkern; es ist bekannt, daß die Preiselbeere in der slawischen Volksmedizin in besonders hohem Ansehen stand (und steht), nämlich als

Arznei bei Erkältungen und Magendrücken sowie als harntreibendes Mittel.

Im Gebirge soll es besonders in den Jahren viele Preiselbeeren geben, in denen alle anderen Obstsorten in den Tälern ausbleiben. In Tirol erzählt man sich eine hübsche Geschichte über die Beeren: Der Teufel soll sie einst zu giftigen Früchten gemacht haben, worüber Gottvater in Zorn geriet. Er entzog den kleinen Beeren ihr Gift und versah sie zum Zeichen dafür mit einem Kreuz, in dem aufgeklärte Personen die Reste der Blüte erkennen.

Primel

Die Primel (Primula veris), die schon im Mittelalter Himmelsschlüssel und erst später auch Schlüsselblume hieß, entstammt der Familie der Primelgewächse (Primulaceae). Aus dem ausdauernden Wurzelstock sprießen spatelförmige, runzlige Blätter und ein steif aufrechter Blütenstiel. Die Blütengruppe, die an seinem oberen Ende prangt, sieht nach Meinung derer, die die Pflanze benannten, wie ein Schlüssel aus. Eine andere Deutung des Pflanzennamens geht davon aus, daß die gelben Blüten den Himmel aufschließen, weil sie schon im frühesten Frühjahr zu sehen sind; darauf bezieht sich auf jeden Fall der Name «Primel», der vom lateinischen «primus» (der erste) abgeleitet ist. Die Schlüsselblumen sind allbekannt, doch gibt es bei uns zwei außerordentlich ähnlich aussehende Arten. Am besten erkennt man die Echte Schlüsselblume daran, daß bei ihr die fünf Blütenblätter etwas zusammenneigen, während sie bei der nahen verwandten Hohen Schlüsselblume (Primula elatior) radförmig ausgebreitet sind. Primula veris wächst auf Wiesen und in lichten Wäldern. Als eine der ersten Frühlingsblumen hat sie eine eminente Bedeutung in der Mythologie, worauf einzugehen hier nicht der Platz ist. Immer wieder fiel sie den Dichtern ein, wenn sie den Frühling besangen.

Fast überhaupt nicht bekannt ist die Primel – zumindest heute – als Gewürzpflanze. Früher schnitt man die jungen

Blätter in Salate und Kräutersuppen, die alten Blätter schmekken nicht wegen ihres Saponingehaltes. Wichtiger als Gewürz waren die Blüten, die einen hohen Zuckergehalt haben. Deswegen würzte man damit Gebäck, Milchsuppe und Salate. Die frische, gelbe Farbe wirkte sehr dekorativ. Einen Absud der Blüten hat man zu Primelwein vergoren. All dies ist heute in Vergessenheit geraten, vielleicht auch deshalb, weil man wilde Schlüsselblumen, die unter Naturschutz stehen, nicht mehr sammeln darf. Angeblich werden auf mittelenglischen Märkten im Frühjahr noch Primelblüten als Gewürz verkauft. In der Heilkunde finden die Wurzeln Verwendung, in denen noch mehr Saponin als in den alten Blättern enthalten ist. Aus Radix Primulae verfertigte Präparate werden bei Husten verschrieben.

Quendel

Der Quendel (Thymus serpyllum) ist der bei uns heimische wilde Thymian aus der Familie der Lippenblütler (Lamiaceae oder Labiatae). Seine Triebe steigen aus ausdauernden Wurzeln auf oder kriechen am Boden entlang, wobei sie – im Gegensatz zum nahe verwandten Echten Thymian der Gärten – immer wieder neue Wurzeln schlagen. Quendel hat eiförmige, einander am Stengel gegenüberstehende kleine Blätter. Seine Blüten finden sich gehäuft an den Spitzen der Stengel; sie sind rot oder weißlich gefärbt, duften köstlich und ziehen daher Menschen und Bienen an. Aber auch alles Grün der Pflanze enthält ein duftendes ätherisches Öl, weswegen Quendel zu vielerlei Zwecken als Duft-, Würz- und Heilkraut Verwendung findet. Die Pflanze bereitet den Botanikern oft Kopfzerbrechen, denn sie existiert in sehr zahlreichen Formen, die sich genetisch, nach dem Aussehen, Duft, Geschmack und Wuchsort nur geringfügig voneinander unterscheiden. Die Merkmale der einzelnen Unterarten und Rassen ähneln sich in solchem Maße, daß man besser daran tut, alle Quendelsorten als Mitglieder einer formenreichen Sammelart anzusehen, die über ganz Europa und Westasien verbreitet ist und den ganzen Sommer über

Gcel Schlüſſelblůmen.
PRIMEL

blüht. Man überläßt es dann den Spezialisten unter den Botanikern, die Pflanzen exakt zu benennen. Über eines muß man sich trotzdem im klaren sein: Wenn man das kleine Kraut als «Thymian» bezeichnet, darf man nicht vergessen, daß der Echte Thymian des Mittelmeergebietes und unserer Gärten ein anderes Gewächs ist. Der Name Quendel ist eindeutig.

Man sammelt während des Sommers die nicht verholzten Teile der Pflanze auf mageren, trockenen Gebirgswiesen. Hat man nicht genügend Quendel in der Umgebung seiner Wohnstätte, so kann man ihn im Garten ziehen – im Steingarten sieht die duftende kleine Staude sehr hübsch aus. In Europa wird das Quendelkraut schon lange genutzt. In altgermanischer Zeit war das Gewächs der Freya geweiht, später der Jungfrau Maria. Man sagte der Pflanze große Heilwirkung nach, vor allem gegen Frauenkrankheiten, was sich unter anderem in dem Namen «Unserer lieben Frauen Bettstroh» und ähnlichen Benennungen äußert, die der Quendel in vielen europäischen Gegenden erhalten hat. Als duftendes Kraut kam Quendel in den Ruf, böse Geister vertreiben zu können. Man hängte zum Beispiel in den Ställen Quendelkränze auf, um Hexen zu vertreiben. Im Mittelalter wurde Quendel in den Klostergärten gezogen, weil die Mönche seine innerliche und äußerliche Heilwirkung in mancherlei Hinsicht schätzten. Was zuerst die Mönche in ihren Gärten angepflanzt hatten, zogen später die Bauern hinter ihren Häusern: Der Quendel wurde ein typisches Gewächs der Bauerngärten.

In Bayern und Österreich nennt man den Quendel auch Karwendel. Das Gebirge zwischen Mittenwald und Innsbruck hat, weil dort besonders viel von dem duftenden Kraut wächst, den Namen Karwendelgebirge erhalten. Doch wer denkt noch an den Quendel, wenn er von der beliebten Ferienlandschaft spricht?

Wann der Quendel zum Gewürzkraut wurde, ist nicht bekannt. Heute verwendet man ihn wie den Echten Thymian als wohlschmeckende und bekömmliche Zutat zu Suppen, fettem Fleisch und zu blähenden Gerichten. Die Inhaltsstoffe des Quendels erleichtern nämlich die Verdauung schwerer Kost.

Der gute Geruch des Krautes hält sich, wenn man es trocknet. Man kann daher gut einen Quendel-Vorrat für den Winter anlegen. Man sammelt und trocknet das Kraut aber vor allem, um es in Duftsäckchen für den Wäscheschrank einzunähen. Die Wäsche nimmt dadurch einen zarten Quendelgeruch an. Herba Serpylli ist heute in der Heilkunde als Droge gegen Bronchitis und Husten bekannt.

Rainfarn

Der Rainfarn (Tanacetum vulgare) ist ein Korbblütler (Compositae oder Asteraceae). Die ausdauernde Staude ist manchmal nur dreißig Zentimeter hoch, manchmal erreicht sie beinahe Mannshöhe. Die stark gefiederten Blätter ähneln Farnwedeln (daher der Name Rainfarn), doch soll dieser neuhochdeutsche Begriff aus einem älteren entstanden sein, der darauf Bezug nahm, daß die Pflanze mit ihren goldgelben, im Spätsommer geöffneten Blütenköpfen wie eine Fahne am Wegrain aussieht. Die Blütenköpfe haben nicht, wie die nahe verwandte Margerite, auch Strahlenblüten, sondern nur Köpfchenblüten. Insgesamt sehen die Köpfchen wie «Gülden Knöpfle» oder «Westenknöpf» aus (so lauten volkstümliche Namen des Krautes); Kinder verwenden sie als Spielgeld. Die ganze Pflanze enthält stark riechende ätherische Öle und Bitterstoffe, die die Einstellung zum Rainfarn zur Geschmackssache machen: Manche Menschen mögen diesen Geruch, andere fühlen sich davon abgestoßen.

Der Rainfarn ist eine einheimische Pflanze ganz Europas und großer Teile Asiens. Aber erst der Mensch hat ihr dazu verholfen, eine der häufigsten Pflanzen unserer Heimat zu werden. Wie fast alle hochwüchsigen Kräuter kann auch der Rainfarn nur dort existieren, wo das Nährstoffangebot im Boden sehr groß ist. In der Naturlandschaft fand er nur an den Flußufern, wo das Wasser fruchtbare Erde zusammenschwemmte, ihm zusagende Lebensbedingungen. Alle anderen Wuchsorte des Rainfarnes, an denen ebenfalls Nährstoffe in

Hülle und Fülle vorhanden sind, hat der Mensch im Lauf der letzten Jahrtausende geschaffen: Schuttplätze, Gartenränder, Zäune, Komposthaufen, Hühnergärten, Wegränder, Straßenränder, Ruinen, Eisenbahndämme, Güterbahnhöfe. Noch im Mittelalter hatten diese sogenannten «Ruderalstandorte» eine viel kleinere Ausdehnung als heute. Damals wurde – für heutige Begriffe erstaunlicherweise – Rainfarn sogar in den Gärten gezogen. Man hielt das heute so alltägliche Gewächs sogar für wert, auf den berühmten Altären von Gent (Brüder van Eyck) und Weimar (Lucas Cranach d.J.) abgebildet zu werden.

Genauso wie das nahe verwandte Marienblatt wurde der Rainfarn der Jungfrau Maria geweiht. Er galt als Frauenkraut, das in der Heilkunde zum Beispiel bei Menstruationsbeschwerden angewandt wurde. Rainfarn hatte noch mehr geschätzte Heilwirkungen, etwa gegen Bauchweh und Würmer (daher der Name Wurmkraut). Man hat dem Rainfarn auch kultische Bedeutung beigemessen: die jungen Triebe und Blätter wurden in Frühjahrs- und Osterkuchen eingebacken. Die würzigen Eierkuchen waren ehedem eine wohl überall in Europa bekannte Frühjahrsspeise, die man vor allem in England noch lange gegessen hat. Im 17.Jahrhundert und später war dort dieser Kuchen namens «tansy» (nach dem lateinischen tanacetum) selbst an den vornehmen Tafeln der Colleges von Cambridge salonfähig, und in der englischen Literatur der Zeit gibt es eine Fülle von Zeugnissen für den Genuß von «tansy». Heute allerdings wird diese Speise auch dort als zu bitter zurückgewiesen. Rainfarn war außerdem eine bekannte Würze für Fleischspeisen. Wegen seines kräftigen Geschmackes war er in der Lage, auch das Aroma nicht mehr ganz frischen Fleisches zu überdecken, was in einer Zeit ohne Kühlschränke natürlich sehr wichtig war.

Heute verwendet man den Rainfarn kaum noch, weil sich herausgestellt hat, daß seine Wirkstoffe in größerer Konzentration tödlich giftig sind: Fünf bis fünfzehn Gramm der konzentrierten Inhaltsstoffe wirken letal, eine Menge, die man allerdings beim Essen niemals zu sich nimmt. Die Imker machten sich das Rainfarn-Aroma zunutze, indem sie das Kraut beim

Fangen von Bienenschwärmen rauchten, um nicht gestochen zu werden. In der Heilkunde ist Rainfarn heute noch zur Bereitung von Wurm- und Magenmitteln bekannt, doch wird eindringlich vor der Einnahme höherer Dosen gewarnt.

Rauke

Die Rauke, Ruke, Senf- oder Ölrauke (Eruca sativa) aus der Familie der Kreuzblütler (Brassicaceae oder Cruciferae) ist ein (meistens) einjähriges, bis zu fünfzig Zentimeter hohes Gewächs mit oben breiten, am Grunde schmalen gesägten Blättern und hellgelben, lila geaderten Blüten, die man im Frühsommer sehen kann. Die Pflanze ist empfindlich gegen Frost; sie stammt aus dem warmen Mittelmeergebiet und aus Vorderasien. In unseren Breiten fühlt sie sich wohl auf Schuttplätzen, auf Mauern und auf Steinen, die sich in der Sonne stark aufheizen. Die Pflanze wird wegen ihrer gewürzhaft scharf schmeckenden Samen geschätzt; in ihnen ist ein pikantes Öl enthalten, das zu großen Teilen aus Erucasäure besteht, einer Substanz, die von der Pflanze ihren Namen erhielt. Manche Menschen halten den Geruch und Geschmack der Pflanze für unangenehm oder gar abstoßend; andere aber schätzen das Aroma derart, daß sie die Samen und frischen Blätter gerne als Gewürz verwenden, um verschiedene Speisen pikanter zu machen.

Wer die Würze zuerst verwendet hat, weiß man nicht. Bei den Griechen gab es ein Kraut namens «Suppenlust», das sich im klassischen Rom ebenfalls großer Beliebtheit erfreute. Angeblich soll damit unsere Rauke gemeint sein. Gewißheit über eine Verwendung der Rauke als Gewürz hat man erst aus dem Mittelalter. In der damaligen deftigen Küche war das scharfe Kraut beliebt. Später verlor es an Bedeutung, allerdings nicht in den Küchen der Mittelmeerländer und in einigen Ländern Asiens. Rauke ist dort ein Würzkraut für Salat, die Blätter findet man auf kalten Buffets. In Mittelost preßt man aus den Samen Öl aus, um darin Gemüse einzulegen. Gelegentlich wird Rauke bei uns als Futterpflanze angebaut.

Ringelblume

Die Ringelblume (Calendula officinalis) ist ein Korbblütengewächs (Asteraceae oder Compositae). Die einjährige Pflanze (sie überwintert nur selten und blüht dann im zweiten Jahr noch einmal) hat halbmeterhohe Stengel, leicht behaarte Blätter und allbekannte goldgelbe Blütenköpfe, in denen ein Kranz von Zungenblüten die Körbchenblüten umgibt. Die gekrümmten, «ringförmigen» Früchte sollen der Pflanze ihren Namen eingetragen haben; er könnte sich aber auch darauf beziehen, daß die geöffneten Blütenköpfe dem täglichen Lauf der Sonne folgen (mit dem lateinischen Namen Calendula soll dies auf jeden Fall beschrieben werden), oder darauf, daß das dekorative Gewächs gerne in Kränze gebunden wird. Besonders in Totenkränzen und Grabgirlanden, aber auch sonst als Friedhofsblume steht Calendula bei vielen Völkern in hohem Ansehen; sie ist ein Symbol für die Unvergänglichkeit, weil sie den ganzen Sommer und Herbst über blüht, ja sogar noch nach Weihnachten kann man in manchen Jahren die goldgelben Blütenköpfe prangen sehen.

Wo das Herkunftsgebiet der Ringelblume liegt und wer sie zuerst verwendete und kultivierte, ist unklar. Die Ringelblume stammt wohl aus dem Mittelmeergebiet. Nördlich der Alpen scheint es sie zu Beginn des Mittelalters nicht gegeben zu haben. Seit dem hohen Mittelalter ist sie in ganz Europa bekannt: als Garten-, Gewürz-, Heil- und Zauberpflanze. Im 16. Jahrhundert gab es schon einige Sorten der damals außerordentlich geschätzten Zierpflanze. In eigenartiger Weise steht sie, die der Engländer «Marigold» nennt, in Beziehung zur Jungfrau Maria. Der Meister von Flémalle, ein niederländischer Künstler, malte um 1430 eine Ringelblume auf ein Bild, das die stillende Maria darstellt. Das mag zu den Gedichtzeilen passen, die der englische Romantiker Ebenezer Elliott der Ringelblume widmete; von frommen Landleuten hatte er erfahren, daß Maria «Marigold» an ihrem Busen getragen habe.

Als Gewürz verwendet man seit dem Mittelalter die Blüten,

Ringelblumen.
RINGELBLUME

wobei man sich allerdings darüber streiten kann, ob sie nicht in erster Linie die Speisen färben sollten. Das Färben von Speisen war eine Besonderheit der mittelalterlichen Küche. Wollte man Gelb auf den Tisch bringen, so griff man in erster Linie zu Safran, oder, weil dieser sehr teuer war, ersatzweise zur Ringelblume. Die Blütenblätter werden vor allem in Rezepten für Reis, Suppen, Milch und Milchspeisen erwähnt. Auch die Blätter kamen in den Küchen zu Ansehen; man schneidet sie in Salate. Diese bittere Würze mundet aber nicht jedem Gaumen. Heute kennt man die Ringelblume vor allem als «pflegeleichte» Zierpflanze. Aus dem einst umfangreichen Katalog von Krankheiten, gegen die Flores Calendulae verordnet wurden, sind heute noch übriggeblieben: Krämpfe, Verdauungsstörungen, Magenschleimhautentzündung, Schnitt-, Brand- und andere Wunden.

Rose

Die Rosen (Rosa) aus der Familie der Rosengewächse (Rosaceae) kennt jedermann. Wegen ihres Duftes, ihrer vielen Formen und Farben und des Phänomens, daß Staubblätter zu Blütenblättern umgebildet sein können («gefüllte Rosen», Rosa centifolia) sind sie heute die beliebtesten Gartenpflanzen. Schon in Hellas gab es gefüllte Rosen, schon in der Antike waren Rosen geschätzte Gartenpflanzen. Im Mittelalter standen sie als Marienblumen in hohem Ansehen und wurden auch aus diesem Grund viel in den Gärten gepflanzt. Damals pflanzte man Rosen, «Stauden» (im gärtnerischen Sinn) und Kräuter nebeneinander in das gleiche Beet, was man heute aus praktischen Gründen nicht mehr tut. Das Rosenbeet, dessen buschförmige Pflanzen besondere Pflege erfordern (zum Beispiel das Schneiden), erhielt einen Extraplatz in jedem Garten, sei es an Schlössern, sei es bei den Bauern auf dem Land oder den Bürgern in der Stadt.

Es gibt unzählige Rosenarten und -sorten, unzählige Gedichte, Lieder, Hymnen auf die Königin der Gewächse, zahllose Gemälde von Rosen (man denke nur an Grünewalds Madonna im Rosenhag, altniederländische Stilleben und impressionistische Bilder), Rosetten als Ornament in Malerei und Baukunst, die Farbe Rosa, Namensbildungen mit «Rose» von der Rosemarie zum Rosenquarz. Hier auf dies alles einzugehen, ist unmöglich; es gibt Rosenbücher, die man über das Gewächs, seine Pflege, Kultur, Botanik und Kulturgeschichte zu Rate ziehen kann.

Hier sei nur die Rose als Gewürzpflanze besprochen. Als solche ist sie nicht bedeutend, obwohl man Gewürze aus Rosen vielseitig verwenden kann. Da sind einmal die duftenden Blütenblätter zu nennen, die man namentlich in Osteuropa und im Orient als Zutat zu Süßspeisen findet. Seit römischer Zeit gibt es den mit Rosenblüten parfümierten Wein. Aus den Blütenblättern destilliert man seit langer Zeit Rosenwasser, einen der wichtigsten Bestandteile aller möglichen Spezereien, mit dem man auch Marmelade parfümieren kann. Aus den Früchten von Wildrosen, den Hagebutten, kocht man Marmelade, das Hägemark. Wer will, gibt es als würzende Beilage zu Fleisch. Hagebutten sind Rohstoff für den allbekannten gesunden Tee, der viel Vitamin C enthält und den man sogar in Form von Aufgußbeuteln kaufen kann. Die «Rosenblätter» (damit sind umgangssprachlich die Blütenblätter gemeint) sind eine hübsche Dekoration zu mancherlei Gerichten – ein alter, aus dem Mittelalter überkommener Garnierungsbrauch.

Rosella-Eibisch

Der Rosella-Eibisch (Hibiscus sabdariffa) ist ein Malvengewächs (Malvaceae) aus dem tropischen Südasien. Die mannshohe Pflanze hat gelappte Blätter und gelbe, braun gefleckte Blütenblätter. Die zur Fruchtzeit fleischigen Kelche haben einen säuerlichen Geschmack, der von Hibiscussäure hervorgerufen wird. Die Kelche sind daher in tropischen Ländern eine beliebte Zutat zu Marmelade und Erfrischungsgetränken sowie vielen Curry- und Chutney-Mischungen. Aus den Kelchen wird auch der sogenannte Hibiscusblütentee gewonnen. Die Samen enthalten viel Öl; sie werden wie Sesam verwendet. In den Stengeln sind langfaserige Zellen enthalten (wie bei der nahe verwandten Baumwolle). Die Fasern daraus, deretwegen Hibiscus sabdariffa in Indien angebaut wird, heißen Rosella-Hanf.

Rosmarin ✕

Der Rosmarin (Rosmarinus officinalis) ist ein Lippenblütler (Lamiaceae oder Labiatae), ein buschig verzweigter und bis zu mannshoch werdender Strauch. Die ledrigen Blätter sind schmal und länglich, ihre Ränder eingerollt. Oberseits sind sie dunkelgrün, unterseits dicht von weißfilzigen Haaren bedeckt. Insgesamt sehen die Blätter fast wie Tannennadeln aus. Tannennadeln und Rosmarinblätter haben gemeinsam, daß aus ihnen Wasser nur sehr langsam verdampfen kann; die Spaltöffnungen, durch die das Wasser aus dem Blattinneren entlassen wird, sind unter den Blatträndern und Filzhaaren versteckt. Auf der stark reduzierten Blattfläche ist ihre Zahl ohnehin nicht groß. Der Rosmarin benötigt diesen Schutz vor dem Vertrocknen: In seiner mittelmeerischen Heimat brennt die Sonne oft unbarmherzig vom Himmel nieder. Die Blüten, die zu mehreren den Blattabzweigungen entspringen und die vor allem im mediterranen Vorfrühling zu sehen sind, haben eine kurze Ober- und eine viel längere Unterlippe, an der der Mittellappen fast wie ein Löffel geformt ist. Nach mythologischer Vorstellung soll die Pflanze früher weiß geblüht haben, doch hat Maria auf der Flucht nach Ägypten einmal ihren – mittelalterlicher Ansicht zufolge – blau gefärbten Mantel über den Strauch gebreitet, wovon die Blüten ihre blaue Farbe angenommen haben.

Oft wird der Name «Rosmarin» etymologisch in die Verwandtschaft von «Marienrose» gebracht. Mit Maria hat der Strauch aber nichts zu tun, sein Name stammt aus der griechischen Sprache und bedeutet «duftender Busch». Den alten Völkern am Mittelmeer war der Rosmarin gut bekannt. Die

Roßmarin.
ROSMARIN

Blätter, der Duft und die Standorte, an denen die Pflanze wächst, wurden in der Antike bereits richtig beschrieben. Rosmarin war damals schon als gute Bienenweide, als Kranzgewächs und als Totenpflanze beliebt, aber – wie es den Anschein hat – nicht als Gewürz in der Küche. Vielleicht brachten die Römer das Gewächs in die Gegenden nördlich der Alpen. Dort kann der kälteempfindliche Rosmarin aber nur gedeihen, wenn man ihn vor Frost schützt. Im frühen Mittelalter hat man dies gewußt, denn der Strauch ist in mitteleuropäischen Garteninventaren und -plänen der Zeit aufgeführt.

Das duftende Rosmarinöl schien dafür zu bürgen, daß es mit der Pflanze etwas besonderes auf sich habe. War sie die Heimstatt guter und böser Geister? Sie hatte bei Glück und Trauer einen Platz im Leben der Menschen. Der Rosmarinkranz für Bräute bei der Hochzeit war früher in Mitteleuropa weit bekannter als der Myrtenkranz. Rosmarinzweige konnten einem den Weg zum Liebsten weisen, sie wurden von Hochzeitsgästen am Revers getragen. Sie wirkten verjüngend – etwa auf die ungarische Königin Isabella, die, als sie 72 Jahre alt war, ihre Zipperlein mit Rosmarinöl kurieren ließ und danach so jung aussah, daß der polnische König um ihre Hand anhielt. Auf der anderen Seite besteht die gedankliche Verbindung zwischen dem Rosmarin und dem Tod. Die Pflanze prophezeit das Sterben – dies ist der Sinn der bekannten Volksliedzeilen: «Ich hab die Nacht geträumet / Wohl einen schweren Traum! / Es wuchs in meinem Garten / Ein Rosmarienbaum.» Duftende Zweige wurden und werden den Toten in die Gräber nachgeworfen. Rosmarin wurde im Mittelalter also vor allem wegen seiner symbolischen Bedeutung gezogen. Er war somit einer der ersten Pflanzen, die ohne eine materielle Notwendigkeit zur Zierde angepflanzt wurden. Wegen seiner Empfindlichkeit gegen die Kälte zog man ihn auch im Blumentopf, den man im Winter mit ins geheizte Zimmer nahm. Es gibt eine bildliche Darstellung eines Rosmarin-Blumenkübels aus dem Ende des 15. Jahrhunderts.

Erst allmählich wurde das Gewürz Rosmarin bekannt. Es wird besonders viel dort verwendet, wo die Pflanze wild vorkommt, also in den Mittelmeerländern. Aber nicht alle mediterranen Völker schätzen den Rosmarin in gleicher Weise. Besonders beliebt ist er bei den Italienern, weniger bei den Südfranzosen, Griechen und Spaniern. Hierzulande hat man seine (reichliche) Verwendung der südlichen Küche abgeschaut. Die Blätter gehören unbedingt zum Fleisch der Tiere, die in der Macchie weiden, dort also, wo wilder Rosmarin wächst. Aber Rosmarin ist nicht nur eng an Lammfleisch gebunden, auch in Rezepten für andere Sorten Fleisch wird Rosmarin gefordert (Schwein, Rind, Wildbret, Hähnchen, Wurst), ferner für Suppen, Soßen, Kartoffeln, Gemüse und Salat. Natürlich darf man auf Rosmarin nicht verzichten, wenn eine Kräutersoße oder mediterranes Gemüse von Aubergine bis Zucchini einen Hauch von südlichem Geschmack annehmen sollen. Eher ungewöhnlich ist es – unseren heutigen Vorstellungen nach –, Rosmarinblätter als Würze zu Süßspeisen zu verwenden; im England Heinrichs des Achten gab es aber ein Rezept für einen mit Rosmarin gewürzten Baiser. Ehedem war Rosmarin auch eine Bierwürze. Auf die Bekömmlichkeit von Speisen wirkt sich die Zugabe von Rosmarinblättern günstig aus. Seine ätherischen Öle regen den Appetit an und die Bildung der Magensäfte. Rosmarin wird seit Jahrhunderten auch medizinisch verwendet. Gegen Rheuma und Herz-Kreislauf-Störungen vertraut man der heilsamen Kraft von Folia Rosmarini. Vor übermäßig viel Rosmarin wird allerdings gewarnt. Es ist medizinisch erwiesen, daß große Mengen seiner Wirkstoffe schwere Reizungen der Schleimhäute von Magen und Darm hervorrufen; nicht haltbar ist dagegen, daß Rosmarin ein Abortivum sei. Von manchen Kochbuchautoren werden Schwangere aber tatsächlich davor gewarnt, mit Rosmarin gewürzte Speisen zu essen.

Saflor

Der Saflor (Carthamus tinctorius), auch unter dem Namen Färberdistel bekannt, ist ein distelähnliches halbmeterhohes Gewächs aus der Familie der Korbblütler (Cichoriaceae oder

Compositae) mit gezähnten Blättern und gelben bis roten Blütenköpfen. Die Blütenfarbe ist recht beständig; in der orientalischen Heimat des einjährigen Krautes entdeckte man sehr frühzeitig, daß man damit Kleider und Speisen färben kann. Saflor wurde daher zur Kulturpflanze; sogar in Mitteleuropa wurde er angebaut, besonders bei Erfurt und im Elsaß. Nach der Erfindung des Anilins kam der Safloranbau zum Erliegen. Wie so oft bei einer Pflanze, die man zum Färben von Speisen verwendete, kam auch der Saflor in den Ruf, ein Gewürz zu sein. Vor allem in England, Polen und im Orient hat man ihn benutzt, um Kuchen zu würzen und zu färben. In Nordostafrika preßt man aus den Samen ein Öl aus, das teils als Speiseöl gepriesen, teils als nur für technische Zwecke brauchbar beschrieben wird.

Safran ✕

Der Safran (Crocus sativus) aus der Familie der Schwertliliengewächse (Iridaceae) ist eines der merkwürdigsten Gewürze. Bei anderen Pflanzen nützt man die würzende Kraft von Stengeln, Blättern, Früchten, Samen, Wurzeln und Blüten. Man kann verstehen, daß irgendwann einmal Menschen die herbe, bittere, scharfe oder süße Kraft dieser Pflanzenteile entdeckten. Wer aber ist auf die ungewöhnliche Idee gekommen, mit dem Sammeln der dreigeteilten Narben einer Blütenpflanze zu beginnen, wer entdeckte, daß diese intensiv färben und dazu noch würzende Eigenschaften besitzen? Safran ist ein Zwiebelgewächs mit langen, grasartigen Blättern, die in ihrer Mitte einen weißen Streifen haben. Die Blüten sehen denen eines ganz nahen Verwandten, des Frühjahrs-Krokus, sehr ähnlich; beim Safran-Krokus sind sie blau und erscheinen nicht im Frühjahr, sondern im Herbst – was wiederum an die Herbstzeitlose erinnert. Die Blütenblätter umschließen die schon erwähnten Narben, die in drei sich oben verdickende Äste geteilt sind. Die Narben nehmen sich in dem kleinen Gewächs – genauso groß wie ein Gartenkrokus – winzig aus. Sie sind zwar etwa drei Zentimeter lang, aber nur wenige Millimeter breit. Einzig

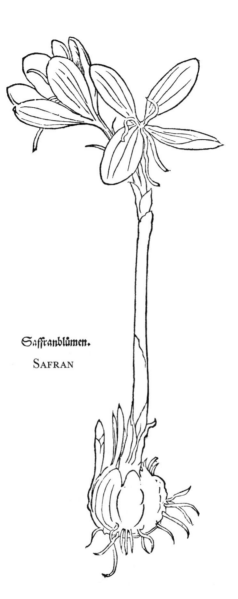

Saffranblůmen.

Safran

ihre lebhafte Rotfärbung konnte den Entdecker des Safrans anlocken.

Wer er war und wo er lebte, wissen wir nicht. Wir haben nicht einmal eine Vorstellung davon, wo die Safranpflanze wild wuchs. Die Kulturpflanze ist steril – zur Samenreife kann man sie ohnehin nicht kommen lassen, weil die Blüten bei der Ernte zerstört werden. In der Kultur hat sie ihre Eigenschaften so weit geändert, daß man nicht mehr erschließen kann, welche Krokusart ihr Stammvater gewesen ist. Es ist anzunehmen, daß die wilde Safranpflanze entweder in Griechenland oder im Vorderen Orient beheimatet war. Kultiviert wurde sie schon außerordentlich früh; die orientalischen Völker kannten sie schon lange vor Christi Geburt. Die Carotinoide der Narbenschenkel lieferten den in der klassischen Antike über alle Maßen geschätzten, recht beständigen Farbstoff für Kleider und Speisen. Safran wurde schon sehr früh zum allerteuersten, exquisiten Luxus-Gewürz. Teuer ist der Safran immer geblieben, ein Pfund davon kostete im Mittelalter so viel wie ein Pferd. Dies ist kein Wunder, wenn man bedenkt, wie viele Narbenschenkel ausgezupft werden müssen, um etwas Wägbares zusammenzubringen. Manche Autoren sprechen von 20 000, andere von über 200 000 Blüten, die für ein Pfund des Gewürzes geplündert werden müssen. Nur die Allerreichsten konnten sich in antiker Zeit den Luxus des Safran-Verbrauches leisten. In Hellas trugen nur Götter und die Helden der Sagen safrangefärbte Kleider. Aus römischer Zeit gibt es einige Berichte von übermäßiger Safrannutzung, die Prasserei und Hybris der Potentaten belegen: Kaiser Heliogabalus badete in mit Safran gefärbtem Wasser, Hadrian ließ diese gelbe Flüssigkeit über die Stufen des Theaters rinnen, und Nero ordnete an, die Straßen Roms mit Safran zu bestreuen, als er einen Triumph feiern wollte. Zur römischen Zeit wurde Safran in vielen Mittelmeerländern angebaut. Wie bei allen Luxusgütern stritt man sich darüber, welcher Safran der beste sei. Im Lauf der Jahrhunderte hatte immer wieder ein anderes Anbaugebiet Hochkonjunktur: der Orient, eine griechische Insel, Kyrene in Nordafrika oder Sizilien. Rom brauchte in seinen Kolonien sehr viel Platz, um für seine exzentrischen Mächtigen genügend Safranpflanzen anbauen zu lassen.

Safran als Färbemittel für Speisen und in zweiter Linie auch als Gewürz setzte sich in Mitteleuropa erst durch, als ein direkter kultureller Kontakt zwischen den Orientalen und den Okzidentalen hergestellt war, als nämlich die Mauren Spanien besetzt hielten und als die Kreuzritter in Palästina die Araber und ihre Kultur kennenlernten. Speisen zu färben scheint ursprünglich eine arabische Sitte gewesen zu sein, die an mitteleuropäischen Fürstenhöfen einen ungeheuren Eindruck hinterließ. Ein reiches Festmahl muß damals sehr farbenfroh gewesen sein. Safran wurde nun auch in Mitteleuropa angebaut (der aus Niederösterreich kam zu besonderem Ansehen). Wer einen Kuchen backen will, braucht sieben Sachen, wie es im allbekannten Kinderlied heißt: Das «Backe, backe Kuchen»-Lied hat eine für Kinder unverständliche Textzeile; ich jedenfalls wußte lange nicht, was «Safran» und «gel» bedeuten. In dem Lied wird nämlich zum Ausdruck gebracht, daß ein richtiger Kuchen gelb gefärbt sein mußte; «gel» (auch «gehl» geschrieben) ist eine alte sprachliche Form von «gelb», sie verweist auf das hohe Alter des Kinderreims. Safran ist aber nicht nur ein traditionelles Kuchengewürz, er gehört auch zu charakteristischen südlichen Gerichten wie Risotto, dem unvergleichlich guten italienischen Reis, und Bouillabaisse, der provencalischen Fischsuppe. Früher färbten die Ostfriesen sogar ihren Tee damit gelb.

In Mitteleuropa war Safran in früheren Zeiten so begehrt und teuer, daß Fälscher immer wieder versuchten, andere Stoffe als «Safran» zusammenzumixen oder auszugeben: Alles, was gelb aussah, eignete sich, von Ringelblumenblüten bis zu Sägespänen. In den mittelalterlichen Stadtverordnungen wurde dieses «Gewürzschmieren» unter schwere Strafen gestellt. In Nürnberg kamen Safranfälscher mitsamt ihrer Ware auf den Scheiterhaufen oder wurden lebendig begraben. Auch an anderen wichtigen Gewürz-Handelsplätzen, in Augsburg und Frankfurt, wurden gegen die Fälscher drakonische Maßnahmen ergriffen. Natürlich wurde der echte Safran mit äußerster Sorgfalt behandelt. In Niederösterreich sagte man, daß nur Männer und Kinder Safran ernten dürften; Frauen hätten zeitweise Ausdünstungen, die den Safran verderben ließen.

Der Safrananbau ist heute in Mitteleuropa nahezu ganz erloschen, weil hierzulande Arbeitskräfte zu teuer sind. Die Pflanze wird nun fast ausschließlich am Mittelmeer und in Vorderasien gezogen, wo man noch Menschen findet, die für geringen Lohn den sehr arbeitsintensiven Anbau auf sich nehmen müssen. Seinen hohen Preis hat der Safran behalten, große Bedeutung hat er in unseren Küchen nicht mehr. Seine geschmackliche Wirkung ist nämlich nicht allzu groß (obwohl man ihn stets im Gaumen bemerkt), und seit dem letzten Jahrhundert kennt man andere, synthetische Speisefarbstoffe, die billiger sind. Außer in den Küchen wird Safran wie vor Jahrhunderten immer noch in den Laboratorien der Apotheker verwendet. Safran ist – allerdings nicht sehr wirksamer – Bestandteil einiger Magenmittel.

Salbei ✕

Der Salbei, den wir als Gewürz verwenden, ist der Echte oder Gartensalbei (Salvia officinalis) aus der Lippenblütlerfamilie (Lamiaceae oder Labiatae). Eigentlich ist Salbei ein feminines Wort, doch hat sich in letzter Zeit ziemlich allgemein der maskuline Artikel durchgesetzt. Gut bekannt ist uns der Wiesensalbei der Grünländer und Wegränder. Er hat aber keine Würzkraft wie sein edler Verwandter, der bei uns in den Gärten gezogen wird. Er ist eine ausdauernde Pflanze, ein Halbstrauch, dessen oberirdische Teile bei winterlichen Kältegraden erfrieren. Das ist vom Standpunkt des Gärtners aus nicht schlimm, im Gegenteil: Salbei schlägt wieder aus und nimmt dann einen buschigeren Wuchs an. Man sollte nicht erfrorene Triebe gehörig zurückschneiden, um auch hier einen Busch zu erhalten, der mehr würzige Blätter trägt als ein paar einzelne Zweige. Die ganze Pflanze ist bis zu einem Meter hoch, hat runzlige Blätter, die stets einander paarweise gegenüber stehen, und an den Spitzen der Sprosse gehäufte Blüten. Die violetten Blüten können bis über drei Zentimeter lang sein, ihre Oberlippe wölbt sich über die kürzere Unterlippe. Salbei blüht im Frühsommer. Die Blätter enthalten betörende ätherische Öle. Aber nicht jede Pflanze duftet und schmeckt gleich, es gibt verschiedene Sorten, die sich sowohl nach dem Duft als auch geringfügig nach dem Aussehen unterscheiden. Der bei uns gängige Gartensalbei enthält vor allem das ätherische Öl Thujon, der aus Griechenland importierte Cineol. Botanisch-systematisch sind die verschiedenen Formen schwer zu unterscheiden, es gibt eine ganze Reihe von Zwischenformen und Bastarden. Das sei nur dazu erwähnt, um Köche gewärtig zu halten, daß sich in Salbeiblättern eine erstaunliche Vielfalt von verschiedenen Geschmacksnoten verbergen kann.

Der Echte Salbei ist eine Pflanze des warmen Mittelmeergebietes, der Wiege sehr vieler Pflanzen, die duftende ätherische Öle enthalten. Bereits Griechen und Römer hielten den Salbei in Ehren – zunächst als heilbringendes Kraut, später auch als Gewürz, doch kamen nach einem Kochrezept des bekannten Apicius-Kochbuches nicht die Blätter, sondern die Samen ans Hühnerfrikassee. Ob die Römer bereits das Gewürz über die Alpen nach Mitteleuropa brachten, wissen wir nicht. Spätestens im frühen Mittelalter war Salbei aber nördlich der Alpen bekannt geworden, ja, er erfreute sich dort sogar ganz außerordentlicher Beliebtheit. Als der Reichenauer Mönch Walahfried Strabo in der Mitte des 9. Jahrhunderts den dortigen Klostergarten beschrieb, fand er keine würdigere Pflanze als den Salbei, um sein berühmtes Lehrgedicht beginnen zu lassen. Der Salbei stand nämlich in dem Ruf, ewiges Leben zu geben. Die Jungfrau Maria soll ihm diese Eigenschaft verliehen haben, nachdem sie sich auf der Flucht nach Ägypten mit dem Jesuskind unter seinen Blättern vor Herodes versteckt hatte. Daher gibt es Sprüche wie «Wüchse ein Kreutlein vor den Todt, es wer fürwar die Salb ohn Spot» aus dem 13. Jahrhundert und «Wer Salbey baut, den Tod kaum schaut!», den der Schulmann und Dichter Karl Friedrich Wilhelm Wander in der Mitte des 19. Jahrhunderts aufzeichnete. Die Völker Europas sahen eine merkwürdige Verbindung zwischen Salbei und Kröten, die daher rühren soll, daß die Blätter der Pflanze und die Haut der Tiere einander ähneln. Für diesen Vergleich gibt es mittelalterliche Textbelege. Die Kröten sollen unter dem Salbei hausen, einmal soll ein von einer alten Wettermacherin mit Salbei behextes siebzehnjähriges Mädchen eine häßliche Kröte geboren haben, die nach der Geburt sofort verbrannt wurde. Auch andere Tiere sollen aus Salbei entstehen können, ein Liebeszauber geht angeblich von der Pflanze aus, und Dämonen soll man damit in den Bann schlagen – verbreitete Vorstellungen über duftende Gewächse. Zum Bannen der Geister hatte man bestimmte beschwörende Worte samt zahlreicher Kreuze auf Salbeiblätter zu schreiben.

Zu Bedeutung kam der Salbei auch in der mittelalterlichen Küche, wo man vor allem dann zu ihm griff, wenn man fettes Fleisch (Aal, Schwein) würzte. Aber auch in Getränke gab man die Blätter gern, in Met, Bier und Wein (letzteres beschrieb Wolfram von Eschenbach). Die Salbei-Küchlein, in Teig, Pfannkuchen oder Omelette gebackene Blätter, gibt es seit dem Mittelalter. Sie wurden im südlichen Deutschland und in angrenzenden Gebieten unter dem Namen «Müsli» bekannt, weil sie wie Mäuse aussehen: das umhüllte Blatt wie der Körper, der nackte Blattstiel wie der Schwanz. Die Müsli waren ein beliebtes Gebäck für Kirchweih und die Fastenzeit, wenn man kein Fleisch essen durfte, aber trotzdem Lust auf etwas Schmackhaftes, Pikantes hatte. Weitere Verwendungsmöglichkeiten des Salbeis gibt es in der Heilkunde. Salbeitee ist und bleibt ein bekanntes Volksmittel zum Gurgeln bei Erkältungen. Im Alpengebiet verwendete man die Blätter als Ersatzzahnbürsten. Die moderne Medizin hat Verständnis dafür: Zwar haben die Blätter nicht die mechanische Wirkung einer Bürste, aber die Inhaltsstoffe sind gut für das Zahnfleisch – sie sind in Medikamenten gegen Zahnfleischentzündungen enthalten.

Der Salbei hat in unserer Zeit nicht mehr die überragende Bedeutung, die er im Mittelalter hatte – vielleicht, weil seiner mystischen Kraft kaum noch Glauben geschenkt wird. In den Bauerngärten schätzt man aber nach wie vor sein dekoratives

Erscheinungsbild. Salbei ist leicht im Garten zu ziehen, er braucht – seinen sonnenreichen Herkunftsländern nach – einen warmen, geschützten Platz. Man vermehrt ihn durch Teilen der Wurzelstöcke. Geerntet werden die jungen Blätter vorzugsweise in der Gluthitze des Mittags bei trockenem Sommerwetter. «Müsli» sind selten geworden, aber nun gibt es eine ganze Menge südlicher Rezepte mit Salbei, die sich hierzulande steigender Beliebtheit erfreuen. Da ist zuallererst «Saltimbocca» (zu Deutsch: Spring in den Mund) aus Italien zu erwähnen, Kalbfleisch, mit Schinken und Salbeiblättern umwickelt. In Griechenland gibt es Fleischspieße mit Hammelfleisch, Speck und Salbeiblättern, in der Provence das bekannte Rezept für Aigo Boulido, eine mit Salbei gewürzte Knoblauchsuppe, die man am Morgen nach feuchtfröhlichen Feiern wie die Sauren Heringe ißt. Es gibt noch unendlich viel mehr Möglichkeiten, mit Salbei zu würzen, man denke dabei an alle Arten von Braten, Gemüse, Nudeln und Käse.

Sanddorn

Der Sanddorn (Hippophaë rhamnoides) ist ein Ölweidengewächs (Elaeagnaceae). Der dornige Strauch oder kleine Baum hat weidenähnliche, silbergraugrüne Blätter. Er ist streng zweihäusig; eine Pflanze hat also nur männliche Blüten, die andere nur weibliche, aus denen sich die Früchte entwickeln. Sanddorn ist ein Frühjahrsblüher, seine roten Beerenfrüchte werden im Spätsommer reif. Der Sanddorn wächst bevorzugt dort, wo er in den Genuß praller Sonne kommt, auf Sand (Name!) oder Schotter, am Meer und an Flüssen. Den Schwerpunkt seiner Verbreitung hat er in Sibirien, bei uns wächst er an den Küsten und an den Alpenflüssen. Die Früchte sind sehr reich an Vitamin C, sie haben einen säuerlichen Geschmack. Den als sehr gesund geltenden Sanddornsaft kann man in jedem Reformhaus kaufen.

Sanddorn ist gewiß kein verbreitetes Gewürz. Einzelne Würzvorschriften, in denen die Beeren auftauchen, kann man vor allem in Osteuropa in Erfahrung bringen. Sanddorn steht im südlichen Rußland in besonderer Achtung. Frische oder getrocknete Früchte gibt man dort an Braten, Joghurt und Kefir, in Skandinavien an Fischbrühe. In Finnland gibt es ein Sanddornmus und in England eine Sanddornmarmelade. Die Pflanze mit ihren dekorativen Beeren wird seit der Blütezeit des Französischen Gartens gerne in Parks gepflanzt. In der mittelalterlichen Heilkunde schätzte man eine angeblich blutstillende Wirkung der Früchte.

SAUERAMPFER

Der Sauerampfer (Rumex acetosa und einige verwandte Arten) ist ein Knöterichgewächs (Polygonaceae). Die Staude wird bis zu einem Meter hoch, hat längliche Blätter – die unteren sind gestielt, die oberen nicht – und im Frühsommer sehr zahlreiche Blüten. Sie werden vom Wind bestäubt und sind – wie alle Windblüten – keine auffälligen Blumen. Bemerkenswert an ihnen ist die immense Blütenstaub-Produktion: 400 Millionen Pollenkörner pro Jahr kann eine einzige Pflanze hervorbringen. Der Sauerampfer ist eine allbekannte Pflanze im Grünland, die fast überall in den gemäßigten Breiten beider Hemisphären vorkommt. Vor allem in nassen Jahren vermehrt er sich als Unkraut ungeheuer. Als Viehfutter ist er nicht geschätzt, denn seine Blätter enthalten die in höheren Konzentrationen giftige Oxalsäure. Sie ruft andererseits den erfrischend säuerlichen Geschmack des Krautes hervor («ampfer» ist in einigen indogermanischen Sprachen ein anderes Wort für «sauer»).

Man sollte das Kraut nur in Maßen zu sich nehmen. Die Blätter enthalten allerdings viel Vitamin C, sie sind daher besonders zur vitaminarmen Frühlingszeit als Speisewürze beliebt – angeblich bereits seit der Antike (wofür es keinen Beweis gibt). In die vornehmen Küchen ist Sauerampfer selten eingedrungen, er war im wesentlichen eine volkstümliche Würze, Spinat- und Salatpflanze. Aber Europas beste Küche, die fran-

Saur Ampffer.

SAUERAMPFER

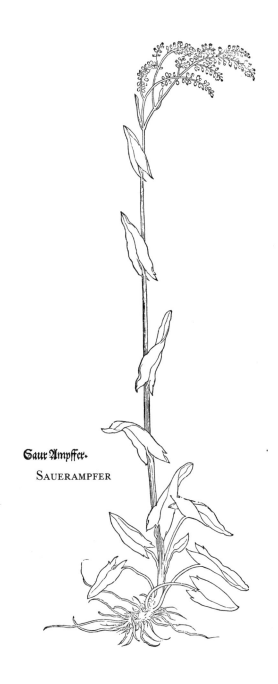

zösische, hat ihn am wenigsten verachtet, was kein schlechtes Zeichen ist. Sauerampfer wird als Zutat zu Suppen empfohlen (etwa einhundert Gramm pro Liter Flüssigkeit). Eine Spezialität ist die ostpreußische Sauerampfersuppe. Aber auch in Soßen, Quark und Joghurt kann man die gehackten Blätter geben. Vor zweihundert Jahren nahm man sie für Fleischbrühen und Tunken. Sebastian Kneipp schätzte die blutreinigende Wirkung der Blätter, die sonstige Medizin zuweilen deren heilende Kraft gegen Bronchitis oder zur Anregung des Appetits. Besonders in Norddeutschland wurde Sauerampfer in den Bauerngärten angebaut, um ihn jederzeit verfügbar zu haben. Die Pflanze hatte im Mittelalter beim Eid der Juden eine merkwürdige Bedeutung: Zum Schwur stellte sich der Betreffende mit den fünf Büchern Mose in einen am Boden ausgestreuten Kreis von Sauerampferblättern.

Sauerklee

Der Sauerklee (Oxalis acetosella) ist das einzige bei uns weit verbreitete Sauerkleegewächs (Oxalidaceae), eine kleine ausdauernde Pflanze schattiger Wälder der Nordhalbkugel mit kleeähnlichen dreizähligen Blättern, die sich bei Regen und Berührung senken, und überhaupt nicht kleeähnlichen weißen, violett geaderten Blüten, die im Frühjahr erscheinen. Der Sauerklee war ehedem – bis zur künstlichen Synthese – der wichtigste Lieferant von Oxalsäure, die zum Beispiel beim Entfernen von Tintenklecksen und zum Reinigen verschiedener Metalle verwendet wird. Den Blättern verleiht die Säure einen frischen Geschmack; Kinder essen sie daher gegen den Durst. Zu viel darf man davon nicht zu sich nehmen, denn Oxalsäure ist in höheren Konzentrationen ein tödliches Gift. Wohldosiert kann man das säuerlich schmeckende Kraut aber ohne Bedenken als Gewürz verwenden. Im elisabethanischen England war eine Sauerkleesoße (z. B. zu Roastbeef) besonders geschätzt. Heute kennen manche Kundige den Sauerklee als Zutat von Suppen, Salaten und Spinat. Man hat ihn früher für den Winter in

Zucker eingemacht. Doch sollen ihn vor allem die Rehe und Hasen fressen, die nahe seiner Wuchsorte im Wald leben.

In Irland steht der Sauerklee in besonderer Achtung. Ein Sauerkleeblatt ist auf der irischen Fahne abgebildet. Am Patrickstag, dem 17. März, trägt man auf der Grünen Insel ein Sauerkleeblatt am Hut, denn der irische Nationalheilige soll mit diesem Blatt die Heilige Dreieinigkeit erklärt haben.

Schabziegerklee ×

Der Schabziegerklee (Trigonella caerulea), ein einjähriger Schmetterlingsblütler (Papilionaceae oder Fabaceae), hat am Boden liegende oder aufsteigende Sprosse mit kleeartigen Blättern und blauen, im Sommer offenstehenden Blütentrauben. Die im ostmediterranen Gebiet an trockenen Plätzen heimische Pflanze enthält in ihren Blättern Cumarin, den gleichen Wirkstoff wie der dafür viel bekanntere Waldmeister.

Schabziegerklee erlangte die Gunst der Menschen, die ihn, wie in mittelalterlichen Quellen beschrieben ist, außerhalb seines Herkunftslandes in den Gärten anbauten. Zu besonderem Ansehen kam die Pflanze in Tirol und in der Schweiz. In Tirol würzte man damit Brot, im Land der Eidgenossen stellte man den Schabziegerkäse her, einen mit dem Gewürz versehenen Kräuterkäse, der einst weit bekannt war und dessen Herstellungsrezept der berühmte Botaniker Conrad Gesner bereits im 16. Jahrhundert publizierte. Anderswo stand das Kraut einst im Rufe, Motten und böse Geister vertreiben zu können.

Schafgarbe

Die Schafgarbe (Achillea millefolium) ist ein Korbblütler (Asteraceae oder Compositae), ein ausdauerndes Kraut mit so fein zerteilten Blättern, daß es tausendblättrig zu sein scheint (daher der lateinische Artname), und weißen, manchmal rötlichen Blütenköpfen.

Die fast überall in Europa und Nordasien heimische Pflanze ist eines der berühmtesten Heilkräuter, das immer wieder mit den Zimmerleuten und ihrem Schutzpatron Joseph in Verbindung gebracht wurde, denn sie behandelten damit ihre Wunden. Weil seit Jahrtausenden außerdem bekannt ist, daß Herba Millefolii die Verdauung anregt und Krämpfe löst, ließen sich Geschichten über Geschichten von diesem Kraut erzählen. Unter den Gewürzen kommt der bitteren Schafgarbe aber nur eine untergeordnete Bedeutung zu. Junge, zarte Schafgarbenblätter gehören in die kultisch bedeutsame Gründonnerstagssuppe, die Gesundheit bringen soll und ehedem auf die winterbleichen, noch nicht mit Südfrüchten verwöhnten Menschen wie eine Vitaminspritze gewirkt haben muß. In Osterbräuchen wird Schafgarbe als eine der ersten frischgrünen Pflanzen symbolisch verwendet, wenn nämlich Ostereier in Schafgarbenblätter und Zwiebelschalen eingebunden werden. Gelegentlich wird empfohlen, zarte Blattspitzen auch in andere Salate, Soßen und Suppen zu schneiden. Früher verwendete man in Island und Teilen Schwedens Schafgarbe als Biergewürz – überhaupt hat das Kraut vor allem in nördlichen Breiten Bedeutung gehabt, ist es doch eines der ganz wenigen duftenden und gewürzhaft schmeckenden Gewächse, das auch in kaltem Klima gedeiht.

Schnittlauch ✗

Der Schnittlauch (Allium schoenoprasum) ist ein Liliengewächs (Liliaceae) und nahe mit dem Lauch und der Küchenzwiebel verwandt. Er ist zwar auch eine Zwiebelpflanze, aber seine Zwiebeln sind kaum verdickte Gebilde und daher fast nicht zu sehen. Die einige Dezimeter hohen Stengel und die Blätter sehen beinahe gleich aus, denn beide sind sie röhrig, die Blätter nur etwas flexibler als der leicht sparrige Blütenstiel. Dieser trägt im Sommer einen dekorativen doldenähnlichen Blütenstand, ein duftiges Gebilde aus zahlreichen rosablauen Blüten. Die Blüten setzen sich aus sechs Blütenblättern zusammen, in deren Mitte jeweils ein dunklerer Streifen verläuft.

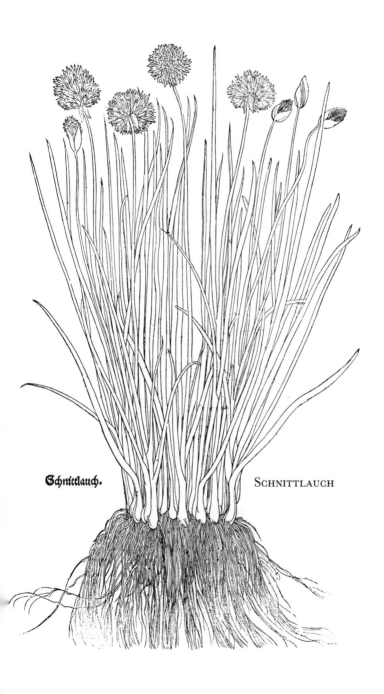

Schnittlauch. SCHNITTLAUCH

Der Schnittlauch hat seine Wildvorkommen vor allem an feuchten Plätzen im Gebirge. Dort behagt es ihm fast überall in den gemäßigten Breiten der Nordhalbkugel unserer Erde. Die Blätter und Stengel enthalten Knoblauchöl, aber längst nicht in der Menge wie die des Knofels. So ist der Schnittlauch in die milderen Register zu stellen, die dem Koch beim Würzen zur Verfügung stehen, obwohl der Geschmack des Schnittlauchs sich niemals verstecken läßt.

Wer den Schnittlauch als Gewürz entdeckte, ihn zuerst kultivierte und wann dies geschah, wissen wir nicht. Angeblich ist das Kraut aus Italien über die Alpen zu uns gekommen. Nördlich der Alpen war Schnittlauch spätestens um das Jahr 800 bekannt, da frühmittelalterliche Garteninventare seinen Anbau belegen. Man hat nicht den Eindruck, als sei der Schnittlauch damals populär gewesen. In vielen Kräuterbüchern wird er nicht einmal genannt, in anderen aber gepriesen. Im Lauf der Jahrhunderte scheint er besondere Bedeutung in den Alpenländern, in Italien, Frankreich, Deutschland und Skandinavien erlangt zu haben, anderswo gibt es ihn weniger. Ausländern fällt es geradezu als ungewöhnlich auf, daß es auf deutschen Märkten Schnittlauchsträuße zu kaufen gibt. Und auch in Deutschland gibt es Menschen, die ihn lieben, und andere, die ihn weniger schätzen. Man kann das mit literarischen Zeugnissen belegen: «Ein Mann, der eines Nachmittags müde nach Hause kam, hätte gern ein Stück Butterbrod mit Schnittlauch darauf gegessen» (Johann Peter Hebel) und «Deine Verehrung (...) vor Eierkuchen mit Schnittlauch theil' ich heut' nicht» (Karl Gutzkow). Schnittlauch fand seinen Platz in Spezialitäten wie der Hamburger Aalsuppe und der Frankfurter Grünen Soße. Letzteres Gericht wurde von den Juden besonders viel gegessen, die in Frankfurt ehedem einen großen Teil der Einwohnerschaft stellten. Schnittlauch wird heute noch in der Frankfurter Gegend besonders viel angebaut – sogar auf ganzen Feldern.

Einige Domänen des Schnittlauchs wurden schon genannt. Man kann ihn vielseitig verwenden, in frischen Speisen wie Quark und Kräuterbutter, in allen möglichen Salaten; über gekochtes Gemüse und Kartoffeln schneidet man ihn (mit der Schere) erst kurz vor dem Auftragen, genauso gehört er zu Suppen, nach Meinung der Franzosen auch zu Ragouts und Muscheln. Man kann ihn das ganze Jahr über frisch in der Nähe des Kochtopfes haben, wenn nicht im Kräutergarten, dann im Blumentopf in der Küche. Man soll die Pflanze oft beschneiden, denn dann treibt sie rasch neue, zartere Blätter. Im traditionellen Bauerngarten faßt der Schnittlauch das Kräuterbeet ein: Seine dicht stehenden Büschel geben dem Beet einen guten Abschluß, und wenn man da und dort eine Pflanze zum Blühen kommen läßt, hat man auch noch eine Augenweide. Alle paar Jahre muß der Gärtner die Stöcke teilen und sie in neue Gartenerde verpflanzen; der Schnittlauch wird ihm das durch größere Wuchs- und Würzkraft danken.

Einen sehr nahen Verwandten des Schnittlauchs finden wir nach jahrtausendelanger Kultivierung in Fernost nun auch bei uns in Gärten und Küchen: den Chinesischen Schnittlauch (Allium ramosum), der ähnlich schmeckt, aber flache Blätter und deutlicher ausgebildete Zwiebeln hat. Noch weitere Pflanzenarten der Gattung Allium gibt es, die sich anstelle von Schnittlauch über Suppen und Salate schneiden lassen; selbst die Stengel der Küchenzwiebel kann man so verwenden.

Schwarzkümmel ×

Den Schwarzkümmel (Nigella sativa) findet man in der Familie der Hahnenfußgewächse (Ranunculaceae). Das einjährige Kraut wird maximal vierzig Zentimeter hoch, hat fein zerschlitzte Blätter und weiße fünfzählige Blüten, die leicht grünlich oder bläulich verfärbt sein können. Nach der sommerlichen Blüte entwickeln sich Kapselfrüchte mit zahlreichen Samen. Sie enthalten duftende ätherische Öle, Gerbstoffe und eine bittere Substanz, das für die Pflanze charakteristische Nigellin. Der Geschmack der als Gewürz verwendeten Samen ist daher scharf, pfefferähnlich.

Die Pflanze kommt wahrscheinlich ursprünglich aus Südosteuropa und dem westlichen Asien. Dort war schon lange vor Christi Geburt bekannt, daß man mit Schwarzkümmel Speisen würzen kann. Zeugnisse darüber haben wir aus Ägypten und dem Heiligen Land. Dioskurides, der berühmte griechische Heilkundige des ersten Jahrhunderts nach Christus, beschreibt, was seine Zeitgenossen mit Schwarzkümmel taten: Sie würzten damit Brot – das gleiche tut man noch heute in Griechenland. Spätestens im frühen Mittelalter wurde das Kraut auch in Mitteleuropa bekannt. Heute hat man ihn hierzulande aber fast vergessen. Dagegen würzt man mit Schwarzkümmel noch in Griechenland und in Nah- und Mittelost, außer Brot zum Beispiel fettes Hammelfleisch. In unseren Gärten sieht man einen nahen Verwandten des Schwarzkümmels, Nigella damascena, bekannt unter so hübschen Bezeichnungen wie «Jungfer im Grün» und «Gretel in der Heck».

Sellerie

Der Sellerie (Apium graveolens), auch Eppich genannt, ist ein Doldengewächs (Apiaceae oder Umbelliferae). Die zweijährige Pflanze bildet im ersten Sommer meist nur Blätter aus, in denen über die Photosynthese biologische Substanz aufgebaut wird. Sie wird den Winter über in einer eigens dafür verdickten Wurzel gespeichert. Wenn dann im zweiten Jahr die Blätter nochmals biologische Aufbauarbeit leisten, ist aus zwei Sommern genügend Substanz vorhanden, um Blüten und Früchte hervorzubringen. Dies ist, kurz gesagt, der Lebenslauf einer Selleriepflanze, eines Krautes mit dreizähligen Blättern und weißen, im Sommer und Frühherbst blühenden Dolden.

Wilder Sellerie wächst in Wiesen auf leicht salzhaltigen Standorten, vor allem in der Nähe der Küsten, aber auch an Salzstellen des Binnenlandes fast überall in Europa und in Asien, auch an den afrikanischen Küsten des Mittelmeeres, in Südafrika und Südamerika. Jedenfalls ist dies das ursprüngliche Areal; bei uns ist wilder Sellerie inzwischen sehr selten geworden, denn seine Wuchsorte, die Salzwiesen, sind nahezu

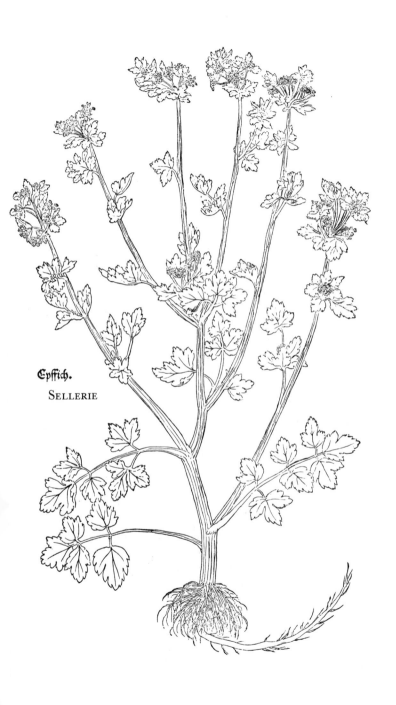

überall nach Eindeichungen verschwunden. Möglicherweise ist die Pflanze in Deutschland bereits ausgestorben; im Süden Englands habe ich sie noch gesehen.

Ätherische Öle und andere Inhaltsstoffe verleihen den Blättern, Früchten und Wurzeln des Selleries einen würzigen Geschmack. Die knollig verdickten Wurzeln sind ein bekanntes Gemüse, von dem hier nur am Rande die Rede sein soll. Die Knollen, die wir heute kennen, sind durch Züchtungen entstanden, die man zuerst in Italien, und zwar seit dem 16. Jahrhundert, durchführte. Sellerieknollen als Gemüse kamen über die Alpen zu uns, wo als erster 1670 Jacob Christoffel von Grimmelshausen über sie schrieb.

Die Geschichte des Selleries als Gewürzpflanze, als die er weniger bekannt ist, hat eine viel längere Vergangenheit. Wenn wir Begriffe der alten Sprachen richtig deuten, ist Sellerie schon vor Christi Geburt sowohl in China als auch in Ägypten, bei Griechen und Römern in Gebrauch gewesen. Am Mittelmeer hatte er anscheinend eine besondere Bedeutung als Leichenpflanze. Er würzte den Leichenschmaus, es existierte der Spruch: «Er braucht Sellerie» für jemanden, der vom Tode gezeichnet war, und wer auf der Straße einem mit Sellerie beladenen Fuhrwerk begegnete, nahm das als böses Omen und ging sofort nach Hause. Im bekannten römischen Apicius-Kochbuch gehören Selleriesamen und -blätter zu den zehn am meisten genannten würzenden Speisezutaten, die man unbedingt zu Suppen und Brühen benötigte. Man ist sich aber nicht sicher, ob in der Antike nicht das Myrrhenkraut anstelle von Sellerie gebraucht wurde; diese Pflanze sieht ähnlich aus und hat auch einen ähnlichen Geschmack. Das eigentümliche Aussehen des Myrrhenkrautes könnte auch der Grund für eine Verwendung als Totenpflanze sein: Myrrhenkraut ist bereits vertrocknet, wenn die Früchte reif werden. In antiker Zeit war besonders die sizilianische Stadt Selinunt für ihren Sellerie berühmt; sie hatte von ihm ihren Namen erhalten (selinon ist das griechische Wort, das im allgemeinen mit Sellerie übersetzt wird). Diese Pflanze war ein bedeutender Ausfuhrartikel, und die Stadt setzte sie in ihr Stadtwappen, das auf Münzen abgebildet ist: Ob diese Pflanze aber Sellerie oder Myrrhenkraut ist, läßt sich schwer sagen, denn beide Pflanzen haben dreizählige Blätter.

Nördlich der Alpen gibt es frühe archäologische Selleriefunde nur in der Küstengegend. Aus diesen Funden läßt sich nicht mit Sicherheit schließen, ob Sellerie damals auch zur Ernährung oder zum Würzen genutzt wurde. Er könnte auch allein als Bestandteil der Wildflora in die archäologischen Ablagerungen gekommen sein. Archäologische Funde aus der Römerzeit zeigen grundsätzlich etwas anderes an. Damals wurde die Pflanze an Rhein und Neckar, am Nordrand der Alpen und im Schwäbischen Wald genutzt, an Plätzen, wohin sie ohne Zutun des Menschen niemals gekommen wäre. Römische Besatzungstruppen aßen also mit Sicherheit Sellerie oder würzten Speisen damit; aller Wahrscheinlichkeit nach bauten sie die Pflanze in der Nähe ihrer Kastelle im Gemüse- oder Gewürzgarten an.

Genauso war es im frühen Mittelalter. Es gibt kaum ein Garteninventar aus dieser Zeit, kaum ein Kräuterbuch, das ihn nicht kennt – als Gewürz, wohlgemerkt, denn erst im 16. Jahrhundert wurde ja das Knollengemüse bekannt. Bis dahin waren Früchte und Blätter allein die bekannten Erzeugnisse des Selleries. Diese würzenden Pflanzenteile sind – wie gesagt – weniger populär als das Gemüse, doch gibt es zum Beispiel fast in jeder Küche das Selleriesalz, ein Gemisch aus zerstoßenen Selleriefrüchten und Salz. Die Sellerieflocken, ebenfalls ein Gewürz, stellt man aus den Knollen her, indem man sie zunächst trocknet und dann zerkleinert. Mit Sellerie würzt man vor allem Suppen, Soßen, Salat und Fleischgerichte, man empfiehlt das Gewürz ausdrücklich für Diabetiker. Sellerie ist eine typische Pflanze der Bauerngärten in vielen deutschen Landschaften – ein Relikt aus der Zeit der Klostergärten, denn der mittelalterliche Klostergarten ist das Vorbild des heutigen Bauerngartens. Herba Apii graveolentis gilt heute noch als harntreibendes Mittel, volkstümlich dient es zur Blutreinigung. Dem Sellerie haftet bis auf den heutigen Tag der Ruf an, den Geschlechtstrieb steigern zu können. Selbst in der

Dreigroschenoper von Bert Brecht ist davon die Rede, in der
Ballade von der sexuellen Hörigkeit.

Senf

Botanisch gesehen gibt es drei Arten von Senf, den Schwarzen
Senf (Brassica nigra), den Braunen oder Sareptasenf (Brassica
juncea) und den Weißen Senf (Sinapis alba), die alle zur Familie der Kreuzblütler (Brassicaceae oder Cruciferae) gehören.
Aus kulinarischer Sicht teilt man anders, viel komplizierter ein,
und hier müßte man sagen: «Jedem Land seinen eigenen Senf.»
Der Weiße Senf ist ein einjähriges, halbmeterhohes, behaartes
Gewächs mit gestielten, länglichen und gezähnten Blättern
und hellgelben, an den Spitzen der steifen Äste prangenden
Sommer- und Herbstblüten. Der Schwarze Senf sieht ähnlich
aus und blüht zur gleichen Zeit. Seine Blüten sind ein klein
wenig dunkler, und – auffälligster Unterschied zum Weißen
Senf – die ganze Pflanze wird über meterhoch, manchmal
sogar über mannshoch. Der Braune Senf steht in Größe und
Blütenfarbe zwischen Weißem und Schwarzem.

Weißer und Schwarzer Senf sind in Teilen von Europa und
Asien heimisch, die Heimat ihres braunen Bruders ist wohl
allein ein Teilgebiet Asiens. Genauer läßt sich darauf nicht
eingehen, denn die verschiedenen Senfarten scheinen schon
sehr lange kulinarisch genutzt worden zu sein, mit ihnen wurde
frühzeitig Handel getrieben, sie wurden in andere Länder verschleppt, wo sie sich wie Unkräuter ausbreiteten. Hinzu
kommt, daß diese «Senfe» nicht nur von uns, sondern auch
in der Antike und im Mittelalter immer wieder miteinander
verwechselt wurden. Der Weiße Senf wuchs seit Urzeiten auch
in Mitteleuropa wild, was archäologische Funde zeigen. Anbau
und Nutzung des heute so weit verbreiteten Küchengewürzes
sind aber kulturelle Leistungen, die wir den orientalischen und
antiken Völkern verdanken.

Wer schon einmal ein Senfkorn zerbissen hat, wird sich gewundert haben, daß es nicht scharf, nicht nach Senf schmeckt.

Die Senföle entwickeln ihre charakteristische Würzschärfe erst, wenn die Senfkörner zermahlen und anschließend in Wasser gegeben werden. Dieser Prozeß läuft nicht sofort ab; die Senfschärfe braucht einige Zeit, um sich zu entfalten. Die Würzkraft ist nicht beständig gegen lang anhaltende Hitze, sie verflüchtigt sich beim längeren Kochen.

Die alten orientalischen Völker waren die ersten, die mit der kompliziert zuzubereitenden Würze vertraut waren, und das schon lange vor Christi Geburt. Die Tatsache, daß Schwarzer Senf einen der kleinsten Samen im Pflanzenreich hat und trotzdem eine imposante Pflanze daraus wächst, ließ ihn zu einer wichtigen biblischen Symbolpflanze werden. Das Gleichnis vom Senfkorn, in dem der winzige Same mit dem Reich Gottes verglichen wird, ist eines der berühmtesten im Neuen Testament. Aus dem Gleichnis läßt sich einwandfrei schließen, daß die Juden damals Brassica nigra kultivierten, denn nur auf diese Pflanze trifft die Aussage des Gleichnisses zu. Zur Zeit der klassischen Antike kannte man bereits mehrere Senf-Arten. Columella, der große Theoretiker der römischen Landwirtschaftswissenschaften, gibt eine detaillierte Schilderung zur Bereitung von Senf. Die Empfindlichkeit des Senföles gegenüber Hitze war den Römern bekannt. Senf war als Gewürz allgemein beliebt; man aß auch die Blätter als Gemüse – ähnlich wie die des nahe verwandten Kohls. Die Verwendung von Senf als Gewürz mag in römischen Kastellen auch nördlich der Alpen bekannt gewesen sein. Doch von einem wirklichen Populärwerden des Gewürzes an Donau, Rhein und Elbe kann man erst im frühen Mittelalter sprechen. Senf wurde in Kräuterbüchern und Garteninventaren aufgeführt. Es gibt viele Ausgrabungen mittelalterlicher Siedlungen, bei denen man Senfkörner gefunden hat. Weißer Senf wird bei Ausgrabungen häufiger entdeckt, Schwarzer mehr in den Kräuterbüchern.

Während des Mittelalters und der Neuzeit wurde die Vielfalt der Senf-Arten entwickelt, die uns heute beim Einkauf im Supermarkt zur Verfügung steht. Da gibt es gemahlenes, trokkenes Senfpulver, vor allem aber den Speisesenf in Tube und Glas. Dieser ist meist mit Essig oder Most versetzt und heißt daher auch Mostrich (oder mustard in England, moutarde in Frankreich und Muster in Ostfriesland). Der Mostrich ist der bei uns beliebteste Speisesenf. In England heißt er zwar mustard, enthält aber keinen Most. Dort schätzt man – wie in Mittelost und Nordamerika – das trockene Pulver mehr. Der englische Senf, den man in der Küche mit Wasser mischen muß, um seiner Schärfe eine Chance zu geben, wurde ausgangs des Mittelalters in Tewkesbury hergestellt, dann in Durham und schließlich vor allem in Norwich – in der berühmten Senffabrik des Jeremiah Colman. Schwarzer Senf ist der Hauptbestandteil von «Colman», wie diese Form des Gewürzes auch genannt wird, hinzu kommen etwas Weißer Senf, Weizenmehl und – zum Färben – Gelbwurz (Kurkuma). Alternativ nimmt man in England aber auch Weißen Senf als Hauptbestandteil von mustard. Anders in Frankreich: Hier bevorzugt man die mit Senfkörnern bereitete Paste; in Dijon macht man hellen, in Bordeaux dunklen Senf. Beide Arten werden überwiegend aus Schwarzem Senf hergestellt, der farbliche Unterschied geht darauf zurück, daß Bordeaux-Senf die Samenschalen enthält und Dijon-Senf nicht. Der in Düsseldorf und Eßlingen hergestellte Senf ähnelt dem Bordeaux-Senf. Aber jeder weiß, daß es bei uns in Deutschland fast so viele Senfsorten wie Wurstsorten gibt – und beides ist für Deutschlands Küchen typisch. Die Schärfe einer Senfsorte läßt sich dadurch manipulieren, daß man mehr oder weniger von dem etwas milderen Weißen Senf in den Mostrich mischt, und auch der verwendete Essig hat einen Einfluß auf die Pikanz der Paste. Oder man kann Zucker oder Kräuter dazu geben – wie im berühmten Bayerischen Weißwurstsenf. Die Küche der Neuen Welt bevorzugt das «Gelbsenf» genannte Pulver aus den Samen des Weißen Senfes.

Genannt werden könnten noch die zahlreichen Bauernsenfarten, von denen man in jedem Land der Welt andere vorgesetzt bekommt, verschieden gefärbt, aromatisiert, geschärft. Es ist wohl nicht übertrieben, wenn man behauptet, daß es weit mehr als hundert verschiedene Arten von Speisesenf gibt. Die Vielfalt der Senfarten wird auch noch dadurch erhöht, daß der ehemals wichtige Schwarze Senf immer mehr vom Sarepta-Senf verdrängt wird. Sarepta-Senf war um die Jahrhundertwende noch kaum bekannt, wird heute aber mit am meisten auf den Gewürzfeldern angebaut, und zwar deshalb, weil er sich mechanisch ernten läßt. Schwarzer Senf dagegen ist für die Erntemaschinen zu groß, er wird nur noch dort gezogen, wo Landwirtschaft traditionell in Handarbeit betrieben wird.

Wozu man den Senf heute in der Küche verwendet? Das weiß jeder, von der Hausfrau über den Gelegenheits-Hausmann zum Oktoberfest-Wirt: Brathendl, Würstchen, Fleisch, Soßen (zu Fisch und Eiern) sind wirklich in jedermanns Munde. Eine mildere Würze sind die Senfkörner in den Mixed Pickles; sie sind vor der Verwendung stark erhitzt worden, was ihnen die Schärfe nahm. Sie können nicht einmal den zart säuerlichen Geschmack eingelegter Gurken übertrumpfen.

Sesam

Der Sesam (Sesamum indicum) gehört zu den Pedaliaceae, einer exotischen Pflanzenfamilie, für die es keinen deutschen Namen gibt. Sesam ist eine einjährige Pflanze, halbmeterhoch, mit unten gelappten, oben ganzrandigen Blättern und Blüten, die denen des Fingerhutes ähnlich sehen. Sie blühen im Spätsommer, aus ihnen entwickeln sich längliche Fruchtkapseln. Die Kapseln enthalten die – je nach Sorte – weißen, schwarzen oder roten Sesamkörner. Sie sind sowohl eine wichtige Ölsaat als auch ein wichtiges Gewürz.

Die Pflanze braucht zum Gedeihen warmes und feuchtes Klima. Sie ist in den Tropen zu Hause, wohl in Ostafrika und Indien. Daraus, daß sich die genaue Heimat des Sesams nur schwer feststellen läßt, wird ersichtlich, wie lange er schon bei den alten Völkern des Orients, Ägyptens und Asiens in Gebrauch ist; sicher war er schon bekannt, ehe es üblich wurde, etwas Schriftliches über Kulturpflanzen aufzuzeichnen. Jahrhunderte vor Christi Geburt kam Sesam noch zu weiteren Völkern, zu den Chinesen im Osten und den Griechen und

Römern im Westen. Sesam hatte in allen heißen Ländern der Welt eine besondere Bedeutung als Ölpflanze, weil sein Fett kaum einmal ranzig wird, noch weniger als Olivenöl und selbstverständlich Butter, die man in den tropischen und subtropischen Ländern vor der Einführung des Kühlschrankes sowieso nicht kannte. In Hellas und Rom galt Sesam auch als Gewürz. Man zog ihn im Garten, hielt ihn für ein Aphrodisiakum und gab ihn wohl auch deshalb als Gewürz in Kuchen, besonders zu denen, die bei Hochzeitsfeiern herumgereicht wurden. Ansonsten findet sich Sesam in römischen Kochrezepten, in denen die Bereitung einer Soße zu feinem Geflügel, Flamingos und Papageien, beschrieben wird. Damit erweist sich Sesam nicht als alltägliches Gewürz, er war exquisit. Genügend Sesam konnte in Roms Umgebung aber nicht angebaut werden, man mußte ihn aus Vorderasien (Palästina, Zweistromland) und aus Unterägypten importieren.

Die Römer konnten dem Sesam offenbar nicht zu bleibender Popularität in Europa verhelfen. Im Mittelalter kannte man ihn im Abendland nicht. Anders im Morgenland, was seinen literarischen Niederschlag in der berühmten Zauberformel «Sesam, öffne dich!» aus «Ali Baba und die vierzig Räuber», einem Märchen aus «Tausendundeine Nacht», gefunden hat. Im Orient war Sesam zu jeder Zeit eine wichtige Ölpflanze und hatte auch Bedeutung als Mehllieferant und als Gewürz, namentlich zu Brot. Noch in Büchern, die zu Anfang dieses Jahrhunderts geschrieben wurden, wird es als ungewöhnlich dargestellt, daß man im Orient Brot und Kuchen mit Sesam wie mit Mohn bestreut. Sesam hatte im Orient eine besondere Bedeutung als Bestandteil der Fastenspeise «Chalba» und von orientalischem Naschwerk wie dem Türkischen Honig.

Nach Europa kam in jüngster Zeit erst das teure Sesamöl, das aus den Samen gepreßt wird – die Samen bestehen zu weit mehr als 50% aus dem Öl. Es ist ein wichtiger Grundstoff bei der Margarine-Herstellung. Der Preßrückstand gilt als ausgezeichnetes, eiweißreiches Viehfutter. Die orientalische Sitte, Backwerk mit Sesamkörnern zu bestreuen, wurde erst in den letzten Jahren bei uns bekannt – mit durchschlagendem Erfolg, denn heute gibt es kaum noch einen Bäcker, bei dem man keine Sesambrötchen kaufen kann. Zartes Gemüse (Blumenkohl) und zartes Geflügel (allerdings nicht mehr Papageien und Flamingos) würzt man außerdem mit den Samen. Der amerikanische Gaumen mag die Körner als Gewürz zu Fisch.

Silphion

Die Geschichte des Silphions oder Silphiums steckt voller Rätsel. Niemand weiß genau, wie diese in der Antike sehr beliebte Gemüse-, Salat- und Gewürzpflanze ausgesehen hat. Wenige Daten über sie lassen sich in einer Art von Steckbrief zusammenstellen, Daten, die man aus vagen Beschreibungen antiker Autoren sowie aus ungenauen Abbildungen auf Münzen und auf der im Louvre aufbewahrten Arkesilaos-Schale gewinnen kann.

Silphium ist demnach ein Doldengewächs (Apiaceae oder Umbelliferae), das dem Asant oder dem Laserkraut geähnelt haben muß. Es war in Kyrene, also dem heutigen Libyen, heimisch. Als Gemüse und Gewürz kam es bei Griechen und Römern zu Ehren. Kyrene exportierte Silphium und erwarb sich dadurch Reichtum. Silphium wurde auf den Münzen des nordafrikanischen Königreiches dargestellt, der König selber kontrollierte seinen Export, der wohl im Herbst, nach der Ernte des Krautes, am schwunghaftesten war. Das Gewürz, das man aus dem Pflanzensaft herstellte, war so kostbar, daß es mit Gold aufgewogen wurde. Die Römer verwendeten Silphium als Würze zu fettem Fleisch (Hammelbraten, Schweinemagen). Offenbar enthielt es also eine Substanz, die der Verdauung schwerer Kost förderlich war. In Kyrene wurden die Silphium-Bestände so lange geplündert, bis die ökologische Katastrophe perfekt war: Zu Zeiten Kaiser Neros war Silphium plötzlich vom Erdboden verschwunden, mutmaßlich restlos ausgerottet. Dem Silphium kommt daher wahrscheinlich der traurige Ruhm zu, die erste Pflanze gewesen zu sein, die der Profitgier des Menschen zum Opfer gefallen ist. Für Kyrene war dies auch eine ökonomische Katastrophe, denn fortan fehlte der wichtigste Exportartikel. Die Römer suchten fieberhaft nach einem Ersatz für Silphium; sie kamen auf den orientalischen Asant, dessen Geschmack dem des Silphiums aber nur nahe kam. Kein Mensch kann je wieder nachvollziehen, wie das so wichtige Geschmacksregister der antiken Küche geartet war.

In botanischen Werken begegnet man heute auch einer Pflanzengattung Silphium: Linné benannte so die aus Nordamerika stammenden Kompaßpflanzen, die mit dem antiken Silphium allerdings mit Sicherheit nichts zu tun haben.

Soja

Die Soja oder Sojabohne (Glycine max) ist ein Schmetterlingsblütler (Papilionaceae oder Fabaceae), ein naher Verwandter unserer Gartenbohne. Beide sind einjährige Gewächse, beide sind Kletterpflanzen. Die Ranken der Sojabohne können zwei Meter lang werden. Die Blätter sind dreizählig wie beim Klee, die Blüten rötlich. Aus ihnen entwickeln sich etwa fingerlange Hülsen, in denen die Sojabohnen verborgen sind. Sie enthalten außerordentlich viel Eiweiß und Öl und sind äußerst nahrhaft.

Nicht nur sie, sondern auch die Sojasprossen sind ein Volksnahrungsmittel in den südostasiatischen Heimatländern der Pflanze. Die chinesische Küche ist ohne dieses jahrtausendealte Wundernahrungsmittel nicht vorstellbar; vielleicht wäre es nie gelungen, ohne Reis und Soja das große Volk der Chinesen zu ernähren. Überall auf der Welt versuchte man, Soja ebenfalls heimisch zu machen. In Europa mißlang dies meistens, denn die Pflanze braucht zu ihrem Gedeihen warmes Tropenklima, Frost verträgt sie nicht. 1829 wurde sie nach Amerika gebracht, wo sie als Kulturpflanze rasch zu großer Bedeutung kam. Nach dem Zweiten Weltkrieg versorgten die Amerikaner die hungernden Europäer mit Mais und Sojaschrot – vielleicht eine Ursache des Wirtschaftswunders. Soja ist eines der wichtigsten Weltnahrungsmittel, mit dem man auch große Volksmengen sättigen kann, doch sei dies in einem Buch über Gewürze nur am Rande erwähnt.

Genauer muß hier erläutert werden, daß Soja auch ein wichtiges Gewürz liefert, vielleicht das bedeutendste der ostasiatischen Küche, die Sojasoße. In der Herstellung dieser Soße, der Shoju, wurden namentlich die Japaner Meister. Der Sage nach brachte um das Jahr 500 nach Christus ein buddhistischer Mönch das Geheimnis der Sojasoßenbereitung nach Japan. Zur Herstellung von Shoju nimmt man halbgar gekochte Sojabohnen, gedünsteten Reis und Kulturen eines Schimmelpilzes, der Reis befällt (Aspergillus oryzae). Alles wird gut umgerührt und für ein paar Tage in ein Holzgefäß gegeben. Die Schimmelkulturen überziehen in dieser Zeit das ganze Gemisch. Dann fügt man viel Salz hinzu, beim Rühren entsteht eine zähe graue Masse. Sie wird in einem hölzernen Bottich gelagert, und zwar für einige Jahre – je länger, desto besser. Unter gelegentlichem Umrühren wird Shoju immer brauner und flüssiger – die Würze ist fertig. Sojasoße wurde in Europa erst spät bekannt, wohl erst im 19. Jahrhundert. Damals stürzten sich besonders die Engländer auf das Gewürz und verwendeten es zu allem und jedem. Auf der Basis von Shoju stellten sie die Worcestersauce (eigentlich Worcestershiresauce) her, die heute weltweit bekannt ist – längst nicht nur im Chinarestaurant – und die wie Shoju zu fast allen Speisen empfohlen wird.

SONNENBLUME

Die Sonnenblume (Helianthus annuus), ein Korbblütler (Asteraceae oder Compositae), ist wohl eines der größten einjährigen Gewächse der Welt. Alljährlich entbrennt der Streit der Gärtner um die höchste Sonnenblume; bei guter Pflege und günstiger Witterung kann die Pflanze fünf Meter hoch werden. Aber dazu muß man der Sonnenblume reichlich Nährstoff geben; eine große Menge Biomasse kann ja nur dann aufgebaut werden, wenn genügend Nahrung im Boden vorhanden ist. Der markige Stengel ist von Borsten besetzt. Ebenso borstig sind die abgerundet dreieckigen Blätter. Die spätsommerlichen Blütenköpfe, meist zehn bis dreißig Zentimeter breit, manchmal auch noch wesentlich breiter, setzen sich aus unzähligen Einzelblütchen zusammen. Die äußeren tragen je einen der flammend gelben Strahlen, die inneren sind die weniger auffälligen Korbblüten. Alles zusammen sieht wie eine riesige Einzelblüte aus, die entweder ihres Erscheinungsbildes wegen oder weil sie sich stets dem Licht zuwendet der dekorativen Pflanze ihren Namen gab.

Die Sonnenblume kommt ursprünglich aus Mittelamerika, jedenfalls mit großer Sicherheit – gelegentlich werden auch Peru und die Südstaaten Nordamerikas als Heimatländer der Pflanze genannt. 1569, also nur wenige Jahrzehnte nach den Entdeckungsreisen des Columbus, wurden die ersten Sonnenblumen nach Spanien gebracht, um 1600 wurden sie in Mitteleuropa bekannt, 1654 in Königsberg. Bis fast in die jüngste Zeit war die Sonnenblume lediglich eine Zierde der Gärten; allenfalls verwendete man Sonnenblumenkerne als Vogelfutter. Daß man daraus ein Speiseöl herstellen kann, ist eine verhältnismäßig junge Erfindung. Angeblich geht sie auf den Bauern Bokarew aus Alexowka bei Woronesch in Wolhynien zurück, der um 1830 erstmals Sonnenblumenöl herstellte. Diese Entdeckung hatte eine Revolution in der Landwirtschaft der russischen Schwarzerdegebiete zur Folge. Schon nach wenigen Jahren gab es dort die unermeßlich weiten Sonnenblumenfelder, die jeden Rußlandreisenden stark beeindruckten. Das Sonnenblumenöl war den Russen deshalb so willkommen, weil ihnen die orthodoxe Kirche während drei Vierteln des Jahres den Genuß von Fleisch untersagte. Gläubige Orthodoxe stillen durch den Verzehr von Sonnenblumenöl ihren Fettbedarf. Überall in Südrußland hat jeder stets Sonnenblumenkerne zum Knabbern bei sich, eine Tatsache, die bereits der 1853 geborene ukrainische Dichter Wladimir Korolenko in seinen Kindheitserinnerungen als alltäglich erwähnte.

Nachdem die Sonnenblume als Garten- und Ölpflanze sowie als Lieferant von Vogelfutter und als Bestandteil von Knabbermischungen allgemeine Bekanntheit erlangt hatte, ist sie nun auch als Gewürzpflanze auf dem Vormarsch. Sonnenblumenkerne sind ein immer beliebteres Brotgewürz. Bei immer mehr Bäckern gibt es Sonnenblumenbrot zu kaufen, ein Weizenbrot mit eingebackenen Sonnenblumenkernen.

Spitzwegerich

Der Spitzwegerich (Plantago lanceolata) ist ein allbekannter Vertreter der Wegerichgewächse (Plantaginaceae), ausdauernd, mit einer Rosette langer, spitzer Blätter und auf langen Stengeln sitzenden bräunlichen Blütenähren. Spitzwegerich ist eine zweikeimblättrige Pflanze, doch erinnert sein Aussehen in vielem an ein einkeimblättriges Gras: Nur wenige zweikeimblättrige Pflanzen haben parallelnervige Blätter, nur wenige einen grasähnlichen Blütenstand. Insekten zieht er zur Bestäubung nicht an; der Blütenstaub des Wegerichs wird – wie bei den Gräsern – vom Winde verweht.

Spitzwegerich wächst auch gemeinsam mit Gräsern, im Grünland, in Gärten und Brachländern. Überall, wo der Mensch kultivierend die Landschaft veränderte, war der Spitzwegerich sofort zur Stelle: Zuerst in den Ebenen Mitteleuropas, bald in ganz Europa und Asien, dann in Afrika und später in Amerika, Australien und Neuseeland.

Plantago galt als wichtige Heilpflanze. Herba Plantaginis lanceolatae ist heute noch Bestandteil von Hustenmitteln. Als Küchenkraut und Gewürz spielt der Spitzwegerich kaum eine Rolle. Empfohlen wird in der volkstümlichen Küche die Verwendung zarter, junger Blätter für Kräutersuppe und -soße, für Gemüse, Salat, salzigen Kuchenteig und den Spitzwegerichzeltel, ein Gebäck aus der Steiermark. Statt Spitzwegerich kann man auch die Blätter seiner Verwandten benutzen. In Mecklenburg hielt man früher den an salzhaltigen Standorten am Meer wachsenden Schlitz-Wegerich (Plantago coronopus) für so geeignet als Küchenkraut, daß man ihn sogar im Garten anbaute.

Steinklee

Der Steinklee, Echte Steinklee oder Honigklee (Melilotus officinalis), ein zweijähriger Schmetterlingsblütler (Papilionaceae oder Fabaceae), wird bis zu meterhoch, hat dreizählige kleeähnliche Blätter, bei denen das mittlere Teilblatt einen längeren Stiel als die anderen ausbildet, und gelbe Blütentrauben, die man den ganzen Sommer über sehen kann.

Steinklee ist eine typische Ruderalpflanze, die auf Bahndämmen, an Wegrändern, in Gärten, an Mauern und auf Schuttplätzen zu finden ist, und zwar fast überall in Eurasien, Nordafrika und Nordamerika. Das in Steinklee enthaltene Cumarin (es kommt sonst beim Waldmeister vor) verleiht der Pflanze einen angenehmen Heuduft und das Prädikat einer Heilpflanze, die aus diesem Grund in manchen Gegenden – zum Beispiel im Reich der Kräuterweiber, im Fränkischen – sogar angebaut wurde. Das Kraut wird heute noch Medikamenten zugesetzt, die bei Durchblutungsstörungen verordnet werden. Mit Steinklee lassen sich Motten vom Kleiderschrank fernhalten. Aber auch als Gewürz kennt man ihn. Wie der nahe verwandte Schabziegerklee kann er Bestandteil von Kräuterkäse sein. Englische Kochrezepte empfehlen Steinklee als Würze zu Fleischspeisen.

Sternanis

Der Sternanis oder Badian (Illicium verum) ist ein Gewürz, das von einem immergrünen, tropischen Bäumchen aus der Familie der Illiciaceae stammt. Das Gewächs wird bis zu zwölf Meter hoch, hat graue Äste, lederige Blätter und weißliche Blüten mit sehr vielen Blütenblättern. Das Gewürz stellen die etwa achtstrahligen, sternförmigen, dunkel gefärbten Kapselfrüchte dar, in denen viel Anisöl enthalten ist, obwohl zwischen Anis und Sternanis keine nahen verwandtschaftlichen Beziehungen bestehen.

Der Sternanisbaum ist in Südostasien beheimatet, besonders häufig ist er in den südwestchinesischen Bergländern. Die chinesischen Köche verwenden Sternanis schon seit rund 4000 Jahren. Zu den berühmten chinesischen Fleischspeisen (Schwein, Geflügel), die auch die Westeuropäer immer häufiger essen, ist Sternanis unentbehrlich. Angeblich ist Badian ein arabisches Wort, woraus man schließen könnte, daß irgendwann das typisch fernöstliche Gewürz auf dem Exportwege in den Nahen Osten gelangt ist – wann, ist nicht bekannt. Dagegen sind wir über die Einführung des Gewürzes nach Europa relativ genau unterrichtet. Der englische Seefahrer Sir Thomas Cavendish brachte es 1588 von den Philippinen nach London. Bevor die chinesische Küche Europa eroberte, spielte Sternanis auf den europäischen Märkten nur eine wichtige Rolle als Rohstoff für die Bereitung von Anisöl, das man zur Likörbereitung (Anisette) unbedingt braucht. Auch als Bestandteil von Backpulver und als Würze zu Pflaumenkompott, Pflaumenmus und Weihnachtsgebäck kam Sternanis in Mode. Das Holz des Baumes ist das sogenannte Anisholz.

Echte Sternanisfrüchte können leicht mit denen des Heiligen Sternanis verwechselt werden, der eigenartigerweise fast immer in der Nähe buddhistischer Tempel wächst. Diese Früchte sind allein an ihrem Kampfergeruch von den echten zu unterscheiden. Auf dieses Unterscheidungsmerkmal muß man unbedingt achten, denn die unechten Sternanisfrüchte sind giftig.

SÜSSDOLDE

Die Süßdolde (Myrrhis odorata), auch Myrrhenkerbel genannt, ist ein Doldengewächs (Apiaceae oder Umbelliferae). Süßdolde ist ausdauernd, wird halbmeter- bis über meterhoch, hat große, fein gefiederte Blätter und – im Frühsommer – mehrere weiße Blütendolden, wovon in der Regel nur die größte und höchste zugleich männliche und weibliche Blütenorgane besitzt. Die seitlichen Dolden haben nur männliche Blüten, produzieren daher nur Blütenstaub. Die länglichen

Früchte entwickeln sich also normalerweise nur an den Enddolden.

Ursprünglich heimisch ist die Pflanze in einigen europäischen Hochgebirgen zwischen Pyrenäen und Balkan, aber nur auf kalkhaltigem Boden. Der Mensch brachte sie in andere Gebiete Europas und in andere Erdteile. Der Myrrhenkerbel hat sich auch dort vor allem in den Bergländern einbürgern lassen. Er wurde wohl im späten Mittelalter in Kultur genommen, und zwar zunächst in den Klostergärten. Die Mönche benutzten das Kraut zu vielerlei Zwecken. Es diente ihnen als Heilpflanze und als Gewürz von anisähnlichem Geschmack. Früher stellte man aus den Früchten ein Mittel zum Polieren von Möbeln her. Aus den Klostergärten kamen Süßdoldenpflanzen in die Bauerngärten Europas, auch in die Tiefländer Norddeutschlands.

Schon seit vielen Jahrzehnten gerät Süßdolde immer mehr in Vergessenheit. Kaum ein Gärtner pflegt noch die dekorative Staude. Sie läßt sich aber nicht so schnell vertreiben. Dort, wo sie einst im Garten wuchs, wuchert sie jetzt am Gartenzaun und auf Hausmauern, oder sie machte sich im Grünland breit. Dabei spricht nichts dagegen, Myrrhenkerbel im Kräutergarten zu haben. Namentlich, wenn man von Anfang an die – schon sehr früh erscheinenden – Blütendolden abschneidet, hat man das Kraut zum Würzen vom frühen Frühjahr bis in den Spätherbst. Die Blätter kann man an Salat und Eierspeisen, Kohl, Süßspeisen und Obstsalat geben – allen diesen Speisen verleihen sie einen anisähnlichen Geschmack. Eine Salatwürze stellt man auch aus den Wurzeln her, und zu Kohl kann man die Früchte als Gewürz benutzen.

Süssholz

Süßholz, Lakritzen oder Bärendreck sind die Würzen des Süßholzstrauches (Glycyrrhiza glabra) aus der Familie der Schmetterlingsblütler (Papilionaceae oder Fabaceae). Eigentlich ist die Pflanze kein Strauch, sondern eine Staude, denn

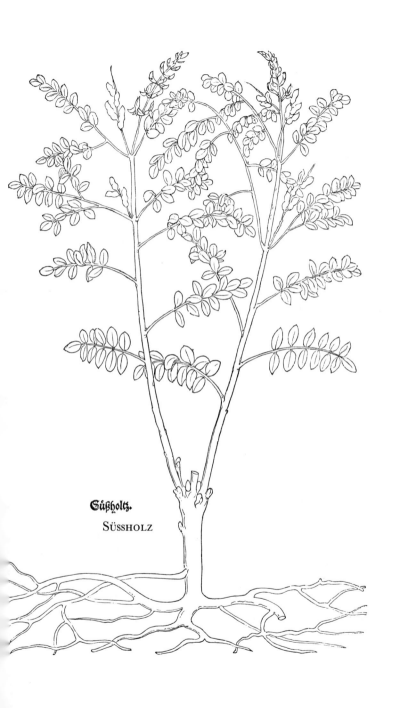

Süßholtz.
SÜSSHOLZ

oberirdisch verholzt ist sie nicht – was ein Strauch aber per definitionem sein muß. Verholzt ist die über meterlange Wurzel. Oberwärts verzweigt sich die Pflanze vielfach und wird bis über mannshoch. Die Blätter sind ähnlich wie die einer Wicke gefiedert: Mehrere Fiederchen stehen sich zu zweien gegenüber bis auf die Spitzenfieder, die keinen Partner hat. Die Pflanze blüht vom Sommer bis zum Herbst, sie hat lange, violette Blütentrauben, aus denen sich ganze Büschel von Hülsenfrüchten entwickeln.

Süßholz stammt aus den Trockengebieten des östlichen Mittelmeerraumes, des Nahen Ostens und Zentralasiens. Schon vor mehr als 4000 Jahren wurde entdeckt, daß das innere Holz der Wurzel einen süßen Geschmack hat; es enthält mehrere Arten von Zucker und den für die Pflanze charakteristischen Inhaltsstoff Glycyrrhizin. Die ältesten Nachrichten über die Pflanze stammen aus dem Zweistromland (um 2000 vor Christus). Wenig später datiert der älteste Bericht über das Süßholz aus China, wo es – im Nordwesten – ebenfalls wildwachsend vorkommt. Man kaute und kaut, saugte und saugt an den Wurzeln sicher seit Urzeiten. Recht früh stellte man auch den Lakritzensaft her. Dazu werden die Wurzeln zerkleinert und zerquetscht, anschließend ausgekocht. Lakritzensaft war bereits den antiken Ärzten bekannt, doch besaßen Lakritzen damals längst nicht die Bedeutung, die sie später bekommen sollten.

Ziemlich schlagartig kam das Süßholz im hohen Mittelalter in Mode, plötzlich wurde es überall angebaut, genascht, in der Heilkunde und in der Küche empfohlen. Im 13. Jahrhundert wurden die Süßholzkulturen am Mittelmeer stark ausgedehnt, in Syrien wie in Unteritalien, Südfrankreich und Spanien. Spanien lieferte so gute Lakritzen, daß die Pflanze auch Spanisches Süßholz genannt wurde. Und auch in Deutschland entstanden riesige Süßholzkulturen, die so bedeutend waren, daß der Begriff Deutsches Süßholz kreiert wurde. Die heilige Hildegard (12. Jahrhundert) lieferte die älteste mitteleuropäische Schriftquelle über die Pflanze; Mitte des 14. Jahrhunderts beschrieb sie der berühmte Regensburger Botaniker Konrad von

Megenberg. 1450 stand Süßholz auf einer Frankfurter Medikamentenliste. Unterdessen war in und um Bamberg das Zentrum des deutschen Süßholzanbaus entstanden. Dort eigneten sich mildes Klima und vor allem der leichte Sandboden besonders für die Kultur erstklassiger Wurzeln. Wann das bedeutende Anbauzentrum begründet wurde, wissen wir nicht, vielleicht schon im zehnten, vielleicht erst im 15. Jahrhundert. Die ältesten bekannten Schriftquellen darüber stammen aus dem 16. Jahrhundert. Zu dieser Zeit wird aber so häufig auf den Bamberger Süßholzanbau eingegangen, daß man den Eindruck hat, er sei dort schon längst betrieben worden. Er nahm so gewaltige Bedeutung an, daß die Bamberger Stadtväter eine Süßholzstaude in das Stadtwappen setzten – die älteste Abbildung davon stammt von 1602. Bamberg ist eine wichtige Brauerstadt. Wahrscheinlich diente – wie in England, wo Süßholz seit dem 14. Jahrhundert angebaut wird – Lakritz auch als Biergewürz. Die Volksfeste Mittelfrankens, unter ihnen die berühmte «Walberla» bei Forchheim, waren ohne Bamberger Lakritzen nicht zu denken. Ende des letzten Jahrhunderts war der Süßholzanbau jedoch bereits stark zurückgegangen. Lakritzen, die früher jeder Kaufmann den einkaufenden Kindern schenkte, sind synthetischen Bonbons gewichen.

Seine Bedeutung behielt Lakritz in der Medizin. Radix Liquiritiae, die ganze Wurzel, oder Succus Liquiritiae, der Saft, sind Bestandteile zahlreicher Hustensäfte, krampflösender Mittel und Medikamente gegen Magenkrankheiten. Ehemals wurde die Arznei auch bei anderen Krankheiten, zum Beispiel Herzleiden, empfohlen. Als Gewürz verwendet wird Süßholz oder Lakritze noch gelegentlich in Süßspeisen, Getränken und Süßigkeiten.

Sumach ✕

Sumach (Rhus) ist der Name einer Pflanzengattung aus der Familie der Sumachgewächse (Anacardiaceae), in der eine ganze Reihe von Strauch- und Baumarten aus Amerika, Asien und Afrika zusammengefaßt sind. Wir kennen diese Gewächse aus Parks und Gärten, wo ihr im Herbst feurig rot verfärbtes Laub eine besondere Zierde ist. Es gibt eine Reihe von Sumach-Arten, die technische Rohstoffe liefern, Wachs, Firniß, Lack und Gerbstoffe. Manche Arten sind giftig, wenn auch vielleicht nicht für jeden Menschen – es gibt hier individuelle Unterschiede. Eine Sumach-Art liefert auch ein Gewürz, der Gerber-Sumach (Rhus coriaria), ein Strauch mit behaarten Ästen und Fiederblättern, Rispen von grünlichen, im Herbst offen stehenden Blüten und dicht bei dicht aneinandersitzenden, haarigen roten Früchten.

Die Heimat des Strauches ist das Mittelmeergebiet und Vorderasien. Er wächst dort in den Macchien, besonders auf kalkreichem Boden. Im Osten der Mediterraneis scheint er ursprünglich häufiger gewesen zu sein. Wie sein Name verrät, fand er zunächst ausschließlich zum Ledergerben Verwendung (belegt schon in Hellas). Damals färbte man mit der Pflanze auch Wolle gelb und würzte mit den säuerlichen Beeren Fleischgerichte. Im römischen Apicius-Kochbuch wird eine mit Sumach gewürzte Fischsoße empfohlen. Größere Bedeutung hatte (wie heute auch noch) der Sumach im Vorderen Orient. Das zeigt sich daran, daß sein Name aus arabischen Sprachen entlehnt ist, und an der Tatsache, daß die Mauren im 12. Jahrhundert in Spanien den Sumachanbau stark propagierten. Die Spanier lernten von den Arabern, das feine Saffian- und Corduanleder mit Sumach zu gerben. Mitte des 16. Jahrhunderts gelangte Sumach mit anderen maurischen Kulturelementen nach Mitteleuropa, als das von den Muselmanen befreite Spanien und Mitteleuropa unter einer Krone vereint waren. Sumachbeeren wurden damals in den Apotheken verkauft. Die aus Griechenland schon seit Jahrtausenden bekannte Sumachwürze zu Fleischgerichten hielt sich im Nahen und Mittleren Osten. Zur Säuerung werden die getrockneten und gemahlenen Beeren in indisches Currypulver gemischt.

Tamarinde

Die Tamarinde (Tamarindus indica) wurde von den botanischen Systematikern in die den Schmetterlingsblütlern verwandte Pflanzenfamilie der Caesalpiniaceae gestellt. Sie ist ein bis zu 25 Meter hoher Baum mit gefiederten Blättern und zuerst weißen, später gelben Blüten, aus denen bohnenähnliche Früchte mit einem süßsäuerlich schmeckenden Mark hervorgehen. Man bereitet Mus, Arzneimittel und ein Gewürz daraus – und das schon seit sehr langer Zeit.

Ohne jeden Zweifel wachsen wilde Tamarindenbäume in den Tropen Afrikas. Ob das auch für Indien zutrifft, ist fraglich. Dort aber wurden Tamarinden schon sehr früh genutzt, was der Weda, den heiligen Schriften der alten Inder, und 2000 Jahre alten archäologischen Funden zu entnehmen ist. Wurden Tamarinden schon vorher in Ostafrika genutzt, und wurden sie bereits in vorchristlicher Zeit über den Ozean nach Südasien gebracht? Man kann dies vermuten, weiß es aber nicht. Der klangvolle Name des Gewächses ist dem Arabischen entlehnt. Es bedeutet nichts anderes als «Indische Dattel». Als solche brachten die Orientalen die Früchte gelegentlich auf die Märkte des Okzidents. Tamarinden sollen auf pompejanischen Fresken dargestellt sein, ihre Identifizierung ist aber nicht ganz sicher. Tamarinde tauchte in Mitteleuropa seit dem 13. Jahrhundert immer wieder auf. Indien war das Hauptlieferland, das war jedermann klar – so klar, daß die Silbe «ind» schließlich doppelt in den wissenschaftlichen Namen einging, den Carl von Linné dem Baum gab.

Tamarinde ist in Südasien ein wichtiger Bestandteil von Currypulver, und zwar wird das Gewürz der Mischung zur Säuerung zugesetzt. In den Tropen sind Tamarindenfrüchte Rohstoffe von Fruchtsäften (man kennt sie auch in Italien). In Westindien, wo Tamarinden bereits kurz nach der Entdeckung der Neuen Welt angebaut wurden, aromatisiert man mit den Früchten Tabak. Weithin bekannt ist der medizinische Nutzen ihrer Inhaltsstoffe – in Abführ- und Wurmmitteln. Tamarindenholz ist außerordentlich hart, dauerhaft und daher ein sehr geschätztes Tropenholz.

Thymian ✕

Der Thymian, genauer: der Echte oder Gartenthymian (Thymus vulgaris) ist ein Lippenblütler (Lamiaceae oder Labiatae). Man darf ihn nicht mit dem bei uns heimischen Quendel verwechseln, der oft ebenfalls Thymian genannt wird. Beide Kräuter sind nahe miteinander verwandt, auch was Aussehen und Aroma betrifft. Der Gartenthymian ist größer und würzkräftiger als sein kleiner Bruder. Die den ganzen Sommer über blühende Pflanze ist eigentlich ein Halbstrauch mit verholzten Ästen. Kultiviert man sie bei uns, friert sie in jedem Winter ab. Man sät oder setzt sie also jedes Jahr neu. Echter Thymian wird maximal vierzig Zentimeter hoch. Seine Blätter sind unterseits stark behaart und an den Rändern eingerollt – Anpassungen an heißes, trockenes Klima. Die Blüten sind rosalila. Der Echte Thymian gibt sich in allem als eine für mediterrane Strauchheiden typische Pflanze zu erkennen. Seine Blätter schützen ihn vor dem Verdursten, sein Duft ist «mittelmeerisch». Besonders auf Kalkboden ist er verbreitet.

Über die frühe Geschichte der Pflanze etwas in Erfahrung zu bringen, ist schwer, denn Thymian ist in antiker Zeit immer wieder mit anderen Pflanzen verwechselt worden. Wenig Vertrauen kann man zum Beispiel der Nachricht schenken, Echter Thymian sei schon vor 4000 Jahren im Zweistromland bekannt gewesen, denn dort wächst der Strauch heute weit und breit nicht. Gleiches gilt für das alte Ägypten. Doch wie ist es mit Hellas, wo man (wie heute noch) den Thymianhonig schätzte und Wein mit dem Kraut würzte? Einigermaßen sicher können wir darüber sein, daß die Römer unseren Gartenthymian «thymus» nannten. Diese Pflanze wurde in den Gärten Roms angebaut. Columella war der Hinweis besonders wichtig, daß man «thymus» nur mit Gründüngung und keinesfalls mit Mist kultivieren darf. Das ist deswegen interessant, weil auch heute den Gärtnern bekannt ist, daß der Gehalt an Thymol, dem Hauptbestandteil des ätherischen Thymian-Öles, eigenartigerweise abnimmt, wenn man der Pflanze zu kräftigen Dünger gibt. Thymian war bei den Ärzten geschätzt – und bei den Köchen: Fettes Fleisch machte Thymian schon vor 2000 Jahren bekömmlicher und schmackhafter. Mehrere Dichter besangen den besonders herrlichen Thymian vom Berg Hybla auf Sizilien. Dabei zeigt sich das eigenartige Phänomen, daß Geschmack und Duft des Gewürzes stark variieren können, je nachdem, woher es kommt. Kundige Kräutersammler probieren ein Stück von jeder Thymianpflanze, ehe sie sie in den Sammelbeutel stecken.

Die Römer scheinen den Gartenthymian nicht über die Alpen gebracht zu haben, vielleicht war ihnen für den Kochtopf der weiter nördlich heimische Quendel gut genug. Auch fehlen alle Anzeichen dafür, daß Echter Thymian im frühen Mittelalter zu uns gekommen ist. Erst im 12. und 13. Jahrhundert wurde das Gewürz auch in Ländern bekannt, die nicht an das Mittelmeer grenzen, wahrscheinlich zunächst vor allem in England. Damals übernahmen die Engländer beinahe blind die Küche des vornehmen Frankreich; viele Speisen Englands haben deswegen französische Namen. Thymian spielte damals wie heute eine bedeutende Rolle in der französischen Küche. Namentlich in Südfrankreich, einem klassischen Thymiangebiet, kann man in der Küche auf das Gewürz nicht verzichten. In Deutschland wurde der Echte Thymian erst später populär, wahrscheinlich nicht vor dem 16. Jahrhundert. Erst aus dieser Zeit gibt es archäologische Funde und zahlreiche schriftliche Nachrichten über die Pflanze, die damals hier nicht nur als Gewürz, sondern auch als Grabbeigabe Verwendung fand.

Besonders viel gebraucht wird der Thymian noch immer in Frankreichs Küchen, sehr populär ist er auch auf dem Balkan und in England, etwas weniger scheint man ihn in Italien zu schätzen. In Deutschland kennt man ihn in erster Linie als Zutat zu französischen Gerichten, aber inzwischen auch als Gewürz vieler Wurst- und Käsesorten. Nach provençalischem Vorbild kann man eigentlich alles Eßbare mit Thymian oder der damit hergestellten Gewürzmischung Bouquet garni geschmacklich veredeln: Fleisch, Gemüse, Salat, Soßen, Suppen, Fisch, Geflügel, Eierspeisen. Die Engländer kennen ihn auch als Zutat zu Süßspeisen.

Thymian zieht man im Garten an einem warmen, trockenen Platz. Das Kraut wird kurz vor Beginn der Blüte geerntet. Weil die Entfaltung des Aromas entscheidend davon abhängt, ob die Sonne beim Pflücken der Pflanze scheint, soll man sich einen heißen Sommertag zur Thymianernte aussuchen. Das Gewürz läßt sich so gut trocknen wie kein anderes – beim Entzug von Wasser potenziert sich seine würzende Kraft.

Auf zwei weitere Verwendungsmöglichkeiten des Thymians muß noch hingewiesen werden. Einmal verhindert Thymol Fäulnis – schon die Römer wußten dies, wenn sie Thymiankraut in Getreidevorräte streuten, die lange lagern sollten. Zum anderen ist der Thymian eine der am meisten geschätzten Heilpflanzen. Das Kraut wird vor allem Husten-, Wundheil-, Darm- und Magenmitteln sowie Mundwasser zugesetzt. In hoher Konzentration verabreicht kann Thymian aber ein tödliches Gift sein, weshalb man mit ihm ein wenig vorsichtig sein sollte.

Tripmadam

Die Tripmadam (Sedum reflexum) ist ein Dickblattgewächs (Crassulaceae). Dickblattgewächse gehören wie die Kakteen zu den sukkulenten Pflanzen, das heißt, sie können Wasser speichern, und zwar in den dicken, fleischigen Blättern. Die ausdauernde, maximal vierzig Zentimeter hohe Pflanze hat einerseits blütenlose Triebe mit dicht bei dicht stehenden Blättern und andererseits Blüten tragende Äste mit nur wenigen Blättern. Die sechszähligen gelben Blüten sind im Hochsommer geöffnet. Tripmadam kann – wie alle Sukkulenten – in sehr trockenem Milieu wachsen. Regnet es einmal, so saugen sich die Blätter gründlich voll, und die Pflanze ist dann für Wochen mit genug Wasser versorgt, das es an ihren typischen Wuchsorten, dürren Hügeln, Geröllhalden, Felsen, Bahndämmen und Mauern, nicht regelmäßig gibt. Botaniker stellen immer wieder fest, daß es kaum möglich ist, diese Pflanzen zu herbarisieren; selbst unter dem Druck der Pflanzenpresse, zwischen saugfähiges Löschpapier gelegt, leben die Blätter weiter. Noch merkwürdiger als die Lebensweise des in ganz Europa verbreiteten Krautes ist sein Name. Er kommt aus dem Französischen und soll in dieser Sprache wörtlich «Frauen-Gedärme», nach anderer Auffassung etwa «quabblige Madame» bedeuten – Bezeichnungen, mit denen sich das Aussehen der Pflanze beschreiben läßt. Auch sein anderer Name «Fetthenne», den sich Tripmadam mit seinen Verwandten teilt, spricht für sich. Immer sind es die sukkulenten Blätter gewesen, die die Volksphantasie anregten.

Die Blätter von Tripmadam haben einen frischen, leicht säuerlichen Geschmack, weshalb man sie als Gewürz für Fleisch und Fisch, Soßen, Suppen, Salate, Rohkost, Essig und Gemüse verwendet. Aus der Antike gibt es keinen Hinweis auf das Gewürz, auch im Mittelalter ist es allenfalls spärlich verwendet worden. Doch spricht sein Auftreten in Rezepten für die Hamburger Aalsuppe für eine längere Geschichte des Würzens mit Tripmadam; das norddeutsche Nationalgericht beinhaltet so gut wie alle Gewürze, die als «typisch deutsch» gelten und hierzulande Tradition haben. Auch Otto Nebelthau, einer der größten deutschen Feinschmecker dieses Jahrhunderts, hielt Tripmadam für eines der «seit Urzeiten berühmte(n) Kräuter».

Tripmadam ist als anspruchslose Pflanze leicht im Garten zu ziehen. In alten Bauerngärten nahm man das Kraut zum Einfassen der Beete. Heute findet man Tripmadam nur noch in wenigen Gärten, Rezepten und Kochbüchern. Schon seit Jahrzehnten ist ihr Anbau rückläufig. Anstelle von Sedum reflexum lassen sich auch einige nahe Verwandte als Tripmadam-Gewürz verwenden, so etwa die Weiße und die Große Fetthenne (Sedum album und Sedum telephium).

Vanille ✗

Die Vanille ist das Gewürz der Orchidee (Orchidaceae) Vanilla planifolia. Die Substanz Vanillin, die den Vanilleduft hervorruft, ist in vielen Orchideenarten enthalten, auch in mehreren einheimischen Arten. Aber nirgends sonst gibt es diesen Stoff in so großer Menge und Reinheit wie bei der Vanille-Pflanze, einer Staude, die ihre Triebe mehrere Meter weit an den Stämmen tropischer Urwaldriesen entlangwindet. Mit der Zeit sterben ihre Erdwurzeln ab – sie hat dann nur noch Luftwurzeln, die die Pflanze mit Feuchtigkeit aus der wassergesättigten Tropenluft versorgen. Die Pflanze hat dickliche, schmale und langgestreckte Blätter und dekorative weiße Blüten, deren Farbe ins Grünliche und Rötliche spielt. Aus den befruchteten Blüten entwickeln sich langgestreckte, schmale Früchte, die von einer weichen Substanz erfüllt sind. In diesem Fruchtfleisch liegen die – wie üblicherweise bei den Orchideen – außerordentlich zahlreichen und winzigen Samen. Die Früchte enthalten das meiste Vanillin, sie sind die im Handel erhältlichen sogenannten Vanillestangen oder -schoten. Die Vanillepflanze blüht nördlich des Äquators zwischen April und August und fruchtet von Dezember bis März, südlich des Äquators um ein halbes Jahr versetzt. Die Pflanze stammt aus küstennahen Gegenden Mittelamerikas und einigen angrenzenden Gebieten. Wichtig ist ihr gleichmäßige Temperatur und Feuchtigkeit.

Ihre Nützlichkeit wurde schon sehr frühzeitig erkannt, und zwar von den Indianerstämmen der Azteken und Tolteken. Die Rothäute Montezumas würzten mit den «Schoten» ihre heißgeliebten Schokoladegetränke. Sie schrieben der Pflanze eine allgemein gesundheitsfördernde Wirkung zu und nutzten die Duftstoffe als Parfüm. Die spanischen Eroberer Mexikos lernten schon wenige Jahre nach der Entdeckung Amerikas die Vanille kennen. Ebenso wie «chocolatl» übernahmen sie den Begriff «vaynilla» aus der Aztekensprache – das Wort bedeutet nichts anderes als «Schötchen». 1510 – Kolumbus war erst vier Jahre tot – kamen die ersten Vanilleschoten in Spanien an.

Nach und nach wurden sie in den übrigen Ländern der Alten Welt bekannt, Ende des 16. Jahrhunderts auch in Mitteleuropa. Jahrhundertelang blieb Mittelamerika das einzige Erzeugerland für Vanille. Immer wieder war zwar versucht worden, die Pflanze auch in anderen tropischen Gefilden zu kultivieren, doch ohne Erfolg. Die Vanillepflanzen wuchsen und blühten zwar üppig, aber die begehrten Früchte wollten sich nicht zeigen. Erst im 19. Jahrhundert bemerkte man, daß allein eine kleine Biene unter natürlichen Bedingungen in der Lage ist, die Vanilleblüten zu bestäuben. Und diese kleine Biene hatte man bis dahin nicht in die Länder der neuen Kulturen gebracht ... Nun begann man, Vanilleblüten künstlich zu bestäuben. Dafür wurden speziell Arbeiter angestellt, die von Blüte zu Blüte eilen mußten, um in jede kurz einen zugespitzten Bambusstecken zu tauchen. Nun konnte Vanille auch auf den ostindischen Inseln, auf Madagaskar, Bourbon und den Seychellen erfolgreich kultiviert werden. Der größte Teil der Weltproduktion stammt heute nicht mehr aus Mittelamerika, sondern von Madagaskar, und Bourbon-Vanille ist vielleicht die berühmteste. Als die Vanillekultur sich gerade weltweit ausgedehnt hatte, war ihr Höhepunkt schon vorbei. Im 19. Jahrhundert gelang es, Vanillin synthetisch herzustellen. Dank vieler Hausfrauen, die Wert darauf legen, immer noch ganze Vanilleschoten zum Kuchenbacken und Kompottkochen zu verwenden, ist der Vanille-Anbau aber nicht erloschen.

Heute zieht man Vanillepflanzen an Stangen. Die Bestäubung überläßt man wieder mehr den kleinen Bienen, die es inzwischen in allen Anbauländern der Erde gibt. Sie sind schneller und billiger als jeder Arbeiter. Man erntet die Früchte, wenn sie sich von Grün nach Gelb verfärben. Der Erntezeitpunkt ist schwer zu bestimmen; wer Vanille ernten will, braucht viel Erfahrung. Nach der Ernte werden die Früchte zunächst rasch, dann langsamer getrocknet, wobei sich erst ihr köstlicher Duft entwickelt. Drei Monate dauert diese Behandlung der Früchte, eine Zeit, während der sie genau im Auge behalten werden müssen: Alles, was in Gärung überzugehen droht, muß sofort aus den Trockengefäßen entfernt werden. Die Vanilleschoten werden schließlich dunkel und sind im Idealfall von kleinen Vanillinkristallen bedeckt. Sie sind nun fertig für den Export, der traditionell in zugelöteten Zinnbehältern erfolgt.

In Europa ist das Vanille-Gewürz außerordentlich geschätzt. Man empfiehlt es vor allem zu Süßspeisen, Kuchen, Gebäck, Süßigkeiten, Schokolade, Kompott, Eis, Pudding und Likör. Auch als Tabak-Gewürz kam Vanille in guten Ruf. Die bayerisch-österreichischen Vanillekipferl sind ein bekanntes weihnachtliches Gebäck – und nicht das einzige Vanille-Gutsle zu diesem Gebäckfest.

Anstelle von Echter Vanille kann man übrigens auch die Schoten oder Stangen einiger anderer Vanilla-Arten gebrauchen, die in anderen tropischen Gegenden heranwachsen.

VEILCHEN

Das wohl berühmteste Veilchen ist das Wohlriechende oder Märzveilchen (Viola odorata) aus der Familie der Veilchengewächse (Violaceae). Die kleine Staude mit ihren ei- oder nierenförmigen gestielten Blättern und den gespornten «veilchenblauen» oder «violetten» Blüten kennt jeder; es ist aber nicht einfach, das Märzveilchen von seinen nächsten Verwandten zu unterscheiden.

Märzveilchen gehören zu den ersten Frühlingsboten und haben einen betörenden Duft. Das sind Gründe genug, um Veilchen zu besingen. Wohlriechende Veilchen sind ursprünglich wohl nur in Vorderasien, am Mittelmeer und längs der Atlantikküste bis Südengland vorgekommen. Seit uralter Zeit werden sie überaus gelobt, etwa in griechischen Sagen, von Homer und Pindar. In Hellas war das Veilchen als Kranzpflanze derart begehrt, daß es in Athens Umgebung angebaut werden mußte. Die den Göttern geweihte Blume wurde in christlicher Vorstellung zum Gewächs der Maria und als solches im Mittelalter eine bekannte Gartenpflanze. Noch beliebter wurde sie, als die deutschen und englischen Dichter während der Renaissance, Klassik und Romantik bei den antiken Autoren von der Blume lasen und sie dann selbst unzählige Male besangen. Die Wertschätzung des Pflänzchens zeigt sich daran, daß seit dem 17. Jahrhundert die zärtliche Verkleinerungsform den sprachlich älteren Begriff «Veil» oder «Veiel» nahezu vollständig verdrängte. Das Veilchen wurde von den Dichtern nicht nur besungen; von Goethe weiß man, daß er Veilchensamen bei sich trug und sie überall dort in Weimar und Umgebung verstreute, wo er die heißgeliebte Pflanze auf seinen Frühjahrsspaziergängen erblicken wollte. Heute verbietet das Naturschutzgesetz das «Ausbringen von Pflanzen», früher jedoch war dies üblicher, und das Ausstreuen von Veilchensamen ist sicher eine Ursache dafür, daß die Pflanze heute bei uns einheimisch zu sein scheint, was sie ohne poetisch veranlagte Menschen wohl nicht wäre. Auch eine Zeitgenossin Goethes trug viel zur Popularisierung des Veilchens bei – es war die Lieblingsblume der Kaiserin Josephine, der ersten Frau Napoleons. Im Gefolge der Goetheaner und Bonapartisten kam Viola odorata zu solcher Bedeutung, daß es Mitte des 19. Jahrhunderts die wichtigste Treibstaude der Gärtnereien war. Seitdem ist seine gärtnerische Bedeutung zurückgegangen; 1975 ist der Verkauf kultivierter Sorten eingestellt worden.

Über das Veilchen gäbe es noch viel zu berichten, nicht aber in einem Buch über Gewürze. Das Veilchengewürz hat zwar einige Tradition, aber es hatte nie große Bedeutung. Die Römer verfeinerten damit vielleicht Geflügel. Mit dem Blütenfarbstoff wurden im Mittelalter Speisen blau gefärbt. Die wohlriechenden Blüten wurden kandiert oder in Essig gelegt, der davon ein herrliches Aroma annahm. Man kann Veilchen zu Säften und Marmeladen geben. In England würzt man damit Fleisch und Salate. Stets ist dabei die Doppelfunktion der Veilchenblüten zu beachten: Sie färben und würzen. Die Blätter kann man in Frühlingssuppen schneiden. Inhaltsstoffe des Veilchens waren früher Bestandteile eines Sirups, der als Hustenmittel populär war. Auch heute noch ist diese Arznei den Heilkundigen bekannt; man bedient sich aber jetzt meist eines Veilchentees, dem eine ähnliche Heilwirkung nachgesagt wird.

Vogelbeerbaum

Der Vogelbeerbaum (Sorbus aucuparia) ist ein Rosengewächs (Rosaceae), das bald eher als Strauch, bald eher als Baum erscheint. Seine Blätter sind wie bei der Esche gefiedert (was ihm den Namen Eberesche eintrug, wobei das «Eber» vielleicht eine Verballhornung von «Eibe» ist, die ebenfalls rote Früchte hat). Die roten Beeren, die sich aus den weißen Frühsommerblüten im Herbst entwickeln, werden von Vögeln gefressen und verbreitet – rote Farben locken Vögel an, sie fressen die roten Früchte von Vogelbeere und Vogelkirsche gern. Der Ebereschenbaum stellt keine Ansprüche an Boden und Klima; er wächst daher fast überall in Europa. Fast als einziges Laubgehölz wagt er sich auch in den hohen Norden vor. Vielleicht ist die Eberesche die in der isländischen Edda besungene Weltenesche Yggdrasil – die «echte» Esche kommt auf Island nicht vor. In der nordischen Mythologie spielt Yggdrasil eine überragende Rolle.

Unerklärlicherweise wird den Beeren oft nachgesagt, sie seien giftig und daher nur für Vogelfallen zu gebrauchen. Man kann aus ihnen aber Säfte, Gelee und Liköre herstellen. Das Gelee ist – ähnlich wie Kronsbeermarmelade – ein geschätztes Gewürz zum Wildbret. Vogelbeerlikör ist in einigen Landschaften gut bekannt; die Beeren sind zum Beispiel im Sechsämtertropfen enthalten. Ein beliebtes Gewürz sind die sauren Vogelbeeren in der skandinavischen und nordenglischen Küche, was bei der großen mythologischen Bedeutung der Früchte in diesen Ländern kein Wunder ist. In Böhmen gibt es eine Vogelbeer-Abart mit süßeren Früchten, die sich für die Likörzubereitung besonders eignen.

Wacholder ✕

Der Wacholder (Juniperus communis) ist ein nadeltragendes Zypressengewächs (Cupressaceae). Sein Erscheinungsbild kann stark variieren: Meist ist er als Strauch zu bezeichnen, der bald eine aufrechte Säulenform annimmt, bald eher unförmig sich zu Boden legt. Manchmal kann Wacholder auch zum kleinen Baum werden mit einem Stamm von ganz respektabler Dicke. Man sagt, daß Wacholdersträucher bis zu 2000 Jahre alt werden. Die Nadeln stehen zu dritt an den Zweigen. Sie sind steif und haben eine Stachelspitze. Ein Gewirr von stechenden Wacholderzweigen ist ein undurchdringliches Dickicht. Die Blüten des Wacholders – im Frühjahr offen – sieht man kaum. Die Pflanze ist meistens zweihäusig, es gibt also männliche Blüten, winzige gelbe Kätzchen, und weibliche, die grünlich gefärbt sind. Nur die weiblichen Pflanzen tragen natürlich die Früchte. Wie bei den Nadelgewächsen üblich, hat der Wacholder Zapfen, diese aber sind beerenartig ausgebildet, weshalb sie im Volksmund stets «Beeren» genannt werden. Zu ihrer Reifung brauchen sie besonders lang. Im ersten Jahr werden sie nur grün und sind im Herbst noch nicht reif. Erst im zweiten Jahr nehmen sie die bekannte schwarzblaue Färbung an. Sie können dann geerntet werden – können, nicht müssen, denn manche Wacholderbeerensammler empfehlen, erst die dreijährigen «Beeren» zu pflücken. Natürlicherweise werden die Beeren von Vögeln gefressen und verbreitet, besonders von den Wacholderdrosseln oder Krammetsvögeln (dieser Name ist von dem oberdeutschen Kranewit abgeleitet, einem anderen Wort für den Busch). Diese Vögel sollen sogar nach Wacholderbeeren schmecken.

Alle Teile der Pflanze enthalten wohlriechende ätherische Öle, Holz, Nadeln und Beeren. Die Inhaltsstoffe sind in mehrerer Hinsicht heil-, duft- und würzkräftig, weswegen man der Pflanze besondere Stärke zubilligt. Das Wort Wacholder bedeutet im Mittelhochdeutschen etwa «lebendiger Strauch», was sich darauf beziehen kann, daß Wacholder immergrün ist, oder darauf, daß er die Gesundheit fördert und Leben spendet. Manche Leute nennen ihn «Lebensbaum». Ähnliches bedeutet das niederdeutsche «Machandelboom». «Kranewit» heißt «grünes Holz» oder «Stachelholz». Auf jeden Fall findet man alle Namen des Busches in Märchen und Sagen. Es gibt wenige Pflanzen in unserer Flora, um die sich derart viele mythologische Vorstellungen ranken.

Dazu passend wachsen die Wacholderbüsche oft an Plätzchen, wo es nicht ganz geheuer sein könnte. Sie stellen keine Ansprüche an den Boden: «Weckholder wachsen ... auff den dürren Bergen», schrieb der berühmte Botaniker Leonhart Fuchs 1543 in sein Kräuterbuch. Die «dürren Berge» wurden früher für die Viehweide genutzt; und wo das Vieh alles kurz und klein fraß, hielten und vermehrten sich so stachelige Gesellen wie der Wacholder. Er wurde geradezu zur Charakterpflanze der als Allmenden genutzten Viehweiden. Dem englischen Dichter Wordsworth erschien es in seinem Reiseführer durch den Lake District erwähnenswert, daß «Juniper» nur in den nicht eingezäunten Bereichen außerhalb der Feldmark wuchs, wohin das Vieh zum Weiden getrieben wurde. Nicht anders ist es in der Lüneburger Heide, auf den Wacholderheiden der Schwäbischen und Fränkischen Alb und auf den Hochheiden der Alpen und ihres Vorlandes. Außerdem kann man Wacholderbüsche auf Mooren finden. In all diesen Gegenden ist es einsam, es herrscht oft Nebel, die Büsche sehen unheimlich aus, schemenhaft, zerzaust. Heute gelten Wacholderheiden als schützenswerte Natur, und es ist ein schwieriges Problem, wie man diese charakteristischen Postkartenlandschaften ohne die althergebrachte, heute nicht mehr rentable extensive Weidenutzung erhalten kann.

Wacholder wächst fast überall auf der nördlichen Hemisphäre, im Norden häufiger als im Süden. Nirgendwo scheint er so weit verbreitet zu sein wie in Deutschland, wo er nur in unmittelbarer Nähe der Meere und auf Wanderdünen nicht vorkommt – einen instabilen Boden verträgt er nicht. Fast nirgends auf der Welt wird Wacholder so vielseitig genutzt wie bei uns, seine Beeren waren früher ein wichtiger Exportartikel.

Beren des grossen Weckholders.

Weckholder.　　　　　　　　WACHOLDER

In vielen Ländern ist der Wacholderschnaps bekannt, der auch unter den Namen Genever, Gin und Steinhäger getrunken wird. Wacholder wurde vielen anderen alkoholischen Getränken zugesetzt, auch auf die Weise, daß einige Dauben aus Wacholderholz in die Fässer gebunden wurden. Charakteristisch für Mitteleuropa ist der Räucherschinken, der aus Räucherkammern stammt, in denen garantiert Wacholderholz verbrannt wurde. Dieser Schinken wird als Westfälischer Wacholderschinken bezeichnet (in Westfalen ist der Wacholder heilig!); er wird schon seit Jahrhunderten gegessen, wovon man sich überzeugen kann, wenn man die gotische Abendmahlsdarstellung auf einem Kirchenfenster in «Maria zur Wiese» zu Soest betrachtet: Als Speise liegt der Schinken auf dem Tisch. Andere Nationalgerichte der Deutschen, die ihnen den Necknamen «Krauts» eintrugen, sind ohne Wacholderbeeren nicht zu denken: Sauerkraut und Rotkohl. Ansonsten werden Wacholderbeeren als «Wildfrüchte» zu Wild gereicht. Aber auch zu anderem Fleisch, besonders wenn es fett ist, verachtet man sie nicht, denn ihre Inhaltsstoffe fördern die Verdauung. Das wußten schon die Römer (sie erhielten Wacholderbeeren aus Nordwest-Spanien), wenn sie Wacholder zu Hammelbraten empfahlen; im Mittelalter legte man die Beeren an fetten Gänsebraten. Heute wird vor allem Schweinebraten mit dem Gewürz serviert. Wacholderbeeren, ein Charaktergewürz Mitteleuropas, sind sogar in die typischen Gewürzländer exportiert worden. Thüringen und Württemberg lieferten sie im 19. Jahrhundert bis nach Ostindien! Man darf nicht zu erwähnen vergessen, daß die Beeren auch in den italienischen und provençalischen Küchen eine große Rolle spielen. Sie werden dort genauso wie in Deutschland verwendet.

Wacholder ist eine wichtige Heilpflanze. Seine Inhaltsstoffe wirken antiseptisch, und es mag daher ein Fünkchen Wahrheit daran sein, daß Wacholder die Pest vertrieb. Noch in der Mitte des 18. Jahrhunderts wurden im italienischen Velletri zur Pestbekämpfung vierzig Säcke Wacholderbeeren verbrannt. Häuser wurden mit Wacholder ausgeräuchert, um Krankheitskeime zu vertilgen. Die Beeren wirken auch harntreibend, weswegen man damit Blasen- und Nierenleiden bekämpft. Ebenso bringen sie Linderung für Rheuma- und Gichtkranke. Nierenkranke müssen aber mit der Dosierung des Heilmittels vorsichtig sein, und immer wieder liest man, daß schwangere Frauen keine Wacholderbeeren essen sollten, weil die Inhaltsstoffe Fehlgeburten auslösen können.

Wacholder kam in den Ruf, böse Geister abzuwehren. In den Alpenländern trugen Wanderer einen Wacholderzweig am Hut, um keine wunden Füße zu bekommen. Brauchte man einen Stock, mit dem schwierige Dinge zu erledigen waren, so griff man zu einem Wacholderzweig – etwa, wenn ein Hirte einen Stecken benötigte oder die Bäuerin ihre Butter umrühren wollte. Manchenorts gehört in die – in christliche Bräuche übernommenen – Palmzweige Wacholder. In einigen Gegenden erfährt man, Christus sei an einem Wacholderholzkreuz gestorben und von einem Wacholderstrauch gen Himmel gefahren, Judas habe sich an einem Machandelboom erhängt; daher sei dem Strauch viel gegen Tod und Teufel zuzutrauen. Man weiß, daß Wacholder bereits in der germanischen Mythologie eine große Rolle spielte. Wacholderzweige waren Opfergaben, und die Toten wurden auf Wacholderholz verbrannt, wiederum um böse Geister zu bannen. Noch in der frühen Neuzeit diente Wacholder als Grabbeigabe. Die Verehrung des zerzausten Busches ging sehr weit, man denke nur an das Märchen vom Machandelboom bei den Brüdern Grimm. Viele Leute wissen heute noch, daß es Unglück bringt, wenn man einen Wacholderbusch absägt oder ausreißt. Bekannt ist der Brauch, vor dem Busch den Hut zu ziehen. Man tut alles, um Wacholder zu schützen. Am liebsten hätte man ihn in jeden Garten gepflanzt. Das gelingt aber nur, wenn man den Busch in die gleiche Himmelsrichtung setzt wie dort, wo man ihn hernahm – ansonsten geht er ein!

Als Gartenpflanze hält man verschiedene Verwandte des Wacholders, vor allem den (giftigen) Sadebaum oder Stinkwacholder, ein Gewächs der südlichen und östlichen Hochgebirge Eurasiens.

Waldmeister

Der Waldmeister (Asperula odorata) ist ein Rötegewächs (Rubiaceae). Die Triebe des ausdauernden Krautes sind ungefähr zwanzig Zentimeter hoch. Am vierkantigen Stengel sitzen etagenweise übereinander Kränze von je sechs bis neun zugespitzten, länglichen Laubblättern. Die winzigen Blüten, vierzählig, weiß, im Frühjahr geöffnet, formen ein doldenähnliches Gebilde an der Spitze der Gewächse. Die Früchte sind über und über mit Widerhaken besetzt. Wenn sie reif sind, bleiben sie im Fell von Tieren hängen und werden auf diese Weise verbreitet.

Der Name der Pflanze soll auf ihre Fähigkeit anspielen, Krankheiten zu «meistern». Diese Deutung des Namens ist sicher falsch. Mehr Glauben ist der Ansicht zu schenken, «Meister» habe sich aus dem niederdeutschen «Möschen» entwickelt und diese Form sei mit «Moschus» verwandt, spreche also den Wohlgeruch des Waldmeisters an. Dieser kommt besonders zum Vorschein, wenn man das Kraut trocknet; er erinnert an Heu und rührt vom Cumarin her, einer gleichfalls in Steinklee und manchen Gräsern (Ruchgras) enthaltenen Substanz. Der Waldmeister ist die bei uns bekannteste Cumarin-Pflanze, weswegen sie als Gewürz gesammelt und verwendet wird. Wo man sie findet, ist leicht zu sagen: Sie ist geradezu charakteristisch für eine bestimmte Form des Buchenwaldes, vor allem auf kalkhaltigem Gestein. Wo Waldmeister wächst, steht er nicht allein: Ganze Teppiche seines frischen Grüns bedecken den «Fußboden» der weiten «Buchenhallen», in denen es so schattig ist, daß sich eine Bodenvegetation nur vor dem Laubaustrieb der Bäume entwickeln kann. Waldmeister ist fast überall in Europa und in einigen angrenzenden Gegenden zu finden.

Man sammelt das ganze Kraut und trocknet es, um den Cumaringeruch entstehen zu lassen. Sammelzeit ist vor allem der Mai, die Jahreszeit, in der das Waldmeistergrün am schönsten ist. Das trockene Kraut wird in die berühmte Maibowle gegeben, die nichts anderes als ein mit Cumarin parfümierter Wein ist. Das Getränk wird nur in Mitteleuropa zubereitet und gilt im Ausland als deutsche Spezialität. Man braut es schon seit über tausend Jahren, früher besonders bei den Benediktinern, die Waldmeister in ihren Gärten zogen. Ein Benediktinermönch war es auch, der die Bowle zuerst erwähnte: Wandalbertus aus Prüm (Eifel) im Jahre 854. Seitdem wird jedes Jahr Bowle getrunken. Man würzte und würzt auch andere Alkoholika mit Waldmeister, im Mittelalter zum Beispiel Bier. In Frankreich kommt er in den Champagner, in der Schweiz in den «Benediktiner». Waldmeister wird auch zu alkoholfreien Getränken empfohlen. In Nordeuropa ist er ein Wurstgewürz. Eine weitere wichtige Verwendungsmöglichkeit: Getrocknete Waldmeisterbüschel legt man zur Vertreibung von Ungeziefer in den Wäscheschrank. In der Medizin wird Herba Asperulae für gefäßerweiternde Arzneien herangezogen. Allerdings sind sehr große Mengen Waldmeister der Gesundheit nicht förderlich; gemeinsam mit Wein kann das Kraut einem tüchtig zu Kopfe steigen. Man sagt, daß schwangere Frauen Waldmeisterbowle nicht trinken sollten.

Walnuss

Die Walnuß (Juglans regia) gab der Familie der Walnußbäume (Juglandaceae) ihren Namen. Der Baum wird bis zu fünfundzwanzig Meter hoch. Steht er frei, im Weinberg, Garten oder Park, wächst er vor allem in die Breite und verzweigt sich stark. Die Blätter sind gefiedert und ganzrandig. Es gibt männliche und weibliche Blüten. Beide sind unscheinbar und blühen im Frühjahr, kurz nach dem Laubaustrieb. Aus den weiblichen Blüten entstehen die allbekannten fetthaltigen Walnüsse, die vergoldet am Christbaum hängen, in gemütlicher Runde an Winterabenden geknackt und geknabbert werden und deren Schalenhälften als Schiffchen ein beliebtes Kinderspielzeug sind.

Woher der Walnußbaum ursprünglich kommt, ist eine alte Streitfrage. Am meisten verbreitet ist die Meinung, der Baum stamme aus dem östlichen Mittelmeergebiet und dem Orient und sei dann von den Völkern der Antike sowohl weiter in den Westen als auch weiter in den Norden, nach Mitteleuropa, gebracht worden. Funde fossiler Hölzer, Nüsse und Pollenkörner zeigen aber, daß der Baum schon vor der Blütezeit der klassischen Antike auch im westlichen Mittelmeergebiet und wahrscheinlich auch im südlichen Mitteleuropa wuchs, also auch in diese Gegenden nicht erst vom Menschen gebracht wurde. Von Ost nach West verschob sich im Laufe der letzten Jahrtausende das Zentrum des Walnußanbaus. Die Griechen bezogen die Nüsse per Schiff aus Kleinasien, für uns sind die Walnußkulturen der «welschen Lande» besonders wichtig (daher der Name «Wal-»Nuß). Aus dem Gebiet am Südrand der Alpen, aus dem Wallis und aus Südfrankreich bezogen bereits die Römer die Nüsse, denn sie kannten die Frucht unter dem Namen «nux gallica». Der Name «Juglans» geht übrigens auf eine griechische Benennung «Eichel des Zeus» zurück (glans bedeutet Eichel), «Nuß» auf das römische «nux» – ein Begriff, der mit «nox» (Nacht) sprachlich verwandt sein soll und sich darauf bezieht, daß in der Schale ein dunkler Farbstoff enthalten ist, der die Hände schwarz wie die Nacht werden läßt und mit dem man früher Haare und Wolle färbte.

In römischer Zeit wurden Walnüsse sorgfältig angebaut, ebenso wie bei den späteren Völkern. Walnußbäume brauchen ein mildes Klima; die Nüsse reifen nur dort, wo es keine Spät- und Frühfröste gibt. Das Wuchsgebiet der Walnuß ist ungefähr das gleiche wie das Areal des Weinbaus. Um den Walnußbaum ranken sich viele Legenden. Im allgemeinen hält man ihn für schädlich und unheilbringend, während die Nüsse ein Fruchtbarkeitssymbol sind. Ihre mild würzende Kraft verleihen die Nüsse dem Walnußkuchen und in manchen Gegenden den Broten. Auch zu Hühnerfleisch, Salaten und anderen Gerichten gibt man sie. Aus unreifen Nüssen stellt man Likör her. Walnußöl ist ein geschätztes Salatöl. Im Mittelalter gebrauchte man eine andere Walnußwürze: Damals dörrte man grüne Nußschalen und Blätter. Der darin enthaltene Bitterstoff galt als ein (billiger) Pfefferersatz, mit dem man den Geschmack verdorbener Speisen überdecken konnte. Die Blätter werden heute noch in der Arzneikunde verwendet. Die Gerbstoffe ziehen die Haut zusammen und sind daher in Heilmitteln gegen Pickel enthalten. Das Holz hat eine wunderbare Maserung und ist daher ein edles Möbelholz.

WEINRAUTE

Die Weinraute oder kurz: die Raute (Ruta graveolens) gehört ebenso wie die Citruspflanzen zur Familie der Rautengewächse (Rutaceae). Weinraute ist eine ausdauernde Staude mit verholzender Wurzel. Ihr über und über mit Öldrüsen bedeckter Stengel wird etwa einen halben Meter hoch, ihm entspringen die gefiederten Blätter und die doldenähnlichen Blütenstände. Die Blüten, im Sommer offen stehend, sind gelb, die Endblüten haben fünf, die Seitenblüten nur vier Blütenblätter. Auch die Blätter besitzen sehr viele Öldrüsen. Die ganze Pflanze enthält ätherische Öle, Gerb- und Bitterstoffe sowie andere Substanzen, die im Gemisch charakteristisch würzig duften und schmecken. Nicht angenehm ist der Blütenduft; die Blüten werden von Fliegen bestäubt, und «Fliegenblüten» haben häufig nicht den besten Geruch. Sie eignen sich also nicht als Gewürz, dafür aber alle anderen oberirdischen Teile der Pflanze, vor allem die jungen Blätter.

In ihrem ursprünglichen Verbreitungsgebiet fiel die Raute den Menschen schon frühzeitig auf: in den Kalkgebirgen des Balkans und Italiens. Älteste Nachrichten über die Pflanze stammen aus Hellas, wo sie in der Medizin als Gegengift bei Schlangenbissen und als Mittel gegen Atemnot in großem Ansehen stand. Raute wurde besonders von den bildenden Künstlern gegessen, um – wie es hieß – die Schärfe des Augenlichtes zu bewahren, und das war wichtig in einem Zeitalter, in dem es den Künstlern darauf ankam, Früchte so täuschend echt darzustellen, daß Vögel sie anpickten. In römischer Zeit wurde die Weinraute zu einem wichtigen Gewürz, ja, es ist vielleicht nicht übertrieben, Ruta als ein Charaktergewürz der römischen Küche anzusehen. Hinter Pfeffer, Liebstöckel und

(Kreuz-)Kümmel steht Raute an vierter Stelle in der Verwendungshäufigkeit. Das Gewürz paßte nach Ansicht des Apicius-Kochbuches hervorragend in Soßen für Geflügel, zu Bohnen, Erbsen und Linsen, zu Fisch, Kardendisteln, Kräuterkäse und Wein. In römischen Gärten zog man Rautenpflanzen als nützliche und zugleich dekorative Einfassung der Beete. Die Empfehlung, beim Unkrautjäten in Rautenbeeten die Hände zu schützen, wurde damals schon gegeben; die Berührung der voll besonnten Rautenblätter kann nämlich Hautausschläge hervorrufen. Selbstverständlich brachten die Römer Rautenpflanzen in alle ihre Kolonien. Als im frühesten Mittelalter die Aufzeichnungen über Kulturpflanzen in Mitteleuropa einsetzten, wurde auch die Raute stets erwähnt. Bei ihrer Nutzung hielt man sich an antike Vorbilder – traditionsbewußt, wie man damals war. Im frühen Mittelalter hieß das Gewächs stets Raute, die Vorsilbe «Wein-» wurde ihr erst später, ab dem hohen Mittelalter, wegen ihres weinähnlichen Geruches beigegeben. Die Pflanze wuchs in den Gärten der Klöster und Burgen, später auch in den Bauerngärten (vor allem in Mittel- und Süddeutschland). Die kulinarische Bedeutung des Krautes nahm allmählich ab; heute ist sie bei den meisten Menschen als Gewürz nicht mehr bekannt. Die Blätter haben einen intensiven Geschmack, weswegen man sparsam damit umgehen muß. Die Würze wird zu verschiedenen Fleischgerichten (Wild, Hammel), zu Eiern, Fisch und Streichkäse, Salat, Soße, Gebäck und Kräuterbutter empfohlen. Ein Rezept muß man sich merken: Nach dem Genuß von Knoblauch soll man ein Butterbrot mit einem Rautenblatt essen, um den Mundgeruch loszuwerden.

Weinraute hat während des Altertums eine bedeutende Rolle in der Medizin und im Aberglauben der Völker gespielt. Ebenso war es im Mittelalter. Heute schätzt man in der Heilkunde noch die krampflösenden Eigenschaften der Drogen Herba Rutae und Folia Rutae sowie deren Anwendung bei Herz-Kreislauf-Störungen. Weinraute ist ein bekanntes Abortivum. Im Botanischen Garten von Paris mußten vor Jahrzehnten die Rautenpflanzen mit einem Gitter umgeben werden, weil junge Mädchen die Bestände plünderten. Die Raute hat ihren Platz im Hausgarten, weil sie Schädliches abwehrt, angeblich sowohl Schädlinge (manche Tiere scheinen den Duft tatsächlich nicht zu mögen) als auch den Bösen. Die Raute hatte früher einen Platz im Sarg neben dem Toten (dort hat man sie bei Ausgrabungen gefunden), weil sie sich im Grab in Gold verwandeln soll und dadurch die Seele des Toten golden strahlend ins Paradies komme.

Rund um das Mittelmeer werden Verwandte der Weinraute ähnlich genutzt, so Ruta chalepensis, eine Pflanze mit gefransten Blütenblättern – diese Rautenart wurde schon in der Bibel als Gartenpflanze erwähnt.

Wermut

Der Wermut oder Absinth (Artemisia absinthium) gehört der Korbblütlerfamilie (Asteraceae oder Compositae) an. Wermut ist ein Halbstrauch mit holzigen Wurzeln und unten verholzenden Trieben, die bei Frost zurückfrieren und in kälterem Klima – wie bei uns – eine Art von Blattrosette bilden. Die Blätter sind stark zerfiedert und seidig oder filzig behaart. In ihrer Mitte wächst der Blütenstiel empor, der beinahe mannshoch wird und im Spätsommer kleine gelbe Blütenköpfe trägt, die sich aus mehreren winzigen Einzelblüten zusammensetzen. Die ganze Pflanze enthält ätherische Öle und Bitterstoffe, die einen extrem herben Duft und Geschmack hervorrufen. In kleinen Dosen ist Wermut ein geschätztes Gewürz, seine Inhaltsstoffe sind aber – in Massen verabreicht – giftig.

Wermut wächst wild in praktisch allen trockenen Gebieten Europas und Asiens. Die Behaarung der Blätter schützt die Pflanze vor dem Austrocknen, denn durch den Filz werden die Sonnenstrahlen reflektiert, ehe sie an die Spaltöffnungen herankommen können, an jene Stellen, an denen Wasser aus den Blättern tritt. Der Wuchsort des Wermutes muß nährstoffreich sein, denn ohne Nährstoffe kann die große Biomasse der Pflanze nicht aufgebaut werden. So sind in der Naturlandschaft vor allem die Stellen Wuchsorte des Wermutes gewesen, an denen Lawinen Schutt zusammentrugen oder an denen das Wild wechselte. Heute gibt es sehr viele trockene, nährstoffreiche Plätze in der Landschaft, die der Mensch geschaffen hat, wie Bahndämme und Schutthaufen. Wermut wurde daher eine häufige Pflanze. Der Mensch verschleppte sie in andere Kontinente, so daß es das Gewächs heute fast überall auf unserem Globus gibt.

Herkunft und Bedeutung des Namens sind ungeklärt. Soll angedeutet werden, daß Wermut als bittere Arznei erwärmt, daß man Wurmkuren damit macht oder daß sein bitterer Geschmack der Lebensfreude wehrt? Alle Erklärungsmöglichkeiten entstammen der volkstümlichen Etymologie, sind aber nicht ganz befriedigend. Möglicherweise ist das Wort eine Verballhornung eines unbekannten Wortes aus einer unbekannten Sprache – wie so oft verlieren sich die Spuren der Sprachforscher auch hier im Dunkel der Vorgeschichte.

Den griechischen Ärzten waren Wermut und einige seiner nahen Verwandten als Arzneipflanzen bekannt, die man gegen viele Krankheiten verwendete. Schon in antiker Zeit wurde Wermut in Schreibtinte gemischt, was anscheinend Mäuse davon abhielt, am Papier zu knabbern – ein Nutzen der Pflanze, den man noch im Mittelalter kannte. In römischer Zeit wurde das Kraut erstmals als Speisezutat genannt (es kam zur Haltbarmachung in Gemüsepüree). Viel gebraucht wurde Wermut in der Heilkunde; die äußerst bittere Arznei wurde mit Honig versüßt (nach Lukrez). Die römischen Heilkundigen schrieben die Indikationen des Wermuts bei ihren griechischen Vorgängern ab, und es kamen neue Heilwirkungen dazu. Die mittelalterlichen Heilkundigen kopierten wiederum den Heilwirkungskatalog römischer Zeit getreulich, und wieder gab es neue Indikationen – keinesfalls durfte in einem Buch auch nur eine einzige Weisheit der Alten wegfallen, ein Wissenschaftsprinzip, das bis in die Zeit der Aufklärung Gültigkeit hatte und die Arzneimittelfolianten immer dicker und unhandlicher machte. Ergebnis davon war speziell beim Wermut, daß man nach Ansicht mittelalterlicher Ärzte alles damit heilen konnte. Die

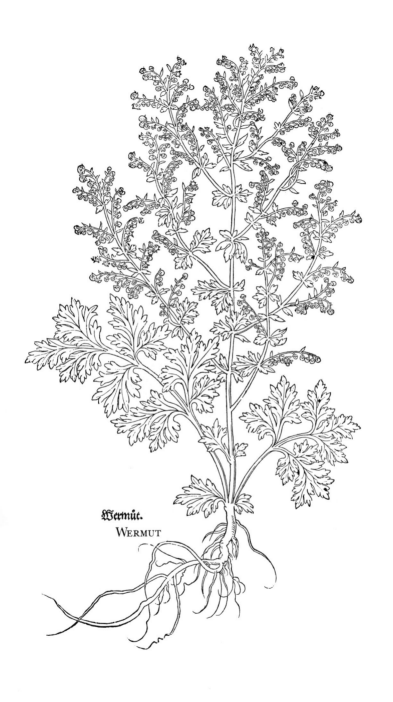

Wermůt.
WERMUT

Pflanze wurde dank poetischer Wendungen wie «Wermutstropfen» (bezeugt seit der Zeit Luthers) besonders bekannt. Aber schon vorher hatte Wermut als Symbol der Bitterkeit gegolten. Seit dem Mittelalter, vielleicht auch schon vorher, ist bekannt, daß sich die Bitterstoffe des Wermuts schlecht in Wasser, aber bestens in Alkohol lösen lassen. Wermutstropfen würzten Bier und Wein, was den Eigengeschmack der Getränke völlig verdrängte, denn Wermut ist noch in kleinster Konzentration penetrant. Das berühmteste Wermutprodukt ist der Absinth, ein Likör, der vor allem in Frankreich bekannt war. Man braute ihn im Grenzgebiet zwischen Französischem und Schweizer Jura seit etwa der Mitte des 19. Jahrhunderts. In Frankreich wurde Absinth in Windeseile zur Volksdroge. Gesundheitsschädliche Wirkungen des narkotischen, scharfen alkoholischen Getränkes blieben nicht aus. Ab 1900 wurde gegen das Absinth-Trinken zu Felde gezogen, und seit den ersten Jahren dieses Jahrhunderts sind Herstellung und Verkauf des Gebräus in den meisten europäischen Ländern verboten. Wenige Jahrzehnte hatten aber genügt, um den Franzosen den Absinth als unentbehrlich erscheinen zu lassen, weshalb bald ein unschädliches Ersatzgetränk mit Absinthgeschmack auf den Markt gebracht werden mußte. Außer als Gewürz zu Alkoholika (Vermouth, Wodka) kommt Wermut als Zutat zu fettem Fleisch in Frage – anstelle des nahe verwandten Beifuß kann auch Wermut schwerverdauliche Kost bekömmlicher machen. In der Schulmedizin greift man zu Wermut besonders dann, wenn man Magenleiden kurieren will – nach dem Motto: «Was bitter dem Mund, ist dem Magen gesund.» In der Volksmedizin haben sich noch zahlreiche Rezepte mittelalterlicher Heilkundiger lebendig erhalten (Wermut als Wurmmittel, gegen Fieber, als Auslöser von Fehlgeburten usw.). Wermut ist weithin bekannt als Abschreckungsmittel für Ungeziefer, zum Beispiel in Getreidevorräten. Wermut gehört zu den Pflanzen, die am Fest Mariä Himmelfahrt (15. August) geweiht werden. Schon im alten Ägypten war ein Verwandter des Wermuts der Isis zugeordnet gewesen; Vorstellungen des Isiskultes wirkten auf die Verehrung der Maria im Christentum ein, und da fehlte auch der Wermut als Attribut nicht – eine Pflanze, die ihren wissenschaftlichen Gattungsnamen (Artemisia) nach einer weiteren bekannten weiblichen Göttergestalt erhielt.

WIESENKNOPF

Es gibt zwei Arten des Wiesenknopfes, Rosengewächsen (Rosaceae), die als Gewürz verwendet werden: den Großen (Sanguisorba officinalis) und den Kleinen Wiesenknopf (Sanguisorba minor). Die beiden Stauden sind an ihren dunkelroten Blütenköpfen leicht zu erkennen; auch die gefiederten Blätter sind charakteristisch, doch sehen sie denen der Pimpinelle, eines Doldengewächses, sehr ähnlich. Der Wiesenknopf wird daher im Volksmund auch häufig Bibernelle oder Pimpinelle genannt und mit dem Doldenblütler verwechselt. Die beiden Wiesenknopf-Arten kann man folgendermaßen unterscheiden: Der Große wird fast einen Meter, der Kleine nur einen halben hoch. Der Große hat nur vier Staubblätter, der Kleine mindestens zehn. Der Kleine blüht im Frühsommer, der Große vom Hochsommer bis in den Herbst. Beide Pflanzenarten sind in fast ganz Europa und in angrenzenden Gebieten im Grünland heimisch: der Kleine Wiesenknopf vorzugsweise an trockenen Plätzen, der Große auch an feuchten Orten wie zum Beispiel Flachmoorwiesen.

Der Große Wiesenknopf war, wie sein Artname «officinalis» andeutet, ehedem eine wichtige Heilpflanze. Wegen der blutroten Blütenfarbe glaubte man beispielsweise, daraus ein blutstillendes Mittel bereiten zu können. In der Veterinärmedizin hielt man das Mittel für wirksam gegen den Pferdespulwurm. Als Gewürz spielte und spielt diese Pflanze nur eine untergeordnete Rolle. Wichtiger war und ist in dieser Hinsicht der Kleine Wiesenknopf, eine Pflanze, die in England bezeichnenderweise «salat burnet» genannt wird und im Geschmack an Gurken erinnert. Sie ist früher sogar als Würzkraut angebaut worden, was sich seit dem 16. Jahrhundert belegen läßt. Kleiner Wiesenknopf würzt Salate, Spinat, Gurken, Quark, Essig, Butter,

Fisch und Soßen. Seine Blätter gehören an Hamburger Aalsuppe. In der Heilkunde empfahl man das Kraut zum Beispiel gegen Magen- und Darmleiden. Zu einer sagenhaften Bedeutung kam der Kleine Wiesenknopf in Ungarn: Csaba, Etzels Sohn, soll damit seine gefallenen Hunnen ins Leben zurückgeholt haben, was seinem Heer zum Sieg verhalf.

WIESENSCHAUMKRAUT

Das Wiesenschaumkraut (Cardamine pratensis) ist ein etwa dreißig Zentimeter hoher Kreuzblütler (Brassicaceae oder Cruciferae) mit ausdauernden Kriechwurzeln. Die Pflanze hat an der Stengelbasis eine Rosette aus Blättern, deren Fiedern rund sind, und Stengelblätter mit schmalen, länglichen Fiedern. Die vierzähligen Blüten sind im Schatten fast weiß, an sonnigen Plätzen dunkelviolett. Die Pflanze heißt auch Kukkuckskraut, weil sie blüht, solange der Kuckuck ruft. Der Name Schaumkraut rührt daher, daß sich Schaumzikadenlarven, die häufig an der Pflanze kleben, mit einer schaumigen Hülle umgeben. Blüht die Pflanze üppig, so ist dies ein schlechtes Zeichen für den Bauern – dann nämlich hat es viel geregnet; und regnet es noch mehr, so stehen im Mai die Feuchtwiesen, auf denen das Wiesenschaumkraut wächst, unter Wasser. Massenhaft auftretendes Wiesenschaumkraut gilt daher mit einigem Recht als Prophet für eine verdorbene Heuernte.

Wiesenschaumkraut kommt fast überall auf der Nordhalbkugel der Erde vor. Das Gewächs ist nahe mit der Brunnenkresse verwandt, es enthält ähnlich scharfe ätherische Öle. Es ist außerdem reich an Vitaminen und Mineralstoffen. Daher wird empfohlen, mit jungen Blättern Salate (auch zum Beispiel Kartoffelsalat) und Kräuterquark zu würzen. Die Würze galt früher als geschätztes Vorbeugungsmittel gegen Skorbut; Wiesenschaumkraut wurde früher bundweise auf dem Wochenmarkt verkauft. Aus den Blüten stellte man ein Pulver her, das den alten Heilkundigen als krampflösendes Arzneimittel galt.

Ysop

Der Ysop (Hyssopus officinalis) ist ein Lippenblütler (Lamiaceae oder Labiatae). Der bis über halbmeterhoch werdende Halbstrauch verzweigt sich vielfach, wodurch er ein ausgesprochen buschiges Aussehen bekommt. Die Blätter sind klein und schmal, an beiden Seiten eingerollt, die Blüten, im Spätsommer und Herbst geöffnet, haben die schwer zu beschreibende Farbe zwischen Blau, Rot und Weiß, wobei das Bläuliche dominiert – ein Teint, der uns im Pflanzenreich oft begegnet. Die Blüten entspringen stets zu mehreren den Verzweigungspunkten von Stengel und Blatt. Das ganze Kraut enthält wohlriechende ätherische Öle, die – ähnlich wie bei anderen Lippenblütlern (Salbei, Thymian) – Speisen ein angenehmes Aroma verleihen.

Ysop ist eine Pflanze trockener und kalkreicher Gebiete, die wild in den Hochgebirgen von Zentralasien bis Südwesteuropa vorkommt. Wo Ysop erstmals in Kultur genommen wurde, weiß man nicht. Es ist möglich, daß die Orientalen ihn als Würz- und Heilpflanze entdeckten. Zu dieser Ansicht kann man deswegen gelangen, weil der Name des Gewächses aus arabischen Sprachen stammt. In unseren Bibelübersetzungen taucht der Name Ysop häufig auf, doch haben sich hier Übertragungsfehler eingeschlichen: Die Ysop-Pflanze der Bibel ist nicht mit unserem Ysop identisch. Gemeint war wohl vielmehr der Syrische Ysop (Origanum syriacum), eine Pflanze, die im Mittelmeergebiet und im Orient noch heute als Gewürz verwendet wird. Mit der berühmtesten Bibelstelle, in der Ysop erwähnt wird, soll es noch eine andere Bewandtnis haben. In der Passionsgeschichte nach Johannes wird berichtet, daß dem gekreuzigten Jesus ein auf einen Ysopstengel gesteckter Essigschwamm zur Labung gereicht worden sei. Diese Geschichte gab im Mittelalter Anlaß zu Spekulationen über die Höhe des Kreuzes, das nicht sehr groß gewesen sein kann, wenn ein halbmeterlanger «Ysop» zum Heraufreichen des Essigschwammes ausreichte. Aber das kirchenlateinische «Hyssopo» entstand wohl durch einen Abschreibefehler aus «Hysso» (das bedeutet Spieß), und um eine solche lange Stange, die man im übrigen auf vielen Kreuzigungsdarstellungen sehen kann, handelt es sich dann wohl auch beim vermeintlichen «Ysop». Allerdings: Der Ysop hätte bei der Kreuzigung tatsächlich einen Sinn haben können, denn das Kraut des Syrischen Ysop wurde früher bei Kulthandlungen verwendet, um zu verhindern, daß Opferblut gerinnt ...

Die Erwähnungen in der Heiligen Schrift verhalfen dem Ysop, von dem man nicht weiß, ob er im antiken Rom überhaupt schon bekannt war, im frühen Mittelalter zu großer Popularität. Die Benediktiner zogen ihn in den Klostergärten, später wurde er als bäuerliche Gartenpflanze propagiert. Ysop galt im Mittelalter als geschätztes Heilkraut, zum Beispiel gegen Kopfweh und Lepra. In immer stärkerem Maße fand Ysop auch als Gewürzkraut Freunde. Das Kraut wird am besten im Hochsommer geerntet, ehe die Blüten sich öffnen. Man kann Ysop frisch verwenden oder trocknen. Ysop verleiht vielen Speisen eine leicht bittere Geschmacksnote. Das Gewürz taucht in vielen Rezepten für Suppen, Salate, Soßen, Gemüse, Fleischspeisen, Fisch, Rohkost, Kräuterbutter und -quark auf – also für beinahe alle salzigen Gerichte, die in unseren Küchen zubereitet werden. Während Ysop noch im letzten Jahrhundert eine sehr bekannte Heilpflanze war, liefert die Droge Herba Hyssopi heute nur noch ein Arzneimittel gegen Schweißausbrüche. Seine einstige Bedeutung in christlicher Vorstellung lebt volkstümlich noch immer weiter – einerseits durch die Verballhornung des Namens zu «Josefskraut», andererseits dadurch, daß die duftenden Zweiglein in Gebetbücher gelegt werden und Bestandteile der Riechsträußchen sind, die man zum Kirchgang mitnimmt. Gärtner schätzen den Ysop auch als Ziergewächs; sein üppiger, buschiger Wuchs läßt ihn im Garten als Pflanze für Beeteinfassungen und niedere Hecken prädestiniert erscheinen.

Zimt

Der Zimt ist eines der eigenartigsten Gewürze. Seine Lieferanten sind einige Gewächse der Pflanzengattung Cinnamomum aus der Familie der Lorbeergewächse (Lauraceae), vor allem der Ceylon- oder Echte Zimtbaum (Cinnamomum verum) und die Kassia oder der Chinesische Zimtbaum (Cinnamomum aromaticum). Beide Gewächse sind bis zu zehn Meter hohe tropische Bäume mit lorbeerähnlichen Blättern, die dicklich und lederig, länglich zugespitzt und ganzrandig sind, und winzigen Blüten, deren Duft von den einen als angenehm, von anderen als widerlich beschrieben wird – je nach Geschmack. Der Chinesische Zimtbaum ist im allgemeinen etwas größer als sein Vetter aus Ceylon, seine Blätter sind länger, sein würzender Geschmack ist gröber. Auf den Weltmärkten ist Ceylonzimt, der feine, exquisit schmeckende, am begehrtesten, und das seit vielen hundert Jahren. Doch was ist Zimt, was sind die Zimtstangen, die wir im Handel erhalten? Es handelt sich dabei um die getrockneten und eingerollten inneren Partien der Zweigrinde. In diesen Pflanzenteilen ist der für Zimt charakteristische Inhaltsstoff (Zimtaldehyd) enthalten, den man mittlerweile auch synthetisch herstellen kann. Die Gewinnung dieses eigentümlichen Gewürzes ist – wie man sich vorstellen kann – kompliziert. Zimt von guter Qualität läßt sich nur von Zweigen erhalten, die etwas mehr als Fingerdicke im Durchmesser haben. Die Rinde wird mit besonderen gebogenen Messern abgeschält; sie muß anschließend zerlegt werden. Nur die hauchdünne Schicht der inneren Pflanzenzellen enthält die begehrten Inhaltsstoffe, die äußere Zimtrinde schmeckt bitter und muß entfernt werden. Die getrocknete Innenrinde allein gelangt als Zimtstange in den Handel. Minderwertige Teile werden zu Zimtpulver vermahlen, das nicht die gleiche Qualität wie die Zimtstangen aufweisen muß.

Obwohl schwierig zu gewinnen, ist Zimt eines der ältesten Gewürze. Kassia wurde bereits zu Beginn des dritten vorchristlichen Jahrtausends in seiner chinesischen Heimat genutzt. In vorchristlicher Zeit wurde dieser Zimt über die Seiden- und Gewürzstraßen Innerasiens in den Nahen Osten exportiert. Vielleicht war Chinesischer Zimt schon in der Mitte des dritten Jahrtausends vor Christus im Zweistromland bekannt. Babylon wurde jedenfalls ein wichtiger Umschlagplatz für die fernöstliche Spezerei. Im Mittelmeerraum übernahmen die Phöniker den Fernhandel mit Zimt. Vor der Zeitenwende war die Kunde vom Ceylonzimt auch in den Nahen Osten gelangt. In der Bibel werden an mehreren Stellen sowohl der Ceylonzimt als auch der Kassiazimt genannt. Ob die Ägypter den Zimt ebenfalls kannten, ist umstritten. Überall im Orient war Zimt ein beliebtes Räuchermittel. Den Griechen und Römern waren beide Arten des Zimtes bekannt, unter anderem als Weingewürz. Die orientalischen Zwischenhändler ließen ihre Kunden über die Herkunft des begehrten Gewürzes im unklaren; vielleicht wußten sie selbst auch nicht, wo der Zimt wuchs und wie er gewonnen wurde. Auf diese Art und Weise kamen die wildesten Gerüchte über das Gewürz auf, so zum Beispiel die Mär, es gäbe in Arabien Vögel, die aus Zimtstangen ihre Nester bauten und die man töten müßte, um die Nester zerlegen zu können. Diesen mit leichten Abwandlungen von Autoritäten wie Herodot und Aristoteles aufgeschriebenen Geschichten wurde sehr lange Zeit Glauben geschenkt; man kann sie noch in Karl Friedrich Beckers «Weltgeschichte für Kinder und Kinderlehrer» von 1801 nachlesen. Doch war noch während der Antike bekannt geworden, woher der Zimt wirklich stammt. Die erste richtige Beschreibung davon gab Plinius (gestorben 79 nach Chr.). Er stellte klar, daß die Orientalen nur Zwischenhändler für Zimt waren. Dem Bericht ist zu entnehmen, daß abenteuerlustige asiatische Kaufleute sich alljährlich mit ihrer Gewürzladung von Indien aus nach Arabien übers Meer treiben ließen, auf steuer- und segellosen Flößen, allein den Meeresströmungen und den winterlichen Monsunwinden vertrauend. Plinius verschweigt nicht, daß die meisten dieser abenteuerlichen Seefahrten scheiterten und viele Kaufleute zu Tode kamen. Trotzdem blieb diese Form des Seehandels bis ins Mittelalter hinein bestehen; die Kaufleute, die die Seefahrt überlebten, hatten an den Zimtstangen eine «Stange Geld» verdient! Die Römer nannten den Ceylonzimt «canella», was einfach «Röhrchen» bedeutet (sprachlich verwandt ist dies mit «Canelloni», dem Namen einer italienischen Nudelsorte). Aus canella entwickelte sich später das Wort Kaneel, das in Deutschland, vor allem im Norden, als Synonym für den Ceylonzimt bekannt ist.

Die ersten Europäer, die die Zimtwälder auf Ceylon sahen, lebten im Mittelalter. Sie gaben Beschreibungen über die Art und Weise der Zimtkultur. Der Zimthandel gelangte in die Hände verschiedener europäischer Seefahrernationen, so der Holländer, die durch ähnliche Maßnahmen wie bei Muskat und Nelken die Preise für den Zimt künstlich hoch hielten. In Mitteleuropa war Zimt damals eine bekannte luxuriöse Spezerei, die auch als Medikament begehrt war, zum Beispiel gegen Lebererkrankungen und Angina pectoris. Die berühmten Fugger aus Augsburg handelten mit Zimt über Land. Von Jakob Fugger wird erzählt, daß er einen auf Kaiser Karl V. ausgestellten Schuldschein vor dessen Augen in einem Feuer aus Zimtstangen verbrannte und seinem Herrn auf diese Weise klarmachte, daß er ihm die Rückzahlung der Schulden erließ.

Als Gewürzregister fand der Zimt schon im Mittelalter einen schier unzertrennlichen Partner: den Zucker. Zimt und Zucker, Zucker und Zimt – diese Kombination, die einem als Alliteration leicht über die Zunge, als Alimentation durch den Gaumen geht, wurde bereits in der Zimmerschen Chronik aus dem 16. Jahrhundert erwähnt. Zimt und Zucker gehören gemeinsam an Kompott und Milchspeisen (zum Beispiel den Milchreis) und an Hirsebrei, an Gebäck wie die berühmten weihnachtlichen Zimtsterne, Zimtwaffeln und Zimtbrote. Großabnehmer für Zimt sind Getränkehersteller, denn Zimt ist als Gewürz sowohl in Coca-Cola als auch in Vermouth enthalten. Man kann aber auch im Privathaushalt nach Belieben Zimtstangen in Getränke und Kompott geben – das Zimtöl wird von der Flüssigkeit aus den Stangen gelöst; vor dem Essen oder Trinken legt man dann die Zimtstangen beiseite, denn essen kann man sie nicht. In Europa ist Zimt bei den Engländern, bei den ehemaligen Kolonialherren Ceylons, besonders beliebt. In der asiatischen Küche trifft man auf weitere Verwendungsmöglichkeiten des Zimtes: Kaneel und Kassia sind dort wichtige Fleischgewürze.

Seit rund zweihundert Jahren wird Ceylonzimt im heutigen Sri Lanka in Plantagen angebaut. Merkwürdigerweise gedeiht der kostbare Baum fast ausschließlich auf der südindischen Insel und praktisch nirgends sonst auf der Welt. Man kann Kaneel zweimal pro Jahr ernten, nach den Regenzeiten im Frühjahr und im Herbst.

Zimt wird noch heute in der Medizin verwendet; Cortex Cinnamomi wird gegen Magenerkrankungen verordnet. In den Apotheken trifft man auch auf eine Droge namens Kassia, womit allerdings kein Zimt, sondern die Sennes-Blätter (Cassia angustifolia) aus der Familie der Caesalpiniaceae bezeichnet werden.

Zimt, weisser

Der Weiße Zimt (Canella alba) wird von einem bis zu etwa fünfzehn Meter hohen Baum aus der Familie der Canellaceae geliefert. Die helle Rinde des Baumes, der in Florida, auf den Antillen und auf den Bahamas beheimatet ist, ist Amerikas Zimt und wird in den Küchen der Neuen Welt häufig verwendet. Über den Atlantik gelangte Cortex Canellae albae nur selten. Früher wurde die Droge zum Beispiel als Magenarznei in den hiesigen Apotheken geführt. Mit Weißem Zimt aromatisiert man unter anderem Liköre.

Zitrone ✕

Die Zitrone, Lemone oder Limone (Citrus limon) und die Zitronatzitrone oder Zedratzitrone (Citrus medica) stammen von nahe miteinander verwandten Pflanzen aus der Familie der Rautengewächse (Rutaceae). Die Bäumchen, an denen die Früchte heranreifen, sind nicht sehr hoch; man müßte

Zitronenbäume wohl eher Sträucher nennen. Die Äste sind dornig, die Blätter lederig. Die Pflanzen sind nicht nur immergrün, sie tragen auch zu jeder Jahreszeit die kleinen weißen, angenehm duftenden Blüten, die unreifen grünen und die reifen gelben Früchte. Die Früchte der Zitronen und die der Zedratzitronen kann man gut unterscheiden: Zitronen sind, wie man weiß, zitronengelb und an beiden «Polen» zugespitzt, Zedratzitronen sind länglich und grün.

Beide Pflanzen könnten von der gleichen Wildpflanze abstammen, doch ist dies nicht gesichert. Die Wildformen von Zitronen und Zedratzitronen sind nämlich nicht bekannt. Man nimmt an, daß sie aus Hinterindien stammen. Die Zedratzitrone wanderte viele Jahrhunderte vor der Zitrone gen Westen. Man hatte sie bis zur Mitte des ersten vorchristlichen Jahrtausends in China, in Indien, in Persien, vielleicht auch in Palästina und Ägypten bekannt gemacht. Zedratzitronen sollen in den Hängenden Gärten von Babylon gewachsen sein. Auf den Feldzügen Alexanders des Großen sahen die Griechen erstmals die «Medischen Äpfel». Sie wurden für die Früchte von Zedern oder nahen Verwandten gehalten (daher die Namen Zedrate, Zedratzitrone und Zitrone). Die Früchte waren in der antiken Heilkunde und als Mottenschutzmittel für den Wäscheschrank sehr begehrt. Man sagte ihnen nach, sie seien ein wirksames Mittel gegen Krankheiten, Ungeziefer und sogar wilde Tiere. Daran ist mehr als ein Körnchen Wahrheit, denn zum einen enthalten alle Arten von Citrusfrüchten sehr hohe Vitaminmengen, vor allem Vitamin C, zum anderen wirken die Inhaltsstoffe fäulnishemmend. In Rom galt es als vornehm, Medische Äpfel als exotische Zierpflanzen im Garten zu ziehen. Anfangs fiel es den Römern nicht leicht, die Bäumchen zu halten. Zunächst wurden kleine Pflanzen aus dem Orient bezogen, die dann nur ein paar Jahre im Blumenkübel in Italien standen, dann wieder eingingen und ersetzt werden mußten. Erst später gelang es, auch in Italien Zedraten aus Samen zu ziehen, sie zum Blühen und Fruchten zu bringen. Dies ist nämlich nur dann möglich, wenn man die Pflanzen besonders sorgfältig vor der Kälte schützt. Als Nahrung oder Gewürz wurden die Zedraten, so weit wir wissen, in Rom nicht genutzt. Der Saft der Zedraten ist auch tatsächlich ungenießbar, wohingegen ihre Schalen in kandierter Form heute ein bekanntes Gewürz sind: das Zitronat. Diese Würze gelangte im späten Mittelalter aus Italien zunächst in die großen Städte Süddeutschlands. Der Nürnberger Albrecht Dürer dürfte als erster Mitteleuropäer das Gewürz erwähnt haben – in seinem Tagebuch von 1520/21. Heute ist Zitronat, auch Succade genannt, unentbehrlich für die Weihnachtsbäckerei – Christstollen und Früchtebrot sind ohne Zitronat nicht vorstellbar. Das Gewürz wird auch für Geflügelfüllungen empfohlen.

Viel später kam die Zitrone in unseren Kulturkreis. Um das 10. Jahrhundert brachten die Araber die Frucht ins gesamte Mittelmeergebiet, wo sie ihren Anbau propagierten – im Nahen Osten, auf Sizilien und in Spanien. Die Limonade, das aus Zitronen oder Limonen bereitete Erfrischungsgetränk, erfreute sich bei den Muselmanen, die keinen Alkohol trinken durften, großer Beliebtheit. Im Sommer war es damals sehr schwierig, ein durstlöschendes Getränk zu finden: Wasser schmeckte schal oder war verdorben. Gab man ein wenig Zitronensaft dazu, wurde es wieder frisch, und die antibakteriell wirkenden Inhaltsstoffe der Frucht hatten bis zu einem gewissen Grade das Wasser desinfiziert. Diese antibakterielle Wirkung geht zum großen Teil auf den starken Säuregehalt der Früchte zurück – die Säure nennt man nach den Früchten Zitronensäure.

Während des Mittelalters lernten auch die Italiener, Limonade zu bereiten. Die Zitronen wurden nördlich der Alpen auf einmal allgemein bekannt: Um das Jahr 1500 werden sie mehrfach in der Literatur erwähnt, seit dieser Zeit oft auf niederländischen Stilleben abgebildet. Um die Mitte des 17. Jahrhunderts kam in Paris das Limonadetrinken in Mode; dies wurde als gesellschaftliches Ereignis später durch Kaffee- und Teetrinken abgelöst. Ungefähr seit damals kennt man Kochvorschriften, die Zitronenschalen als Gewürz empfehlen. Heute gibt man es unter anderem zu Zitronenkuchen, Soßen, Suppen, Fleisch und Geflügel. Zitronensaft kann man statt Essig zum Anmachen von Salat verwenden. Oft findet man eine Zitronenscheibe als Gewürz an Erfrischungsgetränken wie Bier und Mineralwasser, was sicher ein Relikt mittelalterlicher Serviervorschriften ist, als es tatsächlich notwendig war, das Getränk durch Zugabe von Zitrone zu erfrischen, damit es seinerseits auch erfrischte! Noch nicht alt ist die Sitte, Zitronensaft in Tee zu träufeln. Rainer Maria Rilke lernte dies in Rußland kennen.

Zitronen gehören heute zu den allerwichtigsten Südfrüchten, zugleich sind sie geradezu ein Symbol für südliche Gefilde, was etwa in der schwärmerischen Frage der Mignon in Goethes Wilhelm Meister zum Ausdruck kommt: «Kennst du das Land, wo die Zitronen blühn?» Heute blühen die Zitronen nicht nur überall am Mittelmeer, sondern auch in den klimatisch ähnlichen Gebieten des südlichen Nordamerika, in Kalifornien und Florida. Es passiert immer wieder einmal, daß ganze Plantagen erfrieren, weswegen man am Mittelmeer nie besonders alte Bäume findet.

Zitronengras

Das Zitronengras oder Malabargras (Cymbopogon flexuosus) ist ein Mitglied der Gräserfamilie (Poaceae oder Gramineae). Die ausdauernde Pflanze hat Rispen als Blütenstände und scharfkantige, an der Basis zwiebelähnlich verdickte Halme, in denen ätherische Öle enthalten sind. Deren Hauptbestandteile sind Citral und Geraniol, die sich zu zitronenähnlichem Duft und Geschmack vereinen.

Das Gras wächst wild in den Tropen Südostasiens. Dort nimmt man vor allem die untersten zehn Zentimeter der Stengel, die das meiste duftende Öl enthalten, als Gewürz zu Fleisch- und Fischgerichten. Man kann Zitronengras gut trocknen. Das Gewürz ist in indonesischen Gewürzpasten enthalten, die man auch bei uns kaufen kann. Das Gewürz allein in einem Laden bei uns zu bekommen, wird kaum gelingen – in der europäischen Küche hat Zitronengras nie eine Rolle gespielt. Einige nahe Verwandte des Zitronengrases lassen sich ebenfalls in der Küche verwenden, doch hat jedes Gras der Gattung Cymbopogon seinen eigenen, charakteristischen Geschmack.

ZITRONENMELISSE

Die Zitronenmelisse (Melissa officinalis), auch kurz Melisse genannt, ist eine Staude aus der Familie der Lippenblütler (Lamiaceae oder Labiatae). Meist bleibt das Gewächs recht klein, wächst aber stets üppig, und manchmal wird es auch über einen Meter hoch. Wie üblich bei den Lippenblütlern ist der Stengel vierkantig, die Blätter stehen zu zweit einander gegenüber, sie sind gestielt, eiförmig, am Rande gekerbt. Die hochsommerlichen kleinen Lippenblüten sind weiß mit einem Stich ins Bläuliche, Rötliche oder Gelbliche. Die Pflanze ist fein flaumig behaart und duftet intensiv nach Zitronen; besonders angenehm ist der Geruch junger Pflanzen. Ältere Pflanzen können einen abstoßenden, zu intensiven Geruch annehmen. Hervorgerufen wird der Duft von einem hohen Gehalt an ätherischen Ölen.

Zitronenmelisse stammt vermutlich aus dem östlichen Mittelmeergebiet. Sie ist schon so lange in Kultur, daß man ihr Herkunftsland nicht genauer lokalisieren kann. Im Altertum schätzte man sie vor allem als Bienenweide, was der Pflanze ihren Namen eintrug (Melitta oder Melissa heißt auf Griechisch Biene). In der Heilkunde kannte man damals die beruhigende und krampflösende Wirkung des Krautes. Während der Antike und im Mittelalter verordnete man Folia Melissae mit Erfolg bei vielen Erkrankungen, die alle auf Verkrampfungen zurückgehen. Es ist möglich, aber nicht gesichert, daß die Römer die Pflanze ins Gebiet nördlich der Alpen brachten. Dorthin kam Zitronenmelisse spätestens im Mittelalter, als die Benediktiner und Karmeliter sie in den Klostergärten zogen. Zur gleichen Zeit setzten sich die Araber für einen Anbau des Krautes in Spanien ein. In Mitteleuropa war ein Anbau der Zitronenmelisse anfangs problematisch, weil die Pflanze nicht winterhart war. Doch haben sich mit der Zeit immer mehr

Pflanzen an die Kälte angepaßt – heute kann Zitronenmelisse namentlich in den milden Gebieten Mitteleuropas ein lästiges Gartenunkraut werden.

In der Neuzeit wurde das aus Zitronenmelisse hergestellte Allheilmittel fast bekannter als die Pflanze selbst: Klosterfrau Melissengeist. Die Nachfrage nach dem Beruhigungsmittel ist so groß, daß man längst nicht mehr nur das teure Melissenöl in die Flaschen füllt. Man gibt statt dessen zitronenähnlich duftende pflanzliche Stoffe in Weingeist; das ganze wird über Melissenblätter destilliert. Melisse ist in einer typisch deutschen, reichhaltig gewürzten Speise eine notwendige Zutat: in der Hamburger Aalsuppe. Ansonsten kann man die Blätter zu sehr vielen Speisen als Gewürz geben, die man auch mit Zitronensaft oder -schale würzen könnte – außer zu Gebäck, in dem die Blätter wegen ihrer grünen Farbe fehl am Platze sind.

Das seit dem Mittelalter in den Bauerngärten kultivierte Kraut wird seit 1836 planmäßig gezüchtet. In der Mitte des 19. Jahrhunderts bestand ein Anbauzentrum im schwäbischen Hegnach bei Waiblingen, von wo aus Hausierer weit ausschwärmten, um landauf, landab Melisse zu verkaufen. Später lag der Anbauschwerpunkt in Thüringen. Heute findet sich Melisse in fast jedem Kräutergarten und sogar in Blumentöpfen. Man erntet die hochwertigsten Blätter von jungen, noch nicht blühenden Pflanzen. Melisse sollte möglichst frisch verwendet werden, weil sich ihr Duft recht rasch verflüchtigt. Aber man kann die Blätter auch für eine gewisse Zeit getrocknet aufbewahren, um sie zu jeder Jahreszeit als Salatkraut zur Verfügung zu haben.

Zitronenstrauch

Der Zitronenstrauch (Lippia triphylla) ist in der Familie der Eisenkrautgewächse (Verbenaceae) zu finden. Die Pflanze wird fast mannshoch. Ihre länglichen, ganzrandigen Blätter duften stark nach Zitrone und haben auch ähnliche Inhaltsstoffe wie die Frucht. Die spätsommerlichen Blütenrispen sind weiß oder lila. Der Strauch stammt aus dem südlichen Südamerika und wird seit 1781 kultiviert, doch ist er heute schon wieder fast vergessen. Die Blätter kann man anstelle von Zitronensaft oder Zitronengras zu Fruchtsalaten oder sommerlichen Erfrischungsgetränken geben – kleine Dosen reichen stets. Die Pflanze liefert auch einen Badezusatz und einen Beruhigungstee.

ZITRONENTHYMIAN

Der Zitronenthymian (Thymus × citriodorus), ein Lippenblütler (Lamiaceae oder Labiatae), ist aus einer Kreuzung zweier Thymianarten, Thymus pulegioides und Thymus vulgaris, hervorgegangen. Die im Spätsommer geöffneten, dunkelrosa gefärbten Blüten sind eine gute Bienenweide. Den Blättern entsteigt ein köstlicher Zitronenduft. Der milde Geschmack zeichnet das Kraut gegenüber einem seiner Eltern, dem Gartenthymian, aus. Man baut die Pflanze gerne im Garten an und würzt mit den Blättern beispielsweise Fruchtsalate. Ansonsten ist Zitronenthymian in Fleischspeisen und Duftkissen eine gefällige Alternative zu gewöhnlichem Thymian.

ZUCKER ×

Der Zucker ist weniger ein Gewürz als ein pflanzlicher Rohstoff. Er stammt theoretisch nicht von einer bestimmten Pflanze, sondern wird von jedem Gewächs gebildet. Zucker ist in allen Organismen enthalten. Es gibt viele Arten von Zucker. Im üblichen Sprachgebrauch nennt man die süß schmeckenden Kohlehydrate Zucker, die von verhältnismäßig kleinen Molekülen aufgebaut werden und sich in Wasser gut lösen. Aus den Zucker-Bausteinen können sich große Moleküle bilden, zum Beispiel Stärke. Für die Pflanzen sind die Zucker (z. B. Fructose oder Fruchtzucker, Saccharose oder Rohrzucker, Maltose oder Malzzucker) bedeutende Reserve- und Aufbaustoffe, die aus enzymatisch gespaltener Stärke entstehen und aus denen wieder Stärke werden kann. Alle Gewächse mit rübenförmigen Wurzeln speichern vor allem während der Jahreszeit Zucker unter der Erde, in der der Frost ein oberirdisches Dasein unmöglich macht.

Der Mensch wußte lange nicht, wie er sich die Zuckerpflanzen zunutze machen könnte; ernährungsphysiologisch ist der Verzehr von Zucker nicht notwendig, denn man kann Kohlehydrate genausogut in Form von Stärke zu sich nehmen, die zum Beispiel in Getreide und Kartoffeln reichlich vorhanden ist. Aber natürlich reizte der Geschmack von Zucker den Menschen zu jeder Zeit. Jahrtausendelang süßte man Speisen mit Honig. In Rezepten für Honigkuchen und ähnliches Naschwerk hat sich die Zuckerquelle aus den Bienenwaben bis auf den heutigen Tag erhalten. Das Streben nach dem Versüßen der Speisen, im übertragenen Sinne auch nach dem Versüßen des Lebens, war so stark, daß der Honig als einziger Süßigkeitslieferant nicht ausreichte. Das Zeidler- oder Imkerhandwerk hatte in der Umgebung der deutschen Zuckerbäckerstadt, Nürnberg, im Mittelalter einen gewaltigen Aufschwung genommen. Andere Zuckerquellen kamen erst relativ spät in das Bewußtsein der Europäer. Doch hatten schon die Griechen auf den asiatischen Feldzügen Alexanders des Großen eine Zuckerpflanze kennengelernt, die aus Südostasien stammt und damals bereits in Indien angebaut wurde: das Zuckerrohr (Saccharum officinarum) aus der Familie der Gräser (Poaceae oder Gramineae). Das schilfähnliche, stattliche Gewächs hat besonders in seinen unteren Stengelpartien einen hohen Zuckergehalt, was Indern und Chinesen schon längst vor Christi Geburt bekannt war. Zucker galt im abendländischen Altertum als entlegene exotische Rarität. Einen größeren Bekanntheitsgrad erlangte der Rohrzucker erst, als die Araber während des frühen Mittelalters den Zuckerrohranbau im ganzen Mittelmeergebiet verbreiteten. Der Weg des Zuckers ist gut daran zu erkennen, wie sein Name von Volk zu Volk gegeben wurde: Aus dem indischen «schakara» wurde das Persische «schakar», daraus einerseits das «saccharon» der Griechen und der heutige wissenschaftliche Begriff «Saccharose», andererseits das «sukkar» im Arabischen und das «zucchero» der Italiener. Die Deutschen lernten das Produkt in Venedig kennen und nannten es «Zucker» – ähnlich heißt es bei anderen europäischen Völkern. Zuckerrohr ist eine kälteempfindliche Pflanze, die man in unseren Breiten nicht anpflanzen kann. Zucker mußte importiert werden und war daher das ganze Mittelalter hindurch ein teures Luxusgut, das es beim Apotheker zu kaufen gab. Columbus brachte Zuckerrohr auf den von ihm entdeckten Erdteil, wo er zum Begründer eines weltwirtschaftlich ungeheuer bedeutenden Zuckerrohranbaus wurde. Amerikanisches Zuckerrohr, mit Hilfe von afrikanischen Negersklaven erzeugt, war bald billiger auf dem Weltmarkt als das Zuckerrohr aus der Alten Welt. Dort entstand aber immer mehr das Bedürfnis, für die im Barockzeitalter aufgekommenen Luxusprodukte Kaffee, Tee, Limonade, Schokolade, Plätzchen und Pralinen auch eine mitteleuropäische Zuckerquelle zu haben.

Da entdeckte im Jahre 1747 der Berliner Chemiker Andreas Sigismund Marggraf den hohen Zuckergehalt von Runkelrüben. In den folgenden Jahrzehnten versuchte man ständig, durch Züchtung den Zuckergehalt der Wurzeln, der unterirdischen Speicherorgane, zu erhöhen. Als zu Beginn des 19. Jahrhunderts Napoleons Kontinentalsperre verhinderte, daß Rohrzucker per Schiff aus Übersee nach Mitteleuropa gebracht werden konnte, begann der Siegeszug der Zuckerrübe (Beta vulgaris ssp. vulgaris var. altissima), eines Gänsefußgewächses (Chenopodiaceae). In den knapp zwei Jahrhunderten ihrer Anbaugeschichte konnte ihr Zuckergehalt von ursprünglich 6% etwa verdreifacht werden. Rübenzucker und Rohrzucker sind chemisch und geschmacklich nicht zu unterscheiden. Zuckerrüben erwiesen sich rasch als billige Zuckerquelle, die man in Deutschland und anderen Ländern auf den besten Böden anbaut. Wer im Oktober mit der Eisenbahn verreist, weiß, wo man Zuckerrüben anbaut: Zu dieser Jahreszeit, wenn die Rübe höchste Zuckergehalte aufweist und die «Kampagne» im Gang ist, sind derart viele mit Zuckerrüben beladene Güterzüge auf den Gleisen, daß der Eisenbahnfahrplan in Unordnung gerät.

So geschieht es immer wieder in Süd-Niedersachsen, in den Börden Nordrhein-Westfalens, am Oberrhein, in Schwaben, Franken und Niederbayern. Die großen Zuckerfabriken sind das Endziel der langen Güterzüge: Uelzen, Northeim, Heilbronn, Waghäusel und Ochsenfurt – um nur ein paar zu nennen. Eine Faustregel besagt, daß acht Rüben ein Kilogramm Zucker ergeben. Aber bis man den Weißen Zucker vom Brett des Supermarktes nehmen kann, sind komplizierte Aufbereitungsvorgänge des Zerkleinerns und Auspressens der Rüben und der Raffinierung, des Lösens und Kristallisierens abgelaufen – dies alles geschieht in der Zuckerfabrik.

Zucker ist seit dem 19. Jahrhundert kein Luxusprodukt mehr. Das änderte unsere Ernährungsgewohnheiten entscheidend – und nicht nur zum Besseren. Zuckerprodukte bestimmen seit Jahrzehnten unsere Eßkultur: die «Kluntjes» (Kandiszucker) für den echten ostfriesischen Tee, das weihnachtliche «Zuckerzeug», Zuckerkringel, Süßigkeiten, Schokolade, Limonade und andere Erfrischungsgetränke – alles ist ohne Zucker nicht zu denken, so meint man. Dem, der auf Entdeckungsreise nach neuen Geschmacksnoten gehen will, muß man heute eher empfehlen, Salat, Kompott, Saft, Kuchen und anderes einmal ohne Zucker zu probieren, vor allem ohne Rohr- und Rübenzucker, so, wie es die an Diabetes leidenden Menschen ohnehin tun müssen. Man muß sich darüber im klaren sein, daß Rohrzucker viele köstliche Geschmacksnoten einfach zudeckt, anstatt ihnen zu größerer Wirkung zu verhelfen.

Zuckerwurz

Die Zuckerwurz oder Zuckerwurzel (Sium sisaron) ist ein ausdauerndes Doldenblütlergewächs (Apiaceae oder Umbelliferae). Es wird rund einen halben Meter hoch, hat gefiederte Blätter und im Hochsommer weiße Blütendolden. Besonders merkwürdig sind die Büschel verdickter Wurzeln, die man in ähnlicher Ausprägung bei den Dahlien findet. In ihnen werden über Winter Nähr- und Aufbaustoffe aus den oberirdisch abfrierenden Pflanzenteilen zwischengelagert. Die Speicherstoffe sind vor allem Zucker, weswegen sich die Pflanze als Zuckerlieferant eignet. Die Wurzeln haben nicht nur einen süßen, sondern auch einen würzigen Geschmack. Man kann sie als Gemüse zubereiten und als Gewürz verwenden.

Die Pflanze ist wahrscheinlich in Osteuropa und Westasien zu Hause. Wer sie zuerst nutzte, wissen wir nicht. Die Römer kannten zwar eine Pflanze siser oder sisaron, doch ist damit sicher nicht die Zuckerwurz gemeint. Vielmehr scheint das Kraut erst ausgangs des Mittelalters in heimische Bauerngärten und Küchen gelangt zu sein. Besonders im 18. Jahrhundert wurde es viel angebaut und gegessen; es wurde wie Schwarzwurzeln zubereitet. Seitdem geriet die Zuckerwurz mehr und mehr in Vergessenheit.

Zwiebel

Die Zwiebel, genauer: die Küchen- oder Sommerzwiebel (Allium cepa), ist ein Liliengewächs (Liliaceae). Die ausdauernde Pflanze ist in ihrem Erscheinungsbild sehr variabel. Manchmal wird sie nur halbmeterhoch, dann wieder über einen Meter groß. Dem Stengel entspringen in Bodennähe einige grasähnliche Blätter, an seiner Spitze steht ein doldenähnlicher Blütenstand grünlichweißer, sechszähliger Blumen. Oberhalb der Mitte ist der Stengel ein wenig blasig aufgetrieben. Zwischen den Blüten können Brutzwiebeln zu finden sein. Die Pflanze blüht im Sommer. Noch nicht die Rede war nun von der Zwiebel, die dem ganzen Gewächs seinen Namen gab: Botanisch gesehen ist eine Zwiebel ein Speicherorgan, in dem Stoffe aus den im Herbst absterbenden oberirdischen Pflanzenteilen im Winter kältesicher aufbewahrt werden. Im ersten Jahr nach der Aussaat von Küchenzwiebeln sind die Pflanzen noch klein, und auch die Zwiebel ist im Herbst nicht groß. Diese sogenannten Steckzwiebeln kann man beim Gärtner kaufen, um sie im Hausgarten zu «mästen»; nach einem weiteren Sommer, in dem die Pflanzen blühten und gediehen, sind die Zwiebeln dick und groß, bestens geeignet für eine Verwendung in der Küche. Zwiebeln enthalten neben zahlreichen Nährstoffen und Spurenelementen (viel Vitamin C) schwefelhaltige ätherische Öle, die für ihren Geschmack verantwortlich sind. Doch der Geschmack ist von Zwiebel zu Zwiebel nie identisch; es gibt viele Sorten, die sich nach Größe, Gewicht und – was das Entscheidende ist – eben nach dem Geschmack unterscheiden.

Die ursprüngliche Heimat der Pflanze liegt wohl in Zentralasien. Wildformen von ihr hat man nicht gefunden. Schon zwei oder drei Jahrtausende vor Christi Geburt war die Küchenzwiebel zuerst in China, dann in Indien und im Zweistromland bekannt. Großer Beliebtheit erfreute sie sich in Ägypten, wo – biblisch bezeugt – die Israeliten sie schätzen lernten. Allerdings beweisen archäologische Funde, daß damals die Zwiebel auch im Heiligen Lande schon längst bekannt gewesen sein muß. Die Griechen und Römer beschrieben das Gewächs genau. Wir wissen, daß es auch schon in der Antike zahlreiche Zwiebelsorten gegeben hat. Folgt man dem im 4. vorchristlichen Jahrhundert lebenden Kräuterkundigen Theophrast, so hatte fast jede Gegend des alten Hellas ihre eigene Zwiebelsorte. Zwiebeln wurden von fliegenden Händlern auf den Straßen verkauft. Die Römer bauten Zwiebeln in den Gärten an. In römischen Kochrezepten taucht die Küchenzwiebel häufig auf. Die Römer und später im Mittelalter die Italiener verbreiteten die Pflanzen weiter. In Mitteleuropa sind sie seit dem Beginn des Mittelalters bekannt. Sie werden in sehr vielen Varietäten angebaut und in den Küchen verwendet.

Man schätzt vor allem ihre würzende Kraft, doch sind Zwiebeln nicht unbedingt ein typisches Gewürz. Man kann sie auch als Gemüse betrachten; für sie ist eine Art Zwischenstellung zwischen Gemüse und Gewürz charakteristisch. Immerhin werden Zwiebeln bei uns so viel verwendet, daß sie das am meisten verzehrte Gemüse sind: 13 Pfund Zwiebeln ißt der durchschnittliche Bundesbürger pro Jahr. Er gibt sie an Bratensoßen, die ohne Zwiebeln kaum denkbar sind, Zwiebeln würzen Gemüse, Salate, Brot, den Zwiebelkuchen, den man in Süddeutschland zum Neuen Wein im Spätsommer vorgesetzt bekommt, viele Suppen, namentlich die berühmte französische Zwiebelsuppe.

Die Pflanze kann jedermann im Garten ziehen. Am besten sollen die am Benediktstag (21. März) gesetzten Zwiebeln gedeihen: «Sankt Benedikt macht Zwiebeln dick.» Zu stark düngen darf man Zwiebeln nicht – das vertragen sie nicht. Man kann sie natürlich auch überall kaufen, vor allem in braunschaligen Varietäten, die in großen Mengen importiert werden. Holland ist ein wichtiger Lieferant nicht nur für Tulpenzwiebeln, sondern auch für Küchenzwiebeln. Für bequeme Köche gibt es fertige Zwiebelflocken, Zwiebelpulver und Zwiebelsalz. Die Verwendung der industriellen Fertigprodukte bringt den Vorteil mit sich, daß man sich so manche Träne erspart: Beim Zwiebelschneiden werden nämlich – je nach Sorte mehr oder weniger – die Augen gereizt.

Auf die Verbindung zwischen Zwiebeln und Tränen nehmen viele Redensarten Bezug, so auch die Dichterworte Goethes («O, mir sind auch gar oft die Augen übergegangen, und täglich ist mirs noch, als röch ich Zwiebeln») und Schillers («Auf das Unrecht, da folgt das Übel, Wie die Thrän auf den herben Zwiebel»). Die Phantasie der Menschen wurde ansonsten von den zahlreichen Häuten der Zwiebeln angeregt. «Zwiebel» soll die Antwort sein, wenn im Mecklenburgischen Rätsel nach dem «lütten Racker» in den «nägen Hüd» (neun Häuten) gefragt wird oder in Siebenbürgen nach dem Fräulein mit den sieben Häuten; in einem rheinpfälzischen Rätsel geht es um jemanden im Keller, der hundert Schlafhauben trägt, und in Brandenburg kennt man statt dessen das Mütterchen mit den hundert Tüchern. In der Wiener Gegend legt man, bevor man zur Christmette geht, zwölf Zwiebelschalen auf den Tisch – für jeden Monat eine. Nun wird Salz auf die Schalen gestreut; beides bleibt während der Mette liegen. Bei der Rückkehr kann man gespannt sein: Jede nasse Schale deutet auf einen verregneten, jede trockene auf einen dürren Monat im kommenden Jahr. Die Zwiebel war volkstümlich nicht nur als Rätsel- und Orakelpflanze bekannt; ihrer vielen wertvollen Inhaltsstoffe wegen nahm man sie auch gerne als Medizinalkraut gegen Krankheiten, beispielsweise Blähungen, Haarausfall und Hautkrebs. Mit den Schalen färbte man Ostereier hellbraun.

Die Küchenzwiebel ist nicht völlig winterfest. Beständiger gegen den Frost ist ihre nahe Verwandte, die Winterzwiebel (Allium fistulosum), ein besonders stattliches Gewächs mit länglichen Zwiebeln, das ebenfalls aus Zentralasien stammt und heute auch hierzulande angebaut wird. Andere nahe Verwandte der Küchenzwiebel sind die kleinzwieblige, scharfe Schalotte (Allium ascalonicum) und die kleine, milde Perlzwiebel (Allium sativum ssp. ophioscorodon), die man gerne als würzende und wohlschmeckende Zutat zu Mixed Pickles gibt.

ZYPERGRAS

Das Zypergras (Cyperus esculentus) ist ein Sauergras (Cyperaceae), also ein naher Verwandter unserer Seggen, mit dreizeilig angeordneten Blättern und grasartigen Blütenähren. Charakteristisch sind die Knollen an der Basis der Stengel, die sowohl die Größe als auch etwa den Geschmack von Mandeln und Haselnüssen haben. Man kennt das eßbare Gewächs daher auch unter dem Namen Erdmandel. Die Knollen enthalten viel Stärke und fettes Öl; des guten Geschmacks wegen wurde die Erdmandel schon frühzeitig in ihrer orientalischen und mittelmeerischen Heimat als Gewürz verwendet, vielleicht schon in der Jungsteinzeit. Die Römer gaben Erdmandelextrakt zum Beispiel in ihr (Oliven-)Öl, wie Rezepte verraten. Zypergras wurde auch nördlich der Alpen angebaut; die Knollen wurden als Kaffeesurrogat geröstet. Heute wird das Gewächs kaum noch angebaut und verwendet.

Auswahlbibliographie

Aaström, Paul und Hakon Hjelmqvist, Grain Impressions from Cyprus und Crete. Opuscula Atheniensia X:2, 1971, 9–14.

Aichele, Dietmar, Was blüht denn da? Stuttgart ^{35}1973.

Amsler, Paul, Der mittelalterliche Heil- und Gewürzkräutergarten im Museum zu Allerheiligen. Wegleitungen durch die Schaffhauser Museen 1, 1938.

Bakels, C.C., Een Sittardse beerput en mestvaalt, plantenresten uit het laat-middeleeuwse gasthuis «aan de bruggen bij de markt». Archeologie in Limburg 9, 1980, 2–3.

Bakels, C.C., Der Mohn, die Linearbandkeramik und das westliche Mittelmeergebiet. Archäologisches Korrespondenzblatt 12, 1982, 11–13.

Baudais-Lundstrom, Karen, Plant remains from a Swiss neolithic lakeshore site: Brise-Lames, Auvernier. Berichte der Deutschen Botanischen Gesellschaft 91, 1978, 67–83.

Baumann, Hellmut, Die griechische Pflanzenwelt in Mythos, Kunst und Literatur. München 1982.

Behling, Lottlisa, Die Pflanzenwelt der mittelalterlichen Kathedralen. Köln, Graz 1964.

Behling, Lottlisa, Die Pflanze in der mittelalterlichen Tafelmalerei. Köln, Graz ^{2}1967.

Behre, K.-E., Die Pflanzenreste aus der frühgeschichtlichen Wurt Elisenhof. Studien zur Küstenarchäologie Schleswig-Holsteins A 2, 1976.

Behre, Karl-Ernst, Ernährung und Umwelt der wikingerzeitlichen Siedlung Haithabu. Die Ausgrabungen in Haithabu 8, 1983.

Behre, Karl-Ernst, Zur Geschichte der Bierwürzen nach Fruchtfunden und schriftlichen Quellen. In: W. van Zeist und W.A. Casparie, Plants and Ancient Man. Rotterdam, Boston 1984, 115–122.

Bernus, Alexander von, Alt-Kräuterbüchlein. Frankfurt 1980.

Bertsch, Karl, Die Pflanzenreste der Pfahlbauten von Sipplingen und Langenrain im Bodensee. Badische Fundberichte II, 9, 1932, 305 ff.

Bertsch, Karl und Franz, Geschichte unserer Kulturpflanzen. Stuttgart 1947.

Bollinger, T. und S. Jacomet-Engel, Resultate der Samen- und Holzanalysen aus den Cortaillodschichten. Die neolithischen Ufersiedlungen von Twann 14, 1981, 35–68.

Boxer, Arabella und Philippa Bach, Das Mosaik Kräuterbuch. München 1982.

Braun, Hans, Arzneipflanzen-Lexikon. Stuttgart 1979.

Casteletti, Lanfredo, Legni carbonizzati e altri resti vegetali macroscopici. Scavi di Luni 2, 1977, 736–742.

Chardenon, Ludo, Vom Lob der Kräuter. Freiburg 1982.

Costantini, L., Semi e carboni del mesolitico e neolitico della Grotta dell'Uzzo, Trapani. Quaternaria 23, 1981, 233–247.

Čulíková, Věra, Rostlinné makrozbytky ze středověkého Mostu. Archeologické rozhledy 33, 1981, 649–675.

Dieken, Jan van, Pflanzen im ostfriesischen Volksglauben und Brauchtum. Aurich 1971.

Dittrich, Werner, Bäuerliche Gärten. Stuttgart 1984.

Erroux, J. und J. Courtin, Aperçu sur l'agriculture préhistorique dans le sud-est de la France. Bulletin de la Société Languedocienne de Géographie 8 (3–4), 1974, 325–336.

Ettl, Alexander, Gewürze. Künzelsau 1980.

Fischer, Hermann, Mittelalterliche Pflanzenkunde. München 1929.

Fischer-Benzon, R.v., Altdeutsche Gartenflora. Kiel und Leipzig 1894.

Follieri, Maria, Resti vegetali macroscopici nel colletore ovest del Colosseo. Annali di Botanica 34, 1975, 123–141.

Franz, Günther, Geschichte des deutschen Gartenbaues. Deutsche Agrargeschichte 6, Stuttgart 1984.

Fredskild, Bent, Seeds and fruits from the Neolithic settlement Weier, Switzerland. Botanik Tidsskrift 72, 1978, 189–201.

Frohne, D. und U. Jensen, Systematik des Pflanzenreichs. Stuttgart 1973.

Gasser, Manuel, Manuel Gassers Kräutergarten. Frankfurt 1979.

Germer, Renate, Flora des pharaonischen Ägypten. Mainz 1985.

Godwin, Harry, History of the British Flora. Cambridge ²1984.

Gollmer, Richard, Das Apicius-Kochbuch aus der römischen Kaiserzeit. Rostock o.J.

Grandjot, Werner, Reiseführer durch das Pflanzenreich der Mittelmeerländer. Bonn 1955.

Greig, J.R.A., Seeds from the well. In: I.M. Stead, Rudston Roman Villa. Yorkshire Archaeological Society, Leeds 1980, 169–171.

Greig, James, The investigation of a Medieval barrel-latrine from Worcester. Journal of Archaeological Science 8, 1981, 265–282.

Griffin, K., Plant remains from archaeological sites in Norway: a review. Zeitschrift für Archäologie 15, 1981, 163–176.

Grimm, Jacob und Wilhelm, Deutsches Wörterbuch. Leipzig 1854 ff.

Häfliger, Anton, Beiträge zur Anatomie der Vanillaarten. Diss. Basel 1901.

Hajnalová, Eva, Archeologické nálezy kultúrnych rastlín a burín na Slovensku. Slovenská Archeológia 23 (1), 1975, 227–254.

Hajnalová, Eva, Rastlinné zvyšky z arceologického výskumu v Nitre-Párovských Hájoch. Archeologické rozhledy 34, 1982, 29–35.

Hall, A. R., H. K. Kenward und D. Williams, Environmental evidence from Roman deposits in Skeldergate. The Archaeology of York 14, 1980, 101–156.

Hammer, Karl und Reinhard Fritsch, Zur Frage nach der Ursprungsart des Kulturmohns (Papaver somniferum L.). Kulturpflanze 25, 1977, 113–124.

Hansen, J. R., The earliest seed remains from Greece. Berichte der Deutschen Botanischen Gesellschaft 91, 1978, 39–46.

Hartyányi, Borbála P., Középkori Budai lakóház mellékgödrében talált növényi maradványok. Magyar Mezögazdásagi Múzeum Közleményei 1975–1977, 15–51.

Harvey, John, Mediaeval Gardens. London 1981.

Hegi, Gustav, Illustrierte Flora von Mitteleuropa. München 1906 ff., ²1957 ff.

Hehn, Victor, Kulturpflanzen und Hausthiere in ihrem Übergang aus Asien nach Griechenland und Italien sowie in das übrige Europa. Berlin ⁵1887.

Heinz-Mohr, Gerd, Lexikon der Symbole. Düsseldorf ²1972.

Helbaek, Hans, Late Cypriote vegetable diet at Apliki. Opuscula Atheniensia IV, 1963, 171–186.

Helbaek, Hans, What farming produced at Cypriote Kalopsidha. Studies in Mediterranean Archaeology 2, 1966, 115–126.

Helbaek, Hans, The Fyrkat grain. Nordiske Fortidsminder B 2, 1977, 1–41.

Helm, Eve Marie, Feld- Wald- und Wiesenkochbuch. München 1978.

Hiltbrunner, Otto, Kleines Lexikon der Antike. Bern, München 4. Auflage 1964.

Hlava, Bohumir und Dagmar Lanska, Lexikon der Küchen- und Gewürzkräuter. München 1977.

Hopf, Maria, Nutzpflanzen vom Lernäischen Golf. Jahrbuch des Römisch-Germanischen Zentralmuseums Mainz 9, 1962, 1–19.

Hopf, Maria, Vor- und frühgeschichtliche Kulturpflanzen aus dem nördlichen Deutschland. Kataloge vor- und frühgeschichtlicher Altertümer 22, Mainz 1982.

Hopf, Maria und M. P. Catalán, Neolithische Getreidefunde in der

Höhle von Nerja (Prov. Málaga). Madrider Mitteilungen 11, 1970, 18–34.

Jacomet-Engel, Stefanie, Botanische Makroreste aus den neolithischen Seeufersiedlungen des Areals «Pressehaus Ringier» in Zürich (Schweiz). Vierteljahresschrift der Naturforschenden Gesellschaft in Zürich 125 (2), 1980, 73–163.

Jacquat, Christiane, Römerzeitliche Pflanzenfunde aus Oberwinterthur. Beiträge zum römischen Vitodurum – Oberwinterthur 2, 1986, 241–264.

Jensen, Hans Arne, Seeds and other diaspores in Medieval layers from Svendborg. The Archaeology of Svendborg 2, 1979.

Klauder, G., Landwirtschaftliche Faustzahlen. Berlin, Hamburg ²1948.

Klein, Ludwig, Nutzpflanzen der Landwirtschaft und des Gartenbaues. Heidelberg o.J.

Klencz, Paul, Küchenkräuter und Gewürze. Köln 1964.

Knörzer, Karl-Heinz, Römerzeitliche Pflanzenfunde aus Aachen. Archaeo-Physika 2, 1967, 39–64.

Knörzer, Karl-Heinz, Römerzeitliche Pflanzenfunde aus Neuss. Novaesium 4, 1970.

Knörzer, Karl-Heinz, Prähistorische Mohnsamen im Rheinland. Bonner Jahrbücher 171, 1971, 34–39.

Knörzer, Karl-Heinz, Römerzeitliche Getreideunkräuter von kalkreichen Böden. Rheinische Ausgrabungen 10, 1971, 467–481.

Knörzer, Karl-Heinz, Römerzeitliche Pflanzenfunde aus einem Brunnen in Butzbach (Hessen). Saalburg-Jahrbuch 30, 1973, 71–111.

Knörzer, Karl-Heinz, Mittelalterliche und jüngere Pflanzenfunde aus Neuss am Rhein. Zeitschrift für Archäologie des Mittelalters 3, 1975, 129–181.

Knörzer, Karl-Heinz, Spätmittelalterliche Pflanzenreste aus der Burg Brüggen, Kr. Viersen. Bonner Jahrbücher 179, 1979, 595–611.

Knörzer, Karl-Heinz, Römerzeitliche Pflanzenfunde aus Xanten. Archaeo-Physika 11, 1981.

Körber-Grohne, Udelgard, Samen, Fruchtsteine und Druschreste aus der Wasserburg Eschelbronn. Forschungen und Berichte der Archäologie des Mittelalters in Baden-Württemberg 6, 1979, 113–127.

Körber-Grohne, Udelgard und Ulrike Piening, Die Pflanzenreste aus dem Ostkastell von Welzheim mit besonderer Berücksichtigung der Graslandpflanzen. Forschungen und Berichte zur Vor- und Frühgeschichte in Baden-Württemberg 14, 1983, 17–88.

Kroll, Helmut, Kulturpflanzen aus Tiryns. Archäologischer Anzeiger 1982, 467–485.

Kroll, Helmut, Kastanas. Ausgrabungen in einem Siedlungshügel der Bronze- und Eisenzeit Makedoniens. Die Pflanzenfunde. Prähistorische Archäologie in Südosteuropa 2, 1983.

Kučan, D., Pflanzenreste aus dem Römerlager Oberaden. Zeitschrift für Archäologie 15, 1981, 149–162.

Kučan, Dušanka, Der erste römerzeitliche Pfefferfund. Ausgrabungen und Funde in Westfalen-Lippe 2, 1984, 51–56.

Küster, Hansjörg, Geschützte Pflanzen: Der Gelbe Enzian. Naturschutz- und Naturparke 110, 1983, 19–20.

Küster, Hansjörg, Geschützte Pflanzen: Der Gagelstrauch. Naturschutz- und Naturparke 113, 1984, 47–48.

Küster, Hansjörg, Neolithische Pflanzenreste aus Hochdorf. Forschungen und Berichte zur Vor- und Frühgeschichte in Baden-Württemberg 19, 1985, 13–83.

Lange, Elsbeth und Hertha Köhler, Kulturpflanzen und Unkräuter aus den Grabungen Cösitz, Kr. Köthen, und Tilleda, Kr. Sangerhausen. Jahresschrift für mitteldeutsche Vorgeschichte 65, 1982, 249–263.

Langemeyer, Gerhard und Hans-Albert Peters, Stilleben in Europa. Münster und Baden-Baden 1979.

Lemmer, Manfred und Eva-Luise Schultz, Die lêre von der kocherie. Leipzig 1969.

Lindner, F. W., Malerische Naturgeschichte der drei Reiche. Braunschweig 1854.

Lutze, Eberhard und Hans Retzlaff, Herbarium des Georg Oellinger Anno 1553 zu Nürnberg. Salzburg 1949.

Lynch, A. und N. Paap, Untersuchungen an botanischen Funden aus der Lübecker Innenstadt. Lübecker Schriften zur Archäologie und Kulturgeschichte 6, 1982, 339–360.

Magerstedt, Adolph Friedrich, Der Feld-, Garten- und Wiesenbau der Römer. Sondershausen 1862.

Magerstedt, Adolph Friedrich, Die Bienenzucht und die Bienenpflanzen der Römer. Sondershausen 1863.

Maier, Ursula, Nahrungspflanzen des späten Mittelalters aus Heidelberg und Ladenburg nach Bodenfunden aus einer Fäkaliengrube und einem Brunnen des 15./16. Jahrhunderts. Forschungen und Berichte der Archäologie des Mittelalters in Baden-Württemberg 8, 1983, 139–183.

Mansfeld, Rudolf, Verzeichnis landwirtschaftlicher und gärtnerischer Kulturpflanzen. Berlin 1986.

Marcello, Alessandro, Archaeological experiences and the ancient traditions of Venice. Folia Quaternaria 47, 1976, 19–24.

Marzell, Heinrich, Heil- und Nutzpflanzen der Heimat. Reutlingen o.J.
Marzell, Heinrich, Unsere Heilpflanzen. München o.J.
Marzell, Heinrich, Die Pflanzen im deutschen Volksleben. Jena 1925.
Marzell, Heinrich, Himmelsbrot und Teufelsleiter. Volkstümliche Pflanzennamen aus Bayern. Bayerische Heimatforschung 3, 1951.
Nebelthau, Otto, Mein Gemüsegarten. Leipzig 1934.
Nebelthau, Otto, Vom heiteren Kochen. München ³1963.
Neuweiler, E., Die Pflanzenreste aus dem spätbronzezeitlichen Pfahlbau «Sumpf» bei Zug. Vierteljahresschrift der naturforschenden Gesellschaft in Zürich 76, 1931, 116–121.
Opravil, Emanuel, Archeobotanické nálezy městského jádra Uherského Brodu. Studie Archeologického Ústavu Československé Akademie věd v Brně, III, 4, 1976, 1–60.
Opravil, Emanuel, Synanthrope Pflanzengesellschaften aus der Burgwallzeit (8.–10.Jhdt.) in der Tschechoslowakei. Berichte der Deutschen Botanischen Gesellschaft 91, 1978, 97–106.
Opravil, Emanuel, Efeu, Hedera helix L., aus der mittelalterlichen Stadt Most. Archaeo-Physika 8, 1979, 209 ff.
Pahlow, Mannfried, Heilpflanzenkompaß. München o.J.
Perger, H. Ritter von, Deutsche Pflanzensagen. Stuttgart, Öhringen 1864.
Pinto da Silva, A. R., Carbonized grains and plant imprints in ceramics from the Castrum of Baiões (Beira Alta, Portugal). Folia Quaternaria 47, 1976, 3–9.
Pinto da Silva, A. R., The carbonized fruits of myrtle found at Castelo do Giraldo, near Évora (S. Portugal). Archaeo-Physika 8, 1979, 237 ff.
Reinhardt, Ludwig, Kulturgeschichte der Nutzpflanzen. München 1911.
Renault-Miskovsky, J., M. Bui-Thi-Mai und M. Girard, A propos de l'indigénat ou de l'introduction de Juglans et Platanus dans l'ouest de l'Europe au Quaternaire. Revue de Paléobiologie, Volume spécial, 1984, 155–178.
Rendall, Vernon, Wild flowers in literature. London 1934.
Renfrew, Jane M., A report on recent finds of carbonized cereal grains and seeds from prehistoric Thessaly. Thessalika 5, 1966, 21–36.
Ricciardi, M. und G. G. Aprile, Preliminary data on the floristic components of some carbonized plant remains found in the archaeological area of Oplontis near Naples. Ann. Fac. Sci. Agrar. Univ. Napoli, Portici, Ser. IV, 12, 1978, 204–212.
Rothmaler, Werner, Exkursionsflora. Kritischer Band. Berlin 1976.

Rumohr, Karl Friedrich von, Geist der Kochkunst. Frankfurt 1966.
Schnack, Friedrich, Sibylle und die Feldblumen, Leipzig 1937.
Schubert, G. H. von, Naturgeschichte des Pflanzenreichs. Eßlingen ³1877.
Schultze-Motel, Jürgen, Literatur über archäologische Kulturpflanzenreste. (Jährlich erscheinende Bibliographie:) Kulturpflanze 21 ff., 1973 ff.
Schultze-Motel, Jürgen, Die urgeschichtlichen Reste des Schlafmohns (Papaver somniferum L.) und die Entstehung der Art. Kulturpflanze 27, 1979, 207–215.
Söhns, Franz, Unsere Pflanzen. Leipzig, Berlin ⁵1912.
Stobart, Tom, Herbs, Spices and Flavourings. Harmondsworth 1977.
Stoffler, Hans-Dieter, Der Hortulus des Walahfried Strabo. Sigmaringen 1978.
Trzcińska-Tacik, Helena und Aleksandra Wieserowa, Flora of Cracow in the early Medieval and Medieval periods. Folia Quaternaria 47, 1976, 67–81.
Vendel, Johann, Blumenmärchen und Pflanzenlegenden. Den Haag o.J.
Villaret-von Rochow, Margita, Frucht- und Samenreste aus der neolithischen Station Seeberg, Burgäschisee-Süd. Acta Bernensia II, 4, 1967, 21–64.
Wasserzieher, Ernst, Woher? Ableitendes Wörterbuch der deutschen Sprache. Bonn ¹²1950.
Wilde, Julius, Kulturgeschichte der Sträucher und Stauden. Speyer 1947.
Willerding, Ulrich, Paläo-ethnobotanische Befunde und schriftliche sowie ikonographische Zeugnisse in Zentraleuropa. In: W. van Zeist und W. A. Casparie, Plants and Ancient Man. Rotterdam, Boston 1984, 75–98.
Willerding, Ulrich, Funde mittelalterlicher Pflanzenreste aus der Altstadt von Göttingen. In: Sven Schütte, Das neue Bild des alten Göttingen. Göttingen 1984, 57–62.
Wilson, Gay, Early plants in the Nene Valley: an interim report. Durobriae 6, 1978, 17–18.
Wilson, Gay, Horse dung from Roman Lancaster. Archaeo-Physika 8, 1979, 331 ff.
Wimmer, J., Geschichte des deutschen Bodens. Halle 1905.
Zeist, W. van, Agriculture in Early-Medieval Dorestad. Berichten van de Rijksdienst voor het Oudheidkundig Bodemonderzoek 19, 1969, 209–212.

Zeist, W. van, Prehistoric and early historic food plants in the Netherlands. Palaeohistoria 14, 1970, 41–173.

Zeist, W. van, Palaeobotanical studies of settlement sites in the coastal area of the Netherlands. Palaeohistoria 16, 1974, 223–371.

Zeist, W. van und Rita M. Palfenier-Vegter, Agriculture in Medieval Gasselte. Palaeohistoria 21, 1979, 267–299.

Ziegler, Konrat und Walther Sontheimer, Der kleine Pauly. Lexikon der Antike. München 1979.

Zohary, Michael, Pflanzen der Bibel. Stuttgart 1983.

Synonymenschlüssel

Absinth → Wermut
Ackerminze → Minze
Adjowan → Ajowan
Ägyptischer Kümmel
 → Kreuzkümmel
Afrikanischer Pfeffer
 → Paradieskörner
Alepponuß → Pistazie
Allgewürz → Piment
Apfelsine → Orange

Badian → Sternanis
Bärendreck → Süßholz
Basilienkraut → Basilikum
Benediktenwurz → Nelkenwurz
Bergamotte → Pferdeminze
Bettpisser → Löwenzahn
Bienenmelisse → Pferdeminze
Bitterorange → Orange
Blutdorn → Berberitze
Brauner Senf → Senf
Burzelkraut → Portulak
Butterblume → Löwenzahn

Cardamömlin → Kardamom
Ceylon-Zimtbaum → Zimt
Chile-, Chili-, Chillischoten
 → Cayenne-Pfeffer
Chinesischer Schnittlauch
 → Schnittlauch
Chinesischer Zimtbaum → Zimt
Curryblätter → Murraya

Deutscher Bertram → Bertram
Deutsches Süßholz → Süßholz
Dost → Oregano

Eberesche → Vogelbeere
Echte Myrte → Myrte
Echte Nelkenwurz
 → Nelkenwurz
Echter Alant → Alant
Echter Salbei → Salbei
Echter Steinklee → Steinklee
Echter Thymian → Thymian
Echter Zimtbaum → Zimt
Englisches Gewürz → Piment
Eppich → Sellerie
Erd-Efeu → Gundermann
Erdmandel → Zypergras
Erzengelwurz → Engelwurz
Eselsfenchel → Fenchel

Färberdistel → Saflor
Fetthenne → Tripmadam
Fieberwurzel → Galgant
Finocchio → Fenchel
Frauenkraut → Rainfarn

Gartenfenchel → Fenchel
Gartenkerbel → Kerbel
Gartenkresse → Kresse
Gartenmohn → Mohn
Gartensalbei → Salbei
Gartenthymian → Thymian
Geißfenchel → Bergkümmel
Gelber Enzian → Enzian
Gelbwurz(el) → Kurkuma
Gemüsefenchel → Fenchel
Geranie → Pelargonie
Gerber-Sumach → Sumach
Gewürznelke → Nelke

Goldmelisse → Pferdeminze
Graue Kresse → Pfeilkresse
Griechisches Heu
  → Bockshornklee
Große Brennessel → Brennessel
Große Pimpinelle → Pimpinelle
Großer Wiesenknopf
  → Wiesenknopf
Grüne Mandel → Pistazie
Grüne Minze → Minze
Grüner Pfeffer → Pfeffer
Gülden Knöpfle → Rainfarn
Guinea-Pfeffer
  → Paradieskörner
Gundelrebe → Gundermann
Gurkenkraut → Dill

Hagebutte → Rose
Heide-Myrte → Gagelstrauch
Heiliggeistwurz → Engelwurz
Heilwurz → Eibisch
Helenenkraut → Alant
Himmelsschlüssel → Primel
Honigklee → Steinklee

Italienischer Kümmel
  → Kreuzkümmel

Jamaikapfeffer → Piment
Jesuitentee → Gänsefuß
Josefskraut → Ysop
Judennuß → Erdnuß

Kaneel → Zimt
Karwendel → Quendel
Kaschu-Baum → Cashew-Baum
Kassia → Zimt
Kewra → Pandanus-Baum
Kleine Brennessel → Brennessel
Kleine Pimpinelle → Pimpinelle
Kleiner Wiesenknopf
  → Wiesenknopf

Knofel → Knoblauch
Knorpelmöhre → Ammei
Königskraut → Basilikum
Kolumbianischer Paprika
  → Cayenne-Pfeffer
Kranewit → Wacholder
Krause Minze → Minze
Kren → Meerrettich
Kronsbeere → Preiselbeere
Kuckuckskraut
  → Wiesenschaumkraut
Küchenzwiebel → Zwiebel

Lakritzen → Süßholz
Langer Pfeffer → Pfeffer, Langer
Laubstock → Liebstöckel
Lebensbaum → Wacholder
Lebensstock, Leberstock
  → Liebstöckel
Lemone, Limone → Zitrone
Luststock → Liebstöckel

Machandelboom → Wacholder
Macis → Muskatnuß
Märzblume → Löwenzahn
Märzveilchen → Veilchen
Maggikraut → Liebstöckel
Malabargras → Zitronengras
Malaguettapfeffer
  → Paradieskörner
Marienblatt → Balsamkraut
Maßliebchen
  → Gänseblümchen
Medischer Apfel → Zitrone
Meleguetapfeffer
  → Paradieskörner
Melisse → Zitronenmelisse
Mexikanischer Tee → Gänsefuß
Milchstock → Löwenzahn
Mostrich → Senf
Myrrhenkerbel → Süßdolde

Nelkenpfeffer → Piment
Nelkenrinde → Nelkenzimt
Neugewürz → Piment
Nierenbaum → Cashew-Baum
Nußkiefer → Pinie

Odinskopf → Alant
Ölbaum → Olive
Ölrauke → Rauke

Perlzwiebel → Zwiebel
Pfaffenbusch → Löwenzahn
Pfannkuchenkraut
   → Balsamkraut
Pfefferkraut → Bohnenkraut
Pfefferminze → Minze
Pignolia-Nüsse → Pinie
Poleiminze → Minze
Pomeranze → Orange
Prang-Gras → Kalmus
Pusteblume → Löwenzahn

Ramsen → Bärlauch
Raute → Weinraute
Riechblume → Eberraute
Ringelblume → auch:
   Löwenzahn
Röhlk, Röhr, Röhrkohl
   → Dreizack
Römischer Bertram → Bertram
Römischer Kümmel
   → Kreuzkümmel
Rohrzucker → Zucker
Rosen-Geranium → Pelargonie
Roßminze → Minze
Roter Pfeffer → Cayenne-Pfeffer
Rübenzucker → Zucker
Rückelbusch → Eberraute
Ruke → Rauke
Rukelbloem → Eberraute
Rundblättrige Minze → Minze

Sammetpappel → Eibisch
Sarepta-Senf → Senf
Saturei → Bohnenkraut
Sauerdorn → Berberitze
Schalotte → Zwiebel
Scharbockskraut → Löffelkraut
Scharlachmonarde → Pferdeminze
Scharlei → Muskatsalbei
Schaumkraut
   → Wiesenschaumkraut
Schlafmohn → Mohn
Schlitz-Wegerich
   → Spitzwegerich
Schlüsselblume → Primel
Schmecker → Eberraute
Schraubenbaum → Pandanus-
   Baum
Schwarzer Pfeffer → Pfeffer
Schwarzer Senf → Senf
Schwarzwurzel → Beinwell
Seefenchel → Meerfenchel
Senfrauke → Rauke
Sommerzwiebel → Zwiebel
Sonnenblume → auch:
   Löwenzahn
Spanischer Kümmel
   → Kreuzkümmel
Spanischer Pfeffer → Paprika
Spanisches Süßholz → Süßholz
Stielpfeffer → Kubebenpfeffer
Stinkasant → Asant
Strand-Dreizack → Dreizack
Süße Orange → Orange
Syrischer Ysop → Ysop

Tausendschönchen
   → Gänseblümchen
Teufelsdreck → Asant
Teufelskraut → Löwenzahn
Türkischer Kümmel
   → Kreuzkümmel
Türkischer Pfeffer → Paprika

Ültjes → Erdnuß
Unserer lieben Frauen Bettstroh
 → Quendel

Wallwurz → Beinwell
Wanzendill → Koriander
Wasserminze → Minze
Wegerich → Spitzwegerich
Weißer Pfeffer → Pfeffer
Weißer Zimt → Zimt, Weißer
Westenknöpf → Rainfarn
Westindisches Zitronengras
 → Lemongras
Wiesenkümmel → Kümmel
Winter-Bohnenkraut
 → Bohnenkraut
Wintermajoran → Oregano

Winterzwiebel → Zwiebel
Wohlgemut → Oregano
Wohlriechender Gänsefuß
 → Gänsefuß
Wohlriechendes Veilchen
 → Veilchen
Wollige Minze → Minze
Würzrohr → Ingwergras
Wurmkraut → Rainfarn
Wurstkraut → Majoran

Zedratzitrone → Zitrone
Zigeunerlauch → Bärlauch
Zitronatzitrone → Zitrone
Zuckerrohr, Zuckerrübe
 → Zucker

Verzeichnis lateinischer Pflanzennamen

Achillea millefolium
→ Schafgarbe
Acorus calamus → Kalmus
Aframomum melegueta
→ Paradieskörner
Alliaria officinalis, petiolata
→ Knoblauchsrauke
Allium ascalonicum, cepa, fistulosum → Zwiebel
Allium ramosum
→ Schnittlauch
Allium sativum → Knoblauch
Allium sativum ssp. ophioscorodon → Zwiebel
Allium schoenoprasum
→ Schnittlauch
Allium ursinum → Bärlauch
Alpinia galanga, officinarum
→ Galgant
Althaea officinalis → Eibisch
Ammi majus → Ammei
Amygdalus communis
→ Mandel
Anacardium occidentale
→ Cashew-Baum
Anacyclus officinarum, pyrethrum → Bertram
Anethum graveolens → Dill
Angelica archangelica
→ Engelwurz
Anthriscus cerefolium → Kerbel
Apium graveolens → Sellerie
Arachis hypogaea → Erdnuß

Armoracia rusticana
→ Meerrettich
Artemisia abrotanum
→ Eberraute
Artemisia absinthium
→ Wermut
Artemisia dracunculus
→ Estragon
Artemisia vulgaris → Beifuß
Asa foetida → Asant
Asperula odorata
→ Waldmeister

Bellis perennis
→ Gänseblümchen
Berberis vulgaris → Berberitze
Beta vulgaris ssp. vulgaris var. altissima → Zucker
Borago officinalis → Borretsch
Brassica juncea, nigra → Senf

Calendula officinalis
→ Ringelblume
Calycanthus florida
→ Gewürzstrauch
Capparis spinosa → Kapern
Capsicum annuum → Paprika
Capsicum frutescens
→ Cayenne-Pfeffer
Cardamine pratensis
→ Wiesenschaumkraut
Cardaria draba → Pfeilkresse
Carthamus tinctorius → Saflor

VERZEICHNIS LATEINISCHER PFLANZENNAMEN 316

Carum carvi → Kümmel
Chalcas koenigii → Murraya
Chenopodium ambrosioides
  → Gänsefuß
Chenopodium bonus-henricus
  → Guter Heinrich
Chrysanthemum balsamita
  → Balsamkraut
Cinnamomum aromaticum,
  verum → Zimt
Citrus aurantium → Orange
Citrus limon, medica → Zitrone
Citrus sinensis → Orange
Cochlearia officinalis
  → Löffelkraut
Coriandrum sativum
  → Koriander
Cornus mas → Kornelkirsche
Corylus avellana → Haselnuß
Costus speciosus → Kostwurz
Crithmum maritimum
  → Meerfenchel
Crocus sativus → Safran
Cuminum cyminum
  → Kreuzkümmel
Curcuma longa → Kurkuma
Cymbopogon citratus
  → Lemongras
Cymbopogon flexuosus
  → Zitronengras
Cymbopogon martinii
  → Ingwergras
Cymbopogon medica
  → Zitronengras
Cyperus esculentus
  → Zypergras

Dicypellium caryophyllatum
  → Nelkenzimt

Elettaria cardamomum
  → Kardamom

Elsholtzia ciliata → Kamminze
Eruca sativa → Rauke

Ferula asa-foetida → Asant
Ferula gummosa → Galbanum
Foeniculum vulgare → Fenchel

Gentiana lutea → Enzian
Geum urbanum → Nelkenwurz
Glechoma hederacea
  → Gundermann
Glycine max → Soja
Glycyrrhiza glabra → Süßholz

Helianthus annuus
  → Sonnenblume
Hibiscus sabdariffa → Rosella-
  Eibisch
Hippophaë rhamnoides
  → Sanddorn
Humulus lupulus → Hopfen
Hyssopus officinalis → Ysop

Illicium verum → Sternanis
Inula helenium → Alant

Juglans regia → Walnuß
Juniperus communis
  → Wacholder

Laserpitium siler
  → Bergkümmel
Laurus nobilis → Lorbeerbaum
Lavandula angustifolia, officina-
  lis, spica → Lavendel
Lepidium sativum → Kresse
Levisticum officinale
  → Liebstöckel
Lippia triphylla
  → Zitronenstrauch

Marrubium vulgare → Andorn
Melilotus officinalis → Steinklee

Melissa officinalis
→ Zitronenmelisse
Mentha aquatica, arvensis, longifolia, nemorosa, × piperita, pulegium, rotundifolia, spicata, × verticillata → Minze
Meum athamanticum
→ Bärwurz
Monarda didyma
→ Pferdeminze
Murraya koenigii → Murraya
Myrica gale → Gagelstrauch
Myristica fragrans
→ Muskatnuß
Myrrhis odorata → Süßdolde

Nardostachys jatamansi
→ Narde
Nasturtium microphyllum, officinale → Brunnenkresse
Nigella sativa
→ Schwarzkümmel

Olea europaea → Olive
Origanum majorana
→ Majoran
Origanum syriacum → Ysop
Origanum vulgare → Oregano
Oxalis acetosella → Sauerklee

Pandanus tectoria → Pandanus-Baum
Papaver somniferum → Mohn
Pastinaca sativa → Pastinak
Pelargonium graveolens
→ Pelargonie
Petroselinum crispum
→ Petersilie
Pimenta dioica → Piment
Pimpinella anisum → Anis
Pimpinella major, saxifraga
→ Pimpinelle

Pinus pinea → Pinie
Piper cubeba → Kubebenpfeffer
Piper longum → Pfeffer, Langer
Piper nigrum → Pfeffer
Pistacia lentiscus → Mastix-Strauch
Pistacia vera → Pistazie
Plantago coronopus, lanceolata
→ Spitzwegerich
Portulaca oleracea → Portulak
Primula veris → Primel
Punica granatum
→ Granatapfelbaum

Rhus coriaria → Sumach
Rosa → Rose
Rosmarinus officinalis
→ Rosmarin
Rumex acetosa → Sauerampfer
Ruta chalepensis, graveolens
→ Weinraute

Saccharum officinarum
→ Zucker
Salvia officinalis → Salbei
Salvia sclarea → Muskatsalbei
Sanguisorba minor, officinalis
→ Wiesenknopf
Satureja hortensis, montana
→ Bohnenkraut
Sedum reflexum → Tripmadam
Sesamum indicum → Sesam
Sinapis alba → Senf
Sium sisarum → Zuckerwurz
Smyrnium olusatrum
→ Myrrhenkraut
Sorbus aucuparia
→ Vogelbeerbaum
Symphytum officinale
→ Beinwell
Syzygium aromaticum
→ Nelke

Tamarindus indica
 → Tamarinde
Tanacetum vulgare → Rainfarn
Taraxacum officinale
 → Löwenzahn
Theobroma cacao → Kakao-
Baum
Thymus × citriodorus
 → Zitronenthymian
Thymus serpyllum → Quendel
Thymus vulgaris → Thymian
Trachyspermum ammi
 → Ajowan
Triglochin maritimum
 → Dreizack
Trigonella caerulea
 → Schabziegerklee

Trigonella foenum-graecum
 → Bockshornklee
Tropaeolum majus
 → Kapuzinerkresse

Urtica dioica, urens
 → Brennessel

Vaccinium vitis-idaea
 → Preiselbeere
Vanilla planifolia → Vanille
Viola odorata → Veilchen

Zanthoxylum piperitum
 → Anispfeffer
Zingiber officinale → Ingwer

Expansion und Merkantilismus

Die Entdeckung und Eroberung der Welt
Dokumente und Berichte. Herausgegeben von *Urs Bitterli*
Band 1: Amerika, Afrika. 1980. 354 Seiten und 8 Karten. Leinen
Band 2: Asien, Australien, Südpazifik.
1981. 464 Seiten und 8 Karten. Leinen
(Beck'sche Sonderausgaben)

Pierre Vilar
Gold und Geld in der Geschichte
Vom Ausgang des Mittelalters bis zur Gegenwart
Aus dem Französischen von Helga Reimann und Manfred Vasold
1984. 325 Seiten mit 13 Abbildungen. Leinen

Elfriede Rehbein
Zu Wasser und zu Lande
Eine Geschichte des Verkehrswesens von den Anfängen
bis zu Ende des 19. Jahrhunderts
1984. 232 Seiten mit 171 Abbildungen, davon 10 in Farbe
sowie einer Karte. Leinen

Mit dem Zehnten fing es an
Eine Kulturgeschichte der Steuer
Herausgegeben von *Uwe Schultz*. 2. Auflage. 1986.
294 Seiten mit 22 Abbildungen. Leinen

Iris Origo
«Im Namen Gottes und des Geschäfts»
Lebensbild eines toskanischen Kaufmanns der Frührenaissance
Francesco di Marco Datini
Aus dem Englischen von Uta-Elisabeth Trott
2., verbesserte Auflage. 1986. 357 Seiten und 26 Abbildungen. Leinen

Verlag C. H. Beck München

Kulturgeschichtliche Nachschlagewerke

Sprichwörterlexikon
Sprichwörter und sprichwörtliche Ausdrücke
aus deutschen Sammlungen
vom 16. Jahrhundert bis zur Gegenwart
Herausgegeben von Horst und Annelies Beyer
34. Tausend. 1987. 712 Seiten mit 204 Holzschnitten. Leinen

Kleines Lexikon untergegangener Wörter
Wortuntergang seit dem Ende des 18. Jahrhunderts
Herausgegeben von *Nabil Osman*
4., durchgesehene Auflage. 1983. 263 Seiten. Gebunden

Kleines Lexikon deutscher Wörter
arabischer Herkunft
Herausgegeben von Nabil Osman
1982. 123 Seiten. Gebunden

Wolf-Armin Freiherr von Reitzenstein
Lexikon bayerischer Ortsnamen
Herkunft und Bedeutung
1986. 474 Seiten mit 6 Übersichtskarten. Gebunden

Leander Petzold
Volkstümliche Feste
Ein Führer zu Volksfesten, Märkten und Messen in Deutschland
1983. 483 Seiten mit 36 Abbildungen. Broschiert

Heinrich Krauss und Eva Uthemann
Was Bilder erzählen
Die klassischen Geschichten aus Antike und Christentum
in der abendländischen Malerei
1987. 550 Seiten mit 88 Abbildungen. Leinen

Verlag C. H. Beck München

15